前 言

"污染受害者"需要四重援助体系

■ 冯永锋

2014年5月份，全国人大环资委组织的"中华环保世纪行"赴淮河流域进行了采访和调研。在调研过程中，如何尽快创建"污染受害者援助体系"成为一个特别值得探讨的话题。全国各地无处不在的"污染受害者"是我国经济社会发展时的牺牲品，他们遭受的诸多损害不应当由他们来承担。相关专家建议，政府应当尽快在人道援助、医疗援助、法律援助、科学援助四大方面，建设强大的网络和体系。

人道援助体系：清洁饮水救助

在河南周口市沈丘县，民间环保组织"淮河卫士"从2003年起就开始帮助饮水困难导致疾病多发的村庄建设"生物净水装置"。该装置是由一个发明人"捐赠"给他们的，经过十年的探索和实践，该技术已经基本成熟。截至2014年5月份，"淮河卫士"已经在沈丘县安装了30套生物净水装置，保障了30个村庄的村民的饮用水安全。

"淮河卫士"负责人霍岱珊介绍说，淮河经过长时间的治理，近来水质有所改善，但过去长年积累下来的污染，导致两岸的地下水和地表水都无法饮用。虽然河南省曾经出台了"深水井饮用水"项目，但深水井也仍旧含有诸多的污染物，饮用并不安全。"生物净水装置"最低造价为5万元，可为一个500人的村庄提供安全的饮用水；如果村庄更大，建设更多的装置就可。

目前，这30套生物净水装置的建设费用，没有得到过政府财政的任何支持，都是由"淮河卫士"通过各种公益项目募捐而得。村民不必支付一分钱，只需要建立一个村庄饮水管理委员会。但仅沈丘县，饮水不安全的村庄就成百上千个，以"淮河卫士"一个小组织的能力，根本无法响应公众的需求。虽然霍岱珊多方奔走，但水利部等部门下发的一些水安全改造资金，无法吸收这种廉价而实用的技术，不知何故。

饮水不安全只是"污染受害者"的一个方面，饮水不安全也不仅仅在淮河流域发生。江苏连云港最近十年来建设了四五个化工园区，持续而高强度的污染排放导致近海生态系统崩溃，导致当地大量居民饮水严重不安全。"中华环保世纪行"记者在燕尾镇的"临港产业园区"采访时，发现当地居民长时间只能依靠购买桶装水生活。为此，江苏省环保厅也表示，除了加强对污染企业的揭露、处罚和监管，还需要考虑对居民发放饮水补贴、安装合适的清洁饮水装置。中国环境科学学会环境资源法分会副主任苏晓林表示："在这过程中，如何选择合适的技术是最关键的。有些技术昂贵而不实用，有些技术不成熟而无法推广。对技术是否适用进行精心的调研，是清洁饮水救助中的关键。"

而对于广泛发生的雾霾，一些公众发出了要求发放"雾霾补贴"的建议。环保组织"自然大学"研究员赵亮表示，公众的呼吸权遭遇有毒有害的空气侵犯，显然，有必要对受害的公众发放一定程度的伤害补贴。每个地方的政府应该对每个地方的环境质量负责，环境质量受损，当地的政府就必须支付相应的违约金、赔偿金，甚至要承担更多的"环境公益诉讼责任"。

医疗援助：砷中毒患者等人的呼声

在湖南石门县，由于在开发雄黄矿时大量的砷排放到当地的环境中，从而导致数千名群众持续遭受砷污染。在贵州万山地区，开发汞矿时，汞污染也让当地群众痛苦不堪。而在江西的乐平县，德兴铜矿多年来开采导致的重金属污染让戴村数千亩土地无法种植，大量村民患上了原因不明的疑难杂症，不少人在很年轻时就失去了生命。

淮河两岸也是如此。"淮河卫士"霍岱珊从1998年起就持续考察和记录淮河的污染和两岸村民遭受污染后的诸多劫难。中国疾病预防控制中心杨功焕研究员经过近十五年的研究，在2013年推出了报告，证实淮河流域的水污染与当地村民的健康受损存在直接的关联。

中国政法大学污染受害者援助中心主任王灿发说，所有这些因为污染身体发生病变的"环境难民"，本质上是因为我国过去的法律和相关政策不重视环境保护导致。一个家庭如果有一个人生病，整个家庭就可能被摧毁；一个村庄有多人生病，这个村庄就丧失了希望。

环境保护案例

解说与评析

董剑 主编

知识产权出版社
全国百佳图书出版单位

图书在版编目（CIP）数据

环境保护案例解说与评析 / 董剑主编.—北京：知识产权出版社，2015.9
ISBN 978-7-5130-3356-5

Ⅰ.①环… Ⅱ.①董… Ⅲ.①环境保护法—案例—中国 Ⅳ.①D922.685

中国版本图书馆CIP数据核字(2015)第030375号

内容提要

如果环境伤害事件受损者的权益得不到维护，施害者的行为就不可能被遏止。本书精选了近年来国内发生的20个环境保护案例，对案件的整个过程进行解说，并做出评点和分析，展现对环境伤害事件应当加强司法保护的紧迫性，探讨以法律维护环境的有效解决之道。

责任编辑：龙　文
装帧设计：品　序

环境保护案例解说与评析
Huanjing Baohu Anli Jieshuo yu Pingxi

董剑　主编

出版发行：**知识产权出版社**有限责任公司　　　网　　址：http://www.ipph.cn
社　　址：北京市海淀区马甸南村1号（邮编:100088）　天猫旗舰店：https://zscqcbs.tmall.com
责编电话：010-82000860-8123　　　　　　　　责编邮箱：longwen@cnipr.com
发行电话：010-82000860转8101/8102　　　　　发行传真：010-82000893/82005070/82000270
印　　刷：北京科信印刷有限公司　　　　　　　经　　销：各大网上书店、新华书店及相关专业书店
开　　本：700mm×1000mm　1/16　　　　　　　印　　张：13.5
版　　次：2015年9月第1版　　　　　　　　　　印　　次：2015年9月第1次印刷
字　　数：300千字　　　　　　　　　　　　　定　　价：40.00元

ISBN 978-7-5130-3356-5

霍岱珊甚至记录到了这么一个案例：淮河边村庄一个居民得了癌症去世，他8岁的儿子也查出得了癌症。

王灿发说："政府应当尽快建立污染受害者医疗援助体系，像对结核病、艾滋病等一样，给予相对良好的医疗待遇。具体的办法有多种，比如成立污染受害者援助超级基金，吸收有诚意的第三方公益组织参与，援助过程由社会全程监督。"

法律援助："污染受害者"至今立案无门

王灿发所在的"污染受害者援助中心"，主要从法律方面帮助污染受害者维护权益。该中心成立十多年来，参与了数百起的污染受害者援助。他们最大的感受就是，立案困难。"几乎中国所有的法院，一听说是环境污染受害者要来递诉状，马上就关紧了大门。"

黑龙江齐齐哈尔化工厂污染了当地村庄数百亩土地，当地村民从十年前就到法院要求立案，但法院到今天仍旧以各种理由推脱。2014年2月份，石家庄市民李贵欣试图状告石家庄环保局，但石家庄的各级法院不仅坚决不给立案，还启动了"铜墙铁壁式的防守反击"——2014年3月16日，该市召开"石家庄律师工作会议"，明确要求所有涉及环境污染的案件，都是"敏感案件"，必须经过司法局的审批。

北京中咨律师事务所律师夏军从事环境权益维护案件工作达十五年之久。他感受最深的也是法院对污染受害者的各种"提防"："你到法院立案庭去递诉状，他立案，会通知你，不立案，也应当通知你，并给予书面理由。但现在的法院，一听说是环境案件，不立案也不给理由，百般推脱。这其中的原因很简单，法院担心立案之后，当地污染型政府和污染型企业无法应对公众的法律诉求。可是，如果不通过法律途径维护污染受害者的权益，这些人必将成为社会冲突的隐患，给社会带来更多的风险。很多时候，公众并不是要求多么高的赔偿，而是要求得到基本的尊重，要求污染企业加强治理，要求政府真正重视环境保护。"

科学援助：及时防范更多的环境风险

近年来，垃圾焚烧厂的建设引发了诸多的公众抗议。而公众起来抗议的一个重要原因，就是对垃圾焚烧厂的"污染风险"完全不确定。而我国的科学研究者，几乎没有一个人持续对垃圾焚烧厂导致的环境污染风险进行过彻底的研究，无法给出真实有效的证据。

公众得到的更多的是负面的消息。江苏南通的海安市，一个生活在距离垃圾焚烧厂不到

200米的居民，生出的孩子得了脑瘫。医学上证明，他的疾病与这家焚烧厂当时粗放的排放可能存在直接相关。而在武汉汉阳的锅顶山，从2008年就非法运营的生活垃圾焚烧厂和医疗垃圾焚烧厂，导致两边的居民得了严重的呼吸道方面的疾病。一个居民的儿子才9岁，已经做了6次呼吸道方面的手术。

而在深圳龙岗，垃圾焚烧厂排放的臭味和其他污染物让当地数万人的小区不堪忍受。北京大学医学部环境健康教授潘小川表示："我国应当尽早启动环境污染与公众健康关系的研究，针对不同的污染排放物，寻找不同的研究项目点。研究过程中，医生、环保专家、疾病预防专家、监测技术专家等必须联合作战。同时，我们也应当启动污染物排放与当地环境本底值变迁的持续研究，这样日积月累，才可能给出一些相对可信的证据。相关或者不相关，有影响或者没影响，都才可能得到科学界的支持。而目前，我国在这方面几乎是空白。"

在"淮河卫士"霍岱珊的办公室里，放着两个"赊来的水族箱"。里面养着他从淮河里捕捞上来的鱼，有鲫鱼、鲤鱼、泥鳅、鲇鱼、乌鱼等，这些鱼虾的一个共同点就是身体扭曲，患有各种残疾。霍岱珊说："以前我只用大铁盆来养着，养几天就死了，成百上千条都这样死了，无法进行更精细的观察。水族箱让这些鱼可以活得更长久一些。我总在想，要想证明污染与人类的关系，用鱼类来做'小白鼠'可能是比较好的实验品。想像一下，这些生下来就身体残疾、患有各种怪病的鱼，能活一两斤重，一定是生命的奇迹。它们活着一条，至少代表着几万条的生命。它们身上患有的疾病，用来对照人类的疾病，可能是比较理想的参考。其实，淮河两岸的人们，也完全可以当污染与健康科学研究的志愿者，几十年来，他们和鱼一样，遭受了太多太多的灾难。如果有科学家想做这方面的工作，我愿意配合他们的研究。"

目 录

败诉的胜者
——湖南望城陈利芳诉晶天科技空气和水污染案

■ 郑琪

　　如今的长沙市望城区丁字湾，是一个村民安居乐业的小村庄。人们热爱自己的乡土，生活自给自足，很少有人出去打工。然而就在几年前，这里还是一个污染肆虐的癌症村，先后有数十位村民死于癌症。人们的矛头指向非常统一——湖南晶天科技实业有限公司。

　　湖南晶天科技实业有限公司通过招商引资进入长沙望城，其主要产品为大蒜素、富马酸亚铁。大蒜素是一种液态化学品，作为添加剂被广泛应用于猪饲料，哪怕只是微量，其恶臭也能够散播很远。提到当时的严重污染，陈利芳的小儿子心有余悸地说："那种难闻的味道，真的终身难忘。"

　　2007年，《中国经济时报》记者在报道中这样描述当时的景象：一进厂门，便被裹在了一股浓烈的类似大蒜的气味里，呼吸不畅，头脑发胀。厂区一片破败，设备、原料、垃圾随意堆放，正在运转的设备上锈迹斑斑；厂房内气味尤其刺激，烟尘弥漫，却没看到工人采用任何防护手段。

　　如今，经过村民十多年的抗争，晶天科技已于2012年9月完成全部搬迁，丁字湾也逐渐回到原先山清水秀的模样。

　　陈利芳是望城的一名农村妇女，多年的上访和投诉使得她在环保圈子以及长沙市政府部门那里小有名气。谈起这些年不断的上访、投诉，她的表情认真而凝重。

伴随招商引资而来的重度污染

　　2001年，晶天科技在当时的望城县丁字湾正式成立。作为政府的招商引资企业，晶天科

污染受害者陈利芳

技当时并没有进行环境影响评估。一开始人们并不很关心这个饲料厂的生产。但很快，厂房附近的村民就发现空气当中刺鼻的气味不对劲。

在一份起草于2002年7月5日的诉状上，村民们指出晶天科技"废水废气毒烟，落向何处都遭殃"，"人们闻到刺鼻气味头昏肚疼呕吐，气喘流泪烂皮"。然而，以集体的名义递交给长沙市环保局的请愿书并未能得到足够的重视。从2002年起，村民不断向晶天科技提出抗议并进行上访。

陈利芳家距离厂房最近，污染给陈利芳的身体造成的严重不适，加上鱼塘的损失，让她十分不满。频繁的抗议难免引起言语甚至肢体冲突，陈利芳甚至因"聚众闹事"而被望城县公安局刑事拘留。对此，陈利芳认为"望城县政府的人就不把我们老百姓当人看，所以我们只能选择上访"。

与晶天科技的长期抗争对解决污染问题并无实质性的帮助。直到2004年4月，上百名村民联名投诉至国家环境保护总局，工厂的污染问题才得到重视，望城县环保局要求晶天科技停产治理并补办环评手续。晶天公司望城分厂终于补办了环评并投资300多万元，改造了整个大蒜素车间，修了废水池。年底，由长沙市环境保护职业学院环境评价室编制的《湖南晶天科技实业有限公司450t/a饲料添加剂工程环境影响报告书》完成并于2005年1月通过了长沙市环保局的审批。

正是长沙市环保局的批复，引发了其后新一轮的投诉和上访。

重新开始生产的晶天科技仍然是老样子。工厂的废气、锅炉烟尘依旧严重影响周围村民的生活。出于对环评报告内容的怀疑，陈利芳认为有必要对工厂排放的污水进行检测。

2006年，陈利芳的小儿子经由一位环保志愿者的介绍，联系上了中国政法大学污染受害者法律帮助中心（CLAPV）。2007年5月，在帮助中心的协助下，村民们从晶天科技排污管道周围、村民饮用水井口取得八个水样送往湖南省分析测试中心进行检测。分析报告显示工厂排污管道内污水、排污管道口湘江水、排污管道上下游200处湘江水在pH值、氯丙烯、硫化物和COD（化学需氧量）上存在多处超标，特别是COD严重超标，最高超标150倍以上；而工厂排污管道内底土样和周围土样在pH、氯丙烯、氯化物、硫化物、总砷五项测试项目上全部超标，特别是总砷超标最严重，最高超标15倍多。

环评造假惹风波

晶天科技排放超标如此严重的污水，竟然通过了环境影响评估，村民们感到非常愤怒。在向长沙市环保局了解相关情况之后，中国政法大学污染受害者法律帮助中心还发现了环评报告的诸多疑点。例如：环评报告中的专家意见没有被采纳；专家人数应是单数，但环评报告上面是双数；2004年10月的监测报告没有CMA章（产品质量检验机构计量认证合格的标志）；历次检测和环评在时间上不衔接；在2004年10月还未办理环评师就进行监测；环评报告中没有县局的初审意见等。

越来越多的民间力量开始帮助陈利芳，平面媒体的关注让陈利芳看到了新的希望。2007年开始，陆续有记者来到丁字湾采访，其中《中国经济时报》刊发的《晶天科技污染问题没完没了》一文对晶天科技污染问题进行了首次深入报道。其后，《法制日报》也以《全国最大大蒜素生产企业湘江水畔污染7年》为题进行了详细的调查。这两篇报道得到了《新京报》《扬子晚报》等媒体的转载，也让更多人将关注的目光投向了湖南望城。

陈利芳说，当时来了好几拨记者，但是最终出稿并公开发表的就只有这两篇，其他的报道都被压下去了。

扛起法律武器

媒体的有限报道并未如预想中那样带来大的帮助。在四处投诉无果的状况下，陈利芳和其他村民决心将晶天科技告上法庭。

中国政法大学污染受害者法律帮助中心和湖南当地南红雨律师事务所的周光明律师均表示愿意为案件提供法律援助。有了专业人士的支持，村民们信心满满地开始准备各种材料。然而，官司还没开始打，就碰上了难题：无法立案。对于陈利芳和村民们提交的民事诉状，望城县人民法院以"湖南晶天科技实业有限公司注册地在长沙市岳麓区，不在望城县人民法院辖区内"为由不予受理；而岳麓区法院的说法则是"侵权行为不在辖区内"，同样不予立案。

面对法院踢皮球般的相互推诿，陈利芳并没有泄气，"打官司嘛，就两个字——坚持，我又没有犯法，我怕什么呢？"

陈利芳和律师商量的结果非常明确：提出行政申诉。也就是说，被告从晶天科技改为长沙市环保局，申诉书中要求环保部门撤销《批复》。这一次法院并没有直接拒绝立案，而是对申诉材料给出了严苛的要求。

"只要他们觉得不满意，就一直让我们重新弄材料。他们以为这样就能吓退我们，没想到最后我们按照要求交齐了所有材料。"面对法院的刁难，陈利芳并没有表现出沮丧的情绪。"打官司第一步就是要想办法让法院立案，他们怎么要求我们就怎么弄，一遍又一遍地交材料。"陈利芳认为打官司的第一要素就是坚持。

为了证明环评报告的不合理性，陈利芳把几年来积累下的污染材料连同污水样本的检测结果一并交给了中国政法大学污染受害者法律帮助中心。很快，2008年11月10日，一封针对长沙市环境保护职业学院的举报信递交到了国家环保部。信中详细列举了《湖南晶天科技实业有限公司450t/a饲料添加剂工程环境影响报告书》中存在的包括工程生产废水处理难以达到零排放、环评报告结论不实、主要污染因子的选择不准确、报告书环境标准适用错误等六项问题。

几天之后，国家环保部办公厅就给出了回复："报告书中污染源监测项目不够全面，未列出卫生防护距离的计算方法和计算步骤，未对项目投产以来的实际环境影响进行系统、全面的评价，所编制依据、评价标准和公众参与调查表等内容有误。根据《建设项目环境影响评价资质管理办法》第三十八条有关规定，我部对长沙环境保护职业技术学院提出通报批评的处理意见。"

环保部的回复使陈利芳信心倍增。得益于长期的上访和投诉中的材料整理，与案情相关的其他人证物证等很快就准备齐全。在向长沙市芙蓉区人民法院提交了水样和土壤的分析测试报告、举报材料、国家环保部《通报》、证人证言、晶天公司与村民的污染补偿协议等证据后，案件终于正式立案审理。审理过程中，法院将晶天科技作为第三方列席。逃脱了民事诉讼的晶天科技最终站上了法庭。

大不幸中的大幸

然而，案子并没有胜诉。陈利芳很不能接受："前两次开庭的时候已经承认了晶天公司对周围环境的污染，也承认了他们在环评弄虚作假的情况下擅自生产多年，但还是判我们败诉。"她对审判结果提出质疑："当时法院已经让环保局和晶天的人一起回去商量赔偿的问题了，可是第三次开庭的时候就忽然判我们败诉。"

法院在判决书中把国家环保部的《通报》作为挡箭牌，只对环评报告的质量进行了简单认定就驳回了原告诉求。耗费了巨大精力和心血的案子就这样败了，陈利芳很不甘心，只能继续上诉到中级法院。

2009年10月22日，长沙市中级人民法院作出与一审法院几乎一致的判决，即认定"环保学院编制的该份《环评报告》是一份质量较差的环评报告，但并不是一份严重失实、结论错误的报告，被告作出《批复》的事实依据基本属实"。判决书通过简单的文字游戏模糊了双方的争议焦点，面对如此不负责任的审判结果，陈利芳向湖南省高级人民法院提出再审申请。

陈利芳生活照

陈利芳生活照

再审申请至今没有得到批准，村民的斗争却并非一无所成。2009年，晶天科技望城分公司正式注销，一些大型的机器开始搬离丁字湾，事情似乎终于开始往着好的方向发展。

但陈利芳并不乐观，她表示，那些没有搬走的小机器还在偷偷地生产和排污。2011年，陈利芳再次提出民事上诉，要求晶天科技对村民们的农作物损失、人身损害等做出赔偿，诉状依旧不断被驳回。2012年，陈利芳离开湖南去北京打工，持续上访的她变得更加决绝，"这次如果还不能让晶天科技搬走，我就不回望城了。"在清华大学钱院士的帮助下，关于晶天科技污染的材料被递交到环保部。

不久之后，家乡传来消息说晶天科技终于彻底搬走了，陈利芳很高兴，这么多年的抗争总算有了个结果。她认为晶天搬走的原因有两个，其一是这么多年的奔波有了回报，第二则是村民十几年的抗争使得晶天陷入困境，不得不搬离望城。

虽然企业已经搬迁，但陈利芳并不满足于这种胜利，她还在继续上访。几年前晶天科技曾经与村民签订协议并赔偿了因水污染引起的鱼塘损失，但包括误工费在内的其他项目始终都没有赔付。陈利芳说，这些赔偿是为了村子里的人要的，这些年受污染的害太深了，打官司的时候也麻烦了很多人，她要对大家有个交代。

据陈利芳说，搬迁后的晶天科技厂房在湖南浏阳的永安县。笔者在永安县探访，并没有找到名为"晶天科技"的工厂。伴随着工业区的建立，空气和噪音污染困扰着永安县的居民，与此相关的投诉才刚刚开始，围绕着生存和环保的斗争永不止息。

旧的新生活

晶天科技搬迁之后，厂房的原址上建起了建材厂，陈利芳在门卫室工作和吃住。她每天早起之后要去喂养厂里的几只鸭子，"不喂的话它们就特别闹腾"。门卫的工作空闲较多，陈利芳在不远处的田里种了菜，每天都可以吃上新鲜的蔬菜。厂里的员工经常来门卫室一起吃饭聊天，陈利芳对现在的生活状态显得很知足。"这么多年的污染造成了那么大的伤害，等把赔偿都要回来，也就行了。"

在谈到那些因为癌症而死去的村民的时候，陈利芳的情绪会变得非常激动。她说，之前每次有人来检查，晶天科技都提前得到风声停止生产，所以检测结果都是达标的。陈利芳认为是村子里有人通风报信，"为了些眼前的利益，连自己的命都不要了，愚昧啊！"

同样是污染受害者的乡民暗中搞鬼，陈利芳除了怒其不争别无他法。从最初的集体请愿到现在的独自一人，支撑陈利芳十几年投诉历程的，是这一串长长的死亡名单：

68岁的李伏明死于食管癌，42岁的胡巧云死于脑癌，50岁的蔡正山脑梗阻死亡，53岁的莫炳红突然死亡，71岁的陈习权因肝癌死亡，57岁的陈正祥患肝癌死亡，53岁的李双娥脑出血死亡，63岁的村民何岁柏因食管癌死亡，64岁的陈建超患胰腺癌死亡，64岁的周耀宗患肺癌死亡，45岁的张新亮患肺癌死亡，68岁的陈淑纯心肌梗塞死亡。

"作为人，最起码的生存权得保障吧。"看着自己身边的生活的人们因为污染而加速死亡的步伐，陈利芳始终在斗争的路上坚持着。

【点评】

作为积极反抗的环境污染受害者，陈利芳是一个典范。尽管在投诉过程中遭到了不公正对待，但她仍然有坚持到底的信念。在民事诉讼无法立案的形势面前，她与律师商议找到解决之策而不是一味消极应对。从民事诉讼转为行政诉讼，案件得以被法院受理，污染证据材料的搜集和完整保留也为成功立案提供了相当重要的支撑。

"民告官"在许多人看来尚且是不可想象的事，而村民却能在民间力量的帮助下将环保部门告上法庭。在环境法律和司法体系不完善的大背景下，以陈利芳为代表的村民身体力行地使用法律的武器来维护自身的正当权益。

虽然案件最终败诉，但严重危害当地生态和人民生产生活的晶天科技搬离了望城已足够令人欣喜。同时也要看到，伴随着经济飞速发展，我国的法制建设相对仍处在停滞不前的阶段，程序正义难以保障。司法体系的完善需要更多的法律人坚持不懈的努力。

以诉讼推动环境保护
——北京市密云县韩企非法掩埋危废案诉讼

■ 林吉洋

寻找刘玉英

2012年12月,互联网上出现一封求助信,北京市密云县刘玉英承租的大辛庄农地被一家生产刹车片的韩企长期倾倒工业废弃物。

志愿者于12月13日前往密云大辛庄村排查,在大辛庄村内询问,但没有村民知道这个事情。志愿者继续前往求援信指向的建新桥寻找掩埋地点,由于当天地面覆盖着大雪,志愿者并没有找到倾倒危废的农地,最终一无所获地回到北京城里。

2013年3月,环保人士毛达在网络上查询到这一事件的后续进展,受害人刘玉英提出的污染求偿诉讼已于2012年12月在密云法院宣判,刘玉英一审败诉。

由于判决书上登载有刘玉英的家庭住址,笔者与环保人士毛达决定3月6日再次前往探查。那天,笔者在密云十里堡镇燕落寨的一处网吧见到了刘玉英。

家住密云县十里堡的刘玉英退休后以经营网吧为生,2010年4月刘玉英决定花去毕生积蓄,转租邻镇大辛庄村的一块农地,想种植大棚作为养老退休事业。但农地上经常被倾倒不明垃圾,刘玉英不堪其扰。

根据志愿者目测,这些倾倒的废弃物被一半掩埋、一半露天地置于二三十个大坑中。掩埋坑周边的土壤寸草不生,而且邻近的林木呈现表皮脱落、枯死的现象。

根据废弃物中散落的产品标识为线索,刘玉英寻线追查,终于确认废弃物来自西田各镇工业区里的一家韩国企业——凯比(北京)制动系统有限公司。

2013年4月　密云凯比危废案受害者

从凯比公司网站的介绍发现，该公司制造的刹车片，供应给包括北京现代汽车集团在内的厂商。这批废弃物中含有大量刹车片半成品以及大量黑色不明粉末，刘玉英认为，这批废弃物应当就是生产刹车片过程中的废料。

刘玉英曾委托检验机构进行检测，发现废弃物中含有高浓度的铜和被列入国家危废名录的重金属锑，这批废弃物应当受《固体废物污染环境防治法》管辖，必须受当地密云环保局以及北京市环保局监管，必须由专业具有资质的危废处理公司处置，但这批固态危废却被非法掩埋在刘玉英承租的农地当中。

刘玉英曾经数次向凯比公司交涉，却遭受到凯比公司的拖延与敷衍，甚至一度遭受到人身的威胁。刘玉英向密云县环保局提出举报，环保局对此事却是虚应故事。最后刘玉英向法院起诉凯比公司，要求凯比公司赔偿她农地以及林木的损失。

遗憾的是，2012年12月17日密云人民法院判决刘玉英败诉，依据密云环保局出示的一份土壤检测报告，报告结论："凯比虽有违法倾倒行为，但并未对土壤造成污染"。

密云环保局出示的检测报告称：抽检样品中各类指标符合《土壤环境质量标准》（GB15618-1995）中Ⅲ类土壤环境质量标准（主要适用于林地土壤）。但刘玉英经过和密云县国土局及西田各庄镇政府核实，证明自己承包的土地的的确确是耕地。

刘玉英无法理解："该土地明明是耕地怎么能按照林地标准去检测呢？"

刘玉英更是不能接受密云人民法院的一审判决。2013年的3月，刘玉英向北京市第二中级人民法院提出上诉，3月28日第一次开庭，刘玉英心中重新燃起希望。

突袭式的危废清理事件

在环保团体研究本案例同时，《新京报》的社会调查记者张永生也关注到这一起发生在首都郊区的土壤污染事件。经过数次实地调查采访，《新京报》于2013年4月1日以头版故事大篇幅披露这起严重的危废倾倒污染农田事件，引发外界强烈关注。

然而媒体大规模的曝光报道，也引来了官方一连串的反扑。

4月3日清晨7点不到，北京市第二中级人民法院专员在四名法警陪同下

2013年3月"自然大学"成员与《新京报》记者在北京密云凯比污染现场

来到刘玉英家中送交判决刘玉英败诉的判决书，并告知她申请的农地危废"证据保全"即刻失效。在二中院人员尚未踏出刘玉英家门时，友人即来电告知，密云县环保局在大批警力支持下，雇用民工紧急清理污染农田里的危废物。

刘玉英回忆这一段经历仍愤恨犹存，她万万没想到，第二中级人民法院才开过第一次庭，在媒体大篇幅披露后，居然可以不顾程序，立即判决她败诉。而密云环保局完全不顾她的受害事实与求偿权利，以"突袭"的方式解决令当地政府颜面无光的污染事实。

刘玉英的表亲冯学敏是刘玉英维权和诉讼的坚定支持者。他回顾4月3日的"突袭"清理事件时称，政府雇用的民工都由污染企业自顺义区雇用而来，他们一开始根本不知道要清理污染性废弃物，在毫无防护的情况下进行清理。在冯学敏等人告知废弃物具有污染性后，临时雇用的民工纷纷怠工，待追加工资增加防护之后，民工才愿意开始动手清理。

根据国家《固体废物污染环境防治法》，收集、贮存、运输、处置危险废弃物的单位都有严格的规定和要求，但是韩资企业却对中国的环保法规视若无睹。

"他们（韩企）根本没把中国人的人命跟中国的法律放在眼里！"对此冯学敏激愤地说。

农地含超量有害重金属，何以环保局认定未污染？

我们必须回顾这起事件。根据刘玉英的举报，密云县环保局在2012年2月3日向凯比公司下达的限期改正通知书（密环保字[2012]2号）中确认：凯比公司将生产过程中产生的有机树脂粉末、活性炭和废边角料等危险废物一部分未按照环评批复要求和国家有关规定进行处置，倾倒在西田各庄镇大辛庄村西的林地中，该行为违反了《中华人民共和国固体废物污染环境防治法》第55条的规定。

2012年2月8日，密云环保局对该韩企做出了《处理意见通知书》。对其行为处罚18万元，并责令该韩企在2月10日前按照相关规定对所倾倒垃圾进行处理。

刘玉英不解的是，根据检测，农田里面确实含有严重超量的有害重金属，另一方面，密云环保局又声称，依据《土壤环境质量标准》监测，非法倾倒的危废并未对农地造成污染。刘玉英更不能理解，她以一个污染受害者的身份，对一家韩资企业提出污染求偿诉讼为什么如此困难？

对于这起事件，广东省生态环境与土壤研究所研究员陈能场表示，现行《土壤环境质量标准》（GB15618-1995）是在1995年制定的，镉、汞、砷、铜、铝、锌、镍等重金属都在需要检测的项目中，但锑却未被列入其中。像锑、锶等有害重金属没有纳入污染物标准，给整个事件污染物的判定以及工业生产废料的监管制度带来很大争议。

在2013年4月3日突如其来的败诉宣判与清理事件后，在既有诉讼制度当中已经无法再行上诉。而被清理的农地里面，经初步检测，土壤中仍有超量的重金属。

密云危废案重启诉讼的最后一个希望看似即将沉没。

这时，北京市环保局4月7日于官方微博"环保北京"公告，该次清理的502吨危废物质交由北京金隅红树林环保公司进行后续处理。刘玉英与环保组织商议后，决定分头申请信息公开，重新展开密云危废案调研；另一方面，清理过后的土壤检测显示，土壤中仍含有超量有害重金属，这表明清理并未解决土壤受污染的问题，在律师建议下，环保组织与刘玉英以"主张修复土壤"，作为寻找新的诉讼起点。

危废何去何从

2013年5月14日上午，一群关注密云危废事件的环保志愿者、专家与媒体人士前往昌平区北京金隅红树林环保公司观摩污染危废的后续处置情况。

令环保组织关心的焦点在于，凯比公司在此次清理危废过程中是否合乎国家规定，这一批含二级污染性重金属锑的危废在后续处理过程中的安全性及可能潜藏的对公众生活的风险，以及该公司过往处置危险废弃物的情况。

环保组织成员前往北京金隅红树林环保公司参观

负责接待的北京金隅红树林环保公司副总经理田巍表示，4月3日的清理行动是应北京环保局要求担任"紧急救援队"，实际上金隅只去了一辆车，因此参与运送危废的车辆并不是由金隅环保的专门车辆运送。

金隅红树林公司的说法，距离密云环保局对外宣称的"具有危废处置资质的金隅环保公司"专业处理，显然有段距离。

田巍虽然对刘玉英表示同情，但是针对刘玉英要求金隅环保公司公布承接凯比公司处理危废的记录表示明确拒绝，并说明北京金隅对于委托方的危废处置纪录负有保密责任。

因此，为了进一步了解凯比公司的危废处置以及环保部门是否落实了其危废监管的职责，环保组织与刘玉英进一步调研凯比公司长年生产过程制造的危废处置去向，分别向北京市环保局与密云环保局申请危废监管的信息公开。

申请危废监管信息公开

针对密云危废案，环保组织向本案相关部门提出信息公开的资料有三项：一是向北京市政府环保局申请凯比公司申报的危废处理记录；二是向北京市环保局申请针对4月3日的清理以及危废转移的批准文件；三是向密云环保局申请凯比公司设厂当时的环评报告，环评报告中应当会包括凯比生产工序当中关于处理、转移危废的技术与处理流程。取得这些官方的文件和记录，才能具体了解凯比公司营运以来的危废处理、危废转移处置的情况。

刘玉英女士在5月7日向密云县环保局提出针对"凯比公司处置危废的政府监管记录"的信息公开申请，遭到密云县环保局要求补件、申请标的模糊不清等诸多形式的刁难与敷衍。

经过环保组织多次文书申请往返与交涉，密云县环保局终于同意环保志愿者与刘玉英现场查阅危废生产与监管资料，但"不准带离，不准复印，不准拍照"。

8月23日，密云环保局当日仅提供了金隅红树林环保公司与凯比公司签订的危废委托处理协议。文件上仅载明每吨危废的处理费用3000元以及相关储存费用1000元。除此之外环保局拒绝提供凯比公司危废生产量、运送处理的监管记录。

对于关键证据，如凯比公司的环评、危废监管纪录，环保局却为了保护污染企业而拒绝向环保组织公开有关环评信息。最终在申请信息公开无效后，环保团体决定起诉北京市环保局、密云县环保局。

透过诉讼推动落实信息公开

2013年4月16日，环保组织以向北京市环保局申请凯比公司危废转移监管记录信息公开，北京市环保局于5月6日答复"未制作、未获取"该信息，环团以该答复违反《环境信息公开办法》为诉由，于7月11日向海淀区人民法院申请起诉北京市环保局。

经审理后，海淀区人民法院于9月30日对本案进行宣判，判决结果是北京市环保局必须重新答复环保组织。

根据《海淀区人民法院海行初字第279判号决书》，凯比公司作为危废的生产企业，依法必须向市环保局的固体废物管理信息系统申报年度危险废物生产以及单次移转的计划总量。

然而，北京市环保局却在答辩中说明，该局确实获取并保存该危废生产企业凯比公司的危险废物计划转移量申报信息，但市环保局对环保团体答复的《京环信息公开（2013）45号告知书》当中却又表示对该企业危废产生、转移、处理资料，"未制作、未获取"相关信息。对此，法院认为北京市环保局的答复属于"认定事实不清"，要北京市环保局提出纠正。

环保组织提出的第二个诉讼，针对的是4月3日刘玉英土地危废清理事件中的程序问题。依据《固体废物污染环境防治法》第59条的规定：危废清理、转移的行动，必须得到设区的市级以上地方政府环保行政主管部门的批准文件，方可进行。环保组织认为4月3日凯比公司与密云环保局对非法倾倒危废农地的清理应当具有北京市环保局的许可文件。

值得注意的是，北京市环保局在辩驳环保团体主张时所引的观点同样是《固废法》第59条，北京市环保局主张"在本市辖区内清运、处置涉案危险废弃物的行为依法不需要我局批准"，称原告对法律解读有所偏差。

海淀区人民法院判决结果不支持环保团体的请求，法院认定北京市环保局对4月3日密云县环保局组织金隅公司的清理行为（实际上由密云县环保局向凯比公司

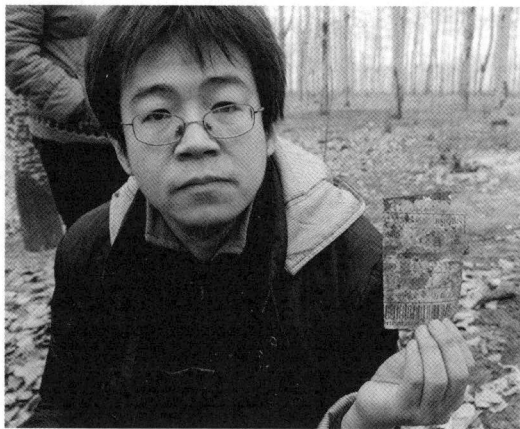
2013年3月份 环保志愿者毛达在现场调研

责令限期处理）并无相关批准职责与程序。

环保组织起诉北京市环保局的结果是一胜一负。另一方面，环保组织起诉密云环保局拒绝公开凯比公司环评报告一案，密云县法院则判定环保组织胜诉。

环保组织诉密云环保局信息不公开胜诉

环保组织"自然大学"起诉密云环保局一案，经密云人民法院审理，在11月25日周一宣判，判决结果是环保组织胜诉。

2013年4月12日，环保组织向密云环保局提交信息公开申请，申请内容包含凯比公司（原名：贝勒尔）建设项目环境影响评价报告表（全本）及其批复。

2013年5月24日，密云环保局向环团答复的密环信公〔2013〕4号《告知书》仅出示对该项目的环评批复，对于环境影响评价报告表全本，密云环保局以保护第三人商业秘密为由拒绝公开。

按照密行初字35号《判决书》，法院撤销密环信公〔2013〕4号《告知书》。该告知书由密云环保局发文给环保团体，其中仅答复环保组织一些不相关信息。若密云环保局放弃上诉，则必须在判决书生效15日内，向环保团体申请的政府信息公开申请重新做出答复。

法院判决理由在于：密云环保局答复环保团体的时间超过法定15天的期限，虽然环保局

辩称向第三方凯比公司征询意见的时间不计算在内，但密云环保局却无法提出向凯比公司征求意见的证据，因此法院不采信密云县环保局主张。

值得注意的是，对于环评报告是否含有企业的"商业秘密"，法院对此并无提出具体解释。法院主要依据双方庭辩过程，密云环保局无法提出向凯比公司征求意见的时间证明，因此拒绝采信环保局的主张。

令人欣慰的是，判决结果终究将"信息公开"推进一步。

【点评】

密云危废案是受害者仍在维权追讨赔偿的污染个案，虽然在受害人的污染求偿诉讼上，受害人遭到败诉的挫折，但在环保团体参与本案的调研以后，诉讼部分改处以"信息公开"的诉讼策略，这里面产生两个积极意义。

第一，此举有助于厘清政府环境主管部门对于危废监管工作的落实问题。关键在于，如果污染企业凯比公司向北京市环境主管部门正确申报危废生产量、危废处理量，环保局对企业生产危废的监管也落实，那么就没有非法掩埋受害人土地的土壤受污染问题。从这个角度去看，环保部门对危废生产企业的监管疏失，其实对受害人的权益损失与基本农田受污染，是具有连带责任的。

从这里延伸，环保团体透过本案推进整个北京市环境主管部门落实工业危废的处理、运送监管，会产生很大的效果。也能让个案的效力提升到对于整个工业危废监管制度的检讨，从而发挥显着意义。

第二，对类似污染案件的诉讼策略具有参考价值。在本案受害人一开始主打的污染赔偿诉讼遭到败诉判决时，因为涉及技术与数据认定问题，法院采信环保局提供的检测报告，特别在密云危废案在二中院判决败诉之后，诉讼曾经一度陷入困境。

因此环保团体把企业的污染行为认定问题暂时搁置。本案的新起点在于重启诉讼是从信息公开开始，一步一步抽丝剥茧，先从信息公开的行政诉讼入手，这样胜诉机会比较大，而且对于政府部门会产生一定的压力。

很多人对于环境案件诉讼通常采取悲观的态度，确实，志愿者看到本案从败诉到申请信息公开，乃至于重新立案的过程中确实受到一些阻碍。然而透过受害人刘玉英的坚持奋斗，以及环保团体的努力，我们从开展信息公开诉讼的经验上面看到一些希望。

　　信息公开是本案推动环境正义的一种迂回过程，透过信息公开，证明政府对于工业危废监管的疏失，间接造成刘玉英土地遭到污染，这个过程中政府的责任不容推卸。

　　目前本案仍然在奋战的阶段，尚无法乐观期待政府与企业愿意立即承认错误承担责任。然而，我们仍然确信通过诉讼督促环保部门落实环境保护法，是推动中国环境保护的必经之路。

　　在本文初稿即将完成时，笔者得到受害人刘玉英女士传递的最新消息，北京市高等法院正在关切本案，并且评估本案重启审理的必要性。这个消息对刘玉英女士以及环保团体，都是一个相当令人振奋的消息。

　　如同本案当中担任环保组织委托律师的政法大学污染受害者帮助中心的史于稚所言："尽管法制社会曾经让我们失望，但我们绝不对法制社会放弃希望。"

曹妃甸渔民的康菲石油之殇
——曹妃甸水产养殖者诉康菲石油公司污染损失赔偿案件

■ 邵文杰

2011年6月，河北省唐山市柳赞镇的养殖户们发现陆续有水产品死亡的现象。那时候他们的虾苗、贝苗刚放下去还不到一个月，恰逢渤海湾漏油的消息传出。而养殖户们却依旧疑惑，大量水产品为何突然死亡？他们该何处寻得赔偿？直到发现海滩上的黑色异物，事件开始发生转变，由此，曹妃甸的水产养殖户也踏上了他们从不曾想到的维权之路。

离奇死亡的虾贝

位于河北省唐山市东部的曹妃甸，由于濒临渤海，下辖有很多以水产业为主导产业的村镇，柳赞镇便是其中之一。2011年5月，柳赞镇的水产养殖户张希增像往年那样，投入了上千万尾的虾苗，望着满池的虾苗，张希增开始希冀收获时的盛景，不承想灾难却在悄悄来临。

在虾苗下去还不满一月，异常情况出现了。小虾开始出现了陆续死亡现象，同时海水呈黄褐色。以前这种情况从来没出现过。按照养殖户们的经验，如果是赤潮的话，黄褐色的水赤是不可能持续一个多月的，而且赤潮只是一遭而过，不可能长时间停在这里。当养殖户们出海时，在海上从外面看去，发现水也是黄褐色的。

张希增的虾已经陆续死了好多。从投放虾苗到现在已经有两个月了，可是养殖产出的虾却只有百八十斤。而按往年的情况来说，就算网拉得不好也能有2 000斤。于是，养殖户们试着拉了一网，结果让人很失望，头一网只有105斤，基本上可以说是绝收了。一个池子50亩地却只产出100斤虾，算下来平均一亩地也没几斤。从张希增养虾的历史来说，2011年无

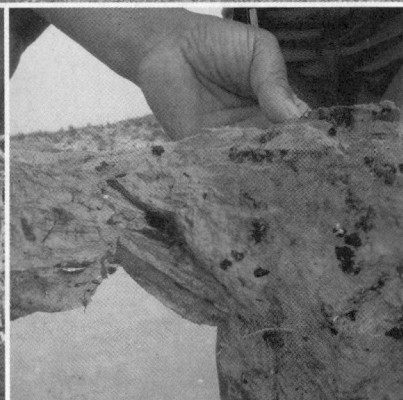

这里海滩上的石油是已经分化的形态，已经被证明是来自蓬莱19-3的石油。
这些都是在各种场景下的原油。

疑是最惨的一年。

这些靠海维生的渔民既心痛又着急，却找不到原因。没多久，他们在海滩上发现了黏稠的黑色物体。就在此时，那些养在浅滩上的扇贝，也开始遭受灭顶之灾。于是，渔民们开始怀疑，这些都是因为海水受到了原油的污染。

张希增思考，这些粘稠的黑色物体是否是漂油？因为养殖区域属于滩涂，在潮水一点点往上涨的情况下，那个油脂就随着潮头一点点地漂上来，而潮水落了以后，油脂无法随着潮流下去就落到滩涂上了。到了贝类出来觅食、呼吸的时候，残留在滩涂上的漂油无疑会对贝类带来不好的影响。养殖户们当时捕捞的扇贝只有纽扣大小，而往年这时候的扇贝，壳径均在五六厘米以上。

除了虾和扇贝，其他水产品也受到不同程度的影响。养殖户张玉新养有很多河豚，可是河豚的死亡率达到了80%。因为河豚价钱高，能卖到60多元一斤，自然损失也不小。养殖户朱永强养的海参，对海水水质特别敏感，如果海水不适应的话，就会出现画皮、吐肠子等现象。往年海参苗一缸有三到四斤，2011年事件发生后只有一斤多到二斤多，算下来比往年差了30%~40%。

水产品大规模死亡发生在六月下旬，柳赞镇的养殖户们却并不知道。那时，在距离他们140多公里的渤海湾，一座油田已经发生了漏油。这就是蓬莱19-3油田，而油田的作业者正是康菲公司。根据媒体披露，漏油发生在6月上旬，然而直到7月1日，合作方中国海洋石油才首次对外公布漏油事件。

这些靠海生存的养殖户此前从来没有遇到过类似情况，如何证明自己受害，找谁索赔，这些他们都一无所知。于是，他们找到了从事水产养殖技术的刘凤林，让他成为他们的代理人。

柳赞镇养殖户所在区域的污染发生在6月下旬，那个时候还没有公布康菲漏油的消息。刘凤林关注了乐亭县的扇贝养殖死亡，还请了河北省有关专家到现场观察和分析原因。他们感觉到水质不好，同时周边海里的船只也发现了直径两厘米左右的油块。两三天以后在网上，有人透露出康菲跑油的情况。那个时候人们还没有真正地意识到究竟是不是康菲的油，只知道是受害了。

根据养殖户们的经验，鱼虾如此大规模的死亡，人为技术方面的原因是可以排除的。因为照往年情况来看，就算养殖户的养虾技术再不过关，毕竟产量也还是有的，而现在他们连产量都没有。张希增很坚决，因为在他看来，唯一的养虾失败就是虾长不大，达不到想象中的那么大，但是就算出现这种情况，产量也是有的，可现在的问题是养殖户们根本没有虾产量。

另外，养殖户们也考虑过饲料是否安全的因素。在柳赞镇，养殖虾的饲料主要是在海里长的一种小蛤，因此虾的主要食料是天然的，根本不存在投料或者中毒的可能。这种蛤是在海滩上生长的，如果滩头已经受污染了，那把蛤捞上来以后，再送到虾池喂虾，虾肯定好不了。

渔民损失难以计算 第一次起诉被驳回

张玉新可以说是柳赞镇养殖户中损失最大的一户，他承包了1 056亩养殖场，按每年的产量计算的话，一亩出150斤左右，每年的虾都在55元一斤，而今年就出了十几斤，还不到20斤，产量相差悬殊。对于水里剩下的虾，张玉新也不打算捞了，因为算上人工费用，捞起来越多，赔得也越多。但是张玉新也没有别的好办法，只能眼看着虾都死掉，因为这些虾都不是得病死亡，吃药并不管用。张玉新很无奈，一点办法也没有。

水产行业是高投入高回报的行业，一个户头的原始投入就达到数百万。众多养殖户都搭上了自己的全部身家，有的和亲朋合伙，有的通过银行借贷或民间借贷搞养殖。而投入产出一年只有一季，甚至两年一季。

朱永强是搞海参养殖的，海参养殖的周期一般是两年。这也分投不同规格的，大规格的有可能当年就见效益，但是一般都得两年见效益。按一亩地来算，租地一万多，再加上放苗还要一万多，所以投入相当大。

张希增在柳赞镇从事水产养殖已经有十年的时间，这是一个滚雪球一样的行业，第一年的产出用于第二年的投入，风险也是有的。

张希增的虾养殖在五月份，也就是大概五一前后就开始发头苗，到了八月十五或者十月一这个时间基本上就长成虾了，要是养得不好时间就会长一点，虾也会小，如果养得好的话，不到八月十五基本上就出虾了。

张希增养殖的中华虾，风险就在于虾出得少，但是他没有想到2011年会少到这种程度，对张希增来说，这次事件属于灭顶之灾了。张希增认为，"养得好，虾出得多点，多赚点；养得不好，少赚点。毕竟这个一般的虾，它的损耗都是在刚放下苗以后，在小苗期的时候会损害一点。"不成想，张希增的虾已经养到这么大了，却突然死了这么多，他从来没有碰到过这种情况。虾养得大了，养殖户的投入也就多，包括人工等。于是，突如其来的灾难给张希增的虾养殖带来了巨大的损失。

张希增今年一共养殖了中华虾、海参、河豚三种水产品。以中华虾为例,他一共承包了将近1500亩养殖场,正常一亩出成虾150斤,现在市场价为55元一斤,现在损失率达到80%,再加上虾苗的成本、饲料以及承包费用,每亩的损失都在上万元。

张希增打算去找水产养殖部门咨询,但是如果得不到赔偿的话,在咨询之后还可以养的情况下也没办法继续养了,因为他已经没有资金可投入了。而如果这次事件能补偿一点,那么他就可以咨询这个养殖是不是还可以干,可以的话,这部分资金就继续投入到这方面来,如果不可以了,那也就没办法继续养殖了。

2011年9月5日,刘凤林代表乐亭养殖户向天津海事法院提起了上诉,并递交了两份材料,其中一份便是乐亭县126户养殖户初步损失情况的统计表。

天津海事法院以证据不足驳回了立案要求。在损失统计这块,养殖户的损失主要是根据自己多年的实际情况进行总结和评估的,但是毕竟是自己说的东西,带有很大主观性。因此刘凤林向农业部提交了相关的申请,让有关部门对这个损失进行评估以便进行下一步的策略。

另外,后续的损失,在当时都是难以预估的。

刘凤林担心的是,对于后续损失,得看整个海洋生态恢复的时间,也就是说明年有多大的影响,在当时都是不能定论的,因为究竟海里到底是跑多少油,所有人都只是在听新闻报道和康菲在说,并没有办法去核实。如果海面下的油很多,那么明年有大浪的话,这些油就会再显上来。很多专家也说,这个海洋生态的恢复,包括这种油块的分解是个漫长的过程,尤其是这次事件中的油很特殊,直径小,更不容易捕捞,更容易在海里面积累得时间长,所以生态恢复时间可能会更长,那么对整个养殖业的影响,应该是比较大的。

赔偿区域存争议 曹妃甸养殖户求偿难

2011年12月30日,天津海事法院受理了29户养殖户状告康菲石油公司的案件,案件索赔总金额达2.3亿元以上。这29户养殖户养殖海鲜的地点,位于同属河北省且距曹妃甸不远的乐亭县境内。29名原告中,有的是乐亭当地人,还有的则是来自辽宁省的养殖承包户。

随着渤海溢油索赔第一案在天津海事法院正式立案,107名河北海鲜养殖者向康菲索赔4.9亿元案件,在当时也有望于元旦前后被立案受理。此案件于2011年12月13日提起诉讼。

2011年12月30日前后，他们向法院提交了相关补充材料，之后法院方面会核实起诉主体，即107名养殖者各自的具体情况。原告唐山市乐亭县李学志等107名海鲜养殖者以海上、通海水域养殖损害责任纠纷为由，向康菲公司提出环境污染损害赔偿，要求康菲停止侵权、消除危险并赔偿经济损失4.9亿余元。

2012年1月25日，康菲与其中国合作伙伴——中海油，与农业部和有关省份达成一笔金额为13.5亿人民币的协议。其中，康菲出资10亿，用于河北、辽宁省部分区县养殖生物和渤海天然渔业资源损害赔偿和补偿；康菲和中海油还分别从其承诺的海洋环境与生态保护基金中，列支1亿元和2.5亿，用于天然渔业资源修复和养护、渔业资源环境调查监测评估和科研等工作。

2012年4月27日，国家海洋局宣布，康菲石油中国有限公司和中国海洋石油总公司总计支付16.83亿元人民币，用于海洋生态损失赔偿和承担渤海环境保护的社会责任。包括之前农业部与康菲公司及中海油行政调解后达成的13.5亿元渔业赔偿与资源修复资金在内，两家公司总计为溢油事故支付了30.33亿元人民币的赔偿和补偿款。

随着时间一天天过去，受康菲漏油事件影响的渤海湾沿岸辽宁、河北、天津和山东各省的渔民都开始行动起来，他们联合搜集证据，向法院提出诉讼，要求立案，通过法律途径来维护自己的权利和寻求合理的赔偿。而随着29户养殖户状告康菲石油公司案件被受理，曹妃甸受害养殖户们似乎也看到了希望，康菲与中海油合计30多亿元的赔偿补偿款更是让他们觉得，自己的损失总算能得到赔偿了。殊不知，等待着曹妃甸受害养殖者们的并不是政府和企业的一个合理交代，而是并没有结束的漫漫维权之路。

农业部在渔业损失索赔行政调解结果公告中，并未提及养殖户赔偿的具体范围、赔偿款分配额度等内容。赔偿区域是以行政区域划分，还是以海域划分存在争议。2012年5月4日，康菲公司相关负责人表示，行政调解的协议条款规定，"农业部将在其管辖范围内，通过受影响省份来受理索赔，其中包括河北和辽宁的渔民。农业部协调的第三方机构分析确定了渤海湾地区受到潜在影响的社区。"由此看来，曹妃甸的受害水产养殖者们最终能否获得赔偿款，还需要农业部根据相关证据来安排。

曹妃甸与乐亭县同属唐山市，有海水养殖面积数万亩，随着地方政府补偿款工作的不断落实推进，208户来自曹妃甸区曹妃甸港以东海域的养殖户也在密切关注相关补偿款工作的进度情况。这些养殖户所在海域与乐亭县海域紧密相连，从地图上看，这是一片东向乐亭开口的呈"U"字形的半封闭海域。

曹妃甸水产养殖户李希忠说，养殖户们的水产养殖场分布于曹妃甸港以东海域的沿海陆域、滩涂，唯一的养殖用水来源就是该片海域。"乐亭县海域"的海水因潮流会进入"曹妃甸港以东海域"。中国科学院海洋研究所水动力专家出具的一份相关材料分析认为："曹妃甸港以东海域"涨潮时潮流方向为西向，落潮时潮流方向为东向。因此乐亭县海域的海水在涨潮时会顺岸向西通过老龙沟深槽进入曹妃甸港以东海域。受溢油事故影响，曹妃甸这208户养殖户养殖的渔、虾、蟹、贝、海参等遭受损害。

虽然乐亭县的补偿分配方案还在制订中，但乐亭县水产局相关负责人很乐观，乐亭县行政区划范围内的受灾养殖户都将获得赔偿。但相反的是，自农业部行政调解结果公布后，从媒体报道看，曹妃甸已被甩出赔偿名单。

据称，渔业损失赔偿的范围是由国家海洋局确定的。

誓与康菲斗到底

在确定10.9亿元补偿和赔偿款与自己毫无干系之后，曹妃甸的水产养殖受害户们都开始考虑起下一步该怎么办。

康菲漏油事件已过去一年有余，养殖户们早已从受害者变成了维权者，当初的心态也已经发生了根本的变化。既然还没有结果，养殖户们计划向农业部寻求支持，落实污染调查鉴定，继续依法律程序索赔。同时，他们还密切关注康菲石油公司和漏油油田的最新情况，抱着不严惩康菲不罢休的想法，绝不姑息康菲恶行，以避免漏油悲剧再次重演。

时间来到2013年3月18日，曹妃甸区的208户受康菲公司污染侵害的水产养殖业主致信国家发改委主任徐绍史，要求国家立即收回蓬莱19-3油田主权。

在信件中，养殖户们请求说："我们是渤海特大溢油污染受害人，在徐主任走马上任的第一个工作日，发出伸张民族大义的公开信，要求您的团队立即收回蓬莱19-3油田主权，彻底清算殖民地经济模式，切实保护渤海的生态环境资源，帮助弱势的渔民保住饭碗，为中华民族子孙留下一片碧海。"

信件介绍了曹妃甸区这208户河北渔民常年在曹妃甸港以东沿海从事海参、河豚、虾类、贝类等养殖生产。2011年蓬莱19-3油田溢油污染渤海事故，给渔民们造成了数亿元的经济损失。"但是，我们被有关部门从污染受害人中故意遗漏。政府主导的行政调解方案，无情地剥夺了我们获得补偿的权利。而国家发改委和国家海洋局，也不理睬我们的陈情和上访，先后核准肇事油田总体开发方案和环境影响报告书，片面同意康菲公司恢复在该油田的生产作业。"

在此之前，养殖户们早就已经尝试了很多途径。2012年11月3日，养殖户们曾向原国家发改委张平主任邮寄了《责令康菲石油中国有限公司全面停止在华石油作业的请求书》，但无结果。养殖户们申请行政复议后，却被告知：国家发改委没有对违法实施石油作业的作业者、承包者进行行政处罚的法定职权。

在这次递交信件中，中国政法大学污染受害者法律帮助中心为渔民们提供了法律援助。国务院1982年发布的《对外合作开采海洋石油资源条例》第28条明文规定："作业者、承包者违反本条例规定实施石油作业，石油工业部有权提出警告，并限期纠正。如未能在限定的期限内纠正，石油工业部有权采取必要的措施，直至停止其实施石油作业。"养殖户们认为，随着国务院机构改革的进程，国家发改委及其下属的国家能源局接掌原石油工业部的行业管理和行政执法大权，因此发改委具有此项职权。信件要求发改委责成中国海洋石油总公司解除与康菲石油中国有限公司签订的相关渤海石油合同，提前收回蓬莱19-3油田以及与该油田联合开发的蓬莱25-6油田，由中方立即全面接替生产作业，驱逐撒谎成性、藐视人民、社会责任缺失的不法外商。同时，养殖户们在信件中也希望发改委报请国务院责令农业部依法帮助渔民们向康菲石油中国有限公司追索污染损失，着重解决该次渔业污染事故的鉴定评估问题，并遵循合法自愿原则开展行政调解。如果调解不成，应当支持渔民们依法起诉。

紧接着的2013年4月3日，曹妃甸的4名水产养殖户，代表受到2011年渤海漏油事件影响的208户渔民，向国家海洋局投寄了行政复议申请书，要求撤销蓬莱19-3油田整改及调整工程环境影响报告书核准文件，再次全面叫停康菲石油中国有限公司的生产作业。

就在不久之前的2013年2月16日，国家海洋局发布新闻，称康菲公司已取得渤海蓬莱19-3油田总体开发工程和环境影响报告书的核准文件，同意康菲公司逐步实施恢复生产相关作业。听闻此消息，208户养殖户大为震惊，他们认为，国家海洋局片面行使监管职权，不与发改委联动执法，忽略了《对外合作开采海洋石油资源条例》，回避了对康菲公司根本违约的追究。国家海洋局过早批准恢复生产、无视被遗漏的污染受害渔民，致使康菲公司轻松甩脱赔偿责任，顺利转嫁社会矛盾。

环评信息公示和公众参与的缺失是养殖户们申请复议的重要理由。在他们看来，国家海洋局核准漏油肇事油田的环境影响报告书，多处违反法律的正当程序要求，不符合行政许可的公开、公平、公正原则。复议申请书上说："无论是康菲公司、环评机构还是国家海洋局，均未采用便于我们知晓的方式公布环评信息。国家海洋局没有向利害关系人告知陈述和要求听证的权利，也没有在批复前依法组织听证。我们的程序权利被完全剥夺。"

因为在2013年1月22日，国家海洋局发布的《关于加强海洋工程建设项目环境影响评价公示工作的通知》明确要求，在政务网站上公示环境影响报告书简本及专家个人评审意见。虽然此前康菲公司曾就蓬莱19-3油田的开发生产整改及调整工程方案进行过公示，但其选择的发布平台是《中国海洋报》及其网站，以致环评信息鲜有人知晓。之后的2013年4月12日，国家海洋局要求曹妃甸这208户养殖户对申请内容和证据进行补正。4位养殖户代表于5月初完成了补正说明。随后，国家海洋局决定受理复议申请。

按照行政复议法的规定，复议结论将在2~3个月做出。如果渔民们对行政复议决定不服，可以依法向法院提起诉讼，或者申请国务院做出最终裁决。

之前的消息陆续地开始有了回应。2013年4月16日，农业部向申请信息公开的曹妃甸养殖户答复称，针对康菲公司支付的养殖渔业赔偿补偿，"养殖渔民可自愿接受行政调解，不排除通过司法等途径解决"。

很快又一结果传来：在2013年5月13日，国家海洋局发出行政复议受理通知书，决定受理河北渔民李希忠等人针对蓬莱19-3油田开发生产整改及调整工程环境影响报告书核准批复的行政复议申请。在当时，这是康菲渤海溢油事故应对处置行政争议中，首例进入法律救济程序的案件。

4名养殖户代表之一的李希忠有些许欣慰，至少国家海洋局和农业部对曹妃甸养殖户们的态度是积极的，应当予以正面肯定。接下来，养殖户们要再接再厉，向农业部寻求支持，落实污染损害调查鉴定，依法律程序索赔。

2013年8月15日，养殖户们等到了国家海洋局的行政复议决定书，但是谁都高兴不起来：在行政复议决定书中，国家海洋局依旧维持与康菲复产有关的环评批复。

针对国家海洋局维持与康菲复产有关环评批复的行政复议决定书，养殖户们在半个月之后的8月30日，向国务院法制办申请最终裁决申请书。很快，法制办与养殖户取得了联系，准备满足他们的合理诉求，敲打敲打有关部门。这是康菲事件善后大安排中首个进入法律程序的行政案件。

2013年10月15日，曹妃甸的208户养殖户向农业部送去《关于组织渔业污染事故调查鉴定保护曹妃甸渔民合法权益的请求书》，请求"农业部委派黄渤海区渔业生态环境监测中心，并指令河北省渔政部门予以配合协助，调查认定曹妃甸沿海渔业养殖生物死亡与蓬莱

19-3油田溢油的因果关系，评估确定请求人所遭受渔业污染损失的金额，出具相应鉴定报告，支持污染受害者依法索赔"。养殖户们正为按法律程序索赔积极行动着。

从2011年6月发生康菲漏油事件到如今两年半已经过去，曹妃甸的受害水产养殖户们至今仍未得到任何赔偿，甚至连一个合理的说法都得不到。从最初害怕与政府和企业打官司、担心巨额诉讼费用，到慢慢拿起法律武器坚决捍卫自己的权利，这些养殖户在这条维权之路上走得并不容易。养殖户们还时常去自己的那片养殖池看看，但昔日水产收获的盛景却早已不见踪影。

【点评】

之前作为乐亭县受康菲漏油事件影响的水产养殖户的代理人，刘凤林成功带领乐亭县的养殖户们索得赔偿。他介绍说："方法加上坚持，企业不是一定不可打倒的。"在海洋污染案件中，时间比什么都重要。因此，怎样第一时间发现事件，怎样取证，怎样保存证据，在这其中都是有很多方法可循的。证据往往是一个污染案件的关键，只要留有第一手证据、备份证据，并能够以公证的手段对证据予以保存，那么在起诉立案环节将占有很大优势。

北京中咨律师事务所律师、中华全国律师协会环境资源与能源法专业委员会委员夏军认为，当发生重大、复杂的海洋污染事故时，渔民应当在第一时间向农业部和国家海洋局报案，只有获得国家主管部门和权威技术机构的支持，受害渔民才有可能讨回公道。其次，渔民要善用申请信息公开等手段，监督渔业、海洋部门履行职责。除此之外，渔民应当寻找独立的专业机构，迅速采样、及时化验。而此次康菲漏油事件也将中国海洋污染事故应对处理的缺陷和部门分割的监管体制弊端暴露无遗，因此国务院有必要成立应对污染事故总指挥部，整合资源、提高效能。国家应当大力推进海洋生态资源损失索赔工作。

为什么要和广州市环保局打官司

■ 赵亮 陈立雯

2012年，为了更好地促进垃圾管理的公众参与，6月份，广州市政府成立了广州市城市废弃物处理公众咨询监督委员会。为了促进李坑垃圾焚烧厂的公众参与监督工作其，还专门成立了李坑垃圾焚烧厂公众监督委员会，监督委员包括周边的村民和一些民间环保人士。公众监督委员会的成立，也让村民有机会参与此项目的监督工作。

在监督小组成立不久后，李坑垃圾焚烧厂就不断爆出垃圾焚烧不彻底，还有大量塑料袋未烧尽，管道爆裂频发等问题。

陈立雯

申请信息公开和广州市环保局的往来

2012年7月20日，我们通过广州市环保局网站，在线提交了申请李坑垃圾焚烧项目的信息。申请内容共四项：广州李坑垃圾焚烧厂环境影响评价报告全本；2006年6月至2012年6月，此项目运行期间烟气排放监测数据报告，以及二噁英检测数据和报告；2006年6月至2012年6月，此项目运行期间飞灰和炉渣产生和处理数据报告；广州李坑垃圾焚烧厂是否是广东省重点的强制性二噁英排放源。在线提交依申请信息显示成功。

7月31日上午，广州市环保局致电要求我们提供申请人的身份证信息，以便验证申请人

一直在做垃圾处理不当引发的污染问题调查的我们，也一直在关注广州市这一座唯一的垃圾焚烧厂的运行和管理情况。在其事故不断发生的情况下，向广州市申请此项目的信息公开，成为我们要参与监督这个项目的第一步。

的身份。下午就通过电子邮件将身份证信息发了过去。并在邮件中提示广州市环保局，希望尽快收到所申请信息的回复。因为当时已经过了7个工作日，按照《中华人民共和国信息公开条例》，行政机关应该在15个工作日内回复，如果需要延期回复，需要作出书面延期回复理由。

8月22日，距离7月21日申请信息公开已经过去了1个多月的时间——22个工作日。我们依然没有收到广州市环保局的任何回复，也没有关于延期回复的信件。当天，给广州市环保局发了一封电子邮件，询问至今没有收到回复的原因，并提出，如果一直收不到回复的话，将采取法律途径来解决问题。

9月4日，我们收到广州市环保局"可以部分公开的政府信息"的回复。拆开信后，看到回复内容是8月31日从广州市环保局盖章的文件。

回复内容不全，理由不合理

对于我们申请的第一项环评文件信息，广州市环保局拒绝提供。不提供的理由是"此信息不属于《环境信息公开公开办法》试行所列的政府主动公开的信息范围"，建议我们向李坑垃圾焚烧项目的建设方或运营方索取。

后来我们向越秀区人民法院提出诉讼广州市环保局不公开信息请求，立案后，12月28日，广州市环保局又做出了一份补充回复。在补充回复中，对于不公开环评报告全本的解释里，广州市环保局又增加了一条，说原国家环保总局（现环保部）负责审批，原广东省环保局（现广东省环保厅）负责初审，广州市环保局只是对此项目的环评报告提出了环保意见，所获取的环评资料属于过程本件，并非最终批准的版本，因此无法提供。

而对于第二项信息，他们只公开了2009年1月到2012年4月，每隔3个月，烟尘、氮氧化物、二氧化硫和黑度的平均值；仅有2009年12月、2010年12月和2011年7月的二噁英检测值。未提供2006年到2008年的排放数据，也没有氯化氢、汞、镉和铅的排放数据。而按照《生活垃圾污染控制标准》大气排放限值的要求，垃圾焚烧烟气排放要监测10项目标，要包括烟尘、氮氧化物、二氧化硫、黑度、氯化氢、汞、镉、铅和二噁英。

同样，在广州市环保局2012年12月28日的补充答复中，其只公布了2007年1月到2008年10月的部分烟气排放数据。公布的数据里，同样是每隔3个月的平均值，还少了黑度的数据，只有烟尘、氮氧化物和二氧化硫3项目标。另外还说明了为何没有2009年12月前的二噁英监测数据，解释说是监测能力有限，2009年年底开始对李坑垃圾焚烧项目做二噁英的监测。2001年开始实施的《生活垃圾焚烧污染控制标准》中，明确规定北京、上海、广州和深圳4个城市要先试行监测二噁英，2003年6月1日起在全国执行。

对于第三项信息，8月31日的回复里，只字未提。既没有数据，也没有说明不回复的原因。在12月28日的补充答复里，列出了2007年到2012年此项目产生的焚烧飞灰和炉渣量。

对于第四项信息，和第三项内容的回复一样，8月31日的回复未提及。补充回复里，说该项信息不存在，原因是广东省未发布强制性二噁英排放源。

诉讼成为不得已的选择

鉴于广州市环保局8月31日的回复内容里大量缺失我们申请的信息，我们决定通过诉讼渠道来获取这些信息。

经过和公益律师杨洋对此案件一段时间的探讨，她决定帮助我们来代理这个案件，作我们的辩护律师。写好诉讼状，准备好证据等材料。

10月30日，我们给越秀区人民法院寄出了起诉广州市环保局的材料。

11月8日，收到广州市越秀区人民法院立案通知，同时通知我们预交诉讼费。

11月14日，在中国农业银行成功交纳诉讼费。

12月初，和越秀区法院沟通，得知诉讼费交纳成功。告知我们等待法院信息就好。案件资料已经进入送达阶段。

12月25日，收到广州市越秀区人民法院传票，通知我们2013年1月15日庭前交换证据，1月18日正式开庭审理。

广州市环保局的补充回复内容

12月26日接到广州市环保局电话，询问既然他们已经回复了，为何还要诉讼。电话里得知打电话的人并不知晓我们诉讼的请求。提醒他们先看看诉讼材料。

12月28日，广州市环保局电话回复，说有补充回复内容，已经发送到我的个人邮箱。之后将通过快件邮寄给我们书面材料。

补充答复的详细内容之前已经所有陈述。我们仍旧坚持诉讼，原因是补充答复内容里，只是增加了一条不公开环评报告全本的解释，以及部分烟气数据。环评报告全本仍旧不公布，10项监测目标中的另外6项数据仍旧没有提供。

上法庭前的准备

针对广州市环保局8月31日和12月28日的补充答复，我们咨询了中国政法大学污染受害者法律帮助中心的刘湘和刘金梅等律师。他们认为这个案例值得深究，回复日期就违反了《信息公开管理条例》。2008环函50号文件已经废止，广州市环保局仍旧找理由不公布环评报告，也是不合理的。作为这个中心诉讼部的主任，刘湘律师主动为我们提供专业律师来打这场官司。

在咨询西南交通大学和中国城市建设研究院垃圾焚烧问题专家有关环评报告和烟气排放数据问题时，他们无一例外地都谈道，广州市环保局作为属地监管部门，不可能没有环评报告全本的最终版本。《生活垃圾焚烧污染控制标准》里规定的10项监测目标，都是环保部门要做的强制性监测项。

法庭上的辩论焦点

开庭之前，大家通过微博对这个申请信息公开的案例讨论颇多。焦点主要集中在环评报告全本的公布和排放监测目标上。2012年10月9日环保部已经废止了2008年1月30日印发的《关于公众申请公开建设项目环评文件有关问题的复函》的50号文件，这意味着环保部门不能再将环评文件的公开推给建设方和环评方了，不能轻易以"商业秘密和个人隐私"等理由拒绝公开环评文件信息。

开庭时，广州市环保局到场的是其法规处的两个工作人员。

在法庭辩论阶段，广州市环保局对于环评文件又有了不同的说法。开始时说，他们手里没有环评报告全本。不过问题在这里就出现了。作为李坑垃圾焚烧项目的直接监管者，在没有环评报告全本的情况下，不知广州市环保局的监测数据的参照物是什么，如何判断监测数据是否合规？环评报告对于直接的环境监测部门还有什么意义？

当辩论到环保部已经废止的2008环函50号文件时，广州市环保局又改口了。说按照新规定，环评报告是应该公布，但是李坑项目环评报告不应该由他们来公布。

当辩论第二项信息时，我们提出应该按照《生活垃圾污染控制标准》，不只要公开烟尘、氮氧化物、二氧化硫、黑度，还应该公开氯化氢、汞、镉、铅和二噁英的排放数据。

广州市环保局方则说按照"约定俗成"，烟气常规排放物就是烟尘、氮氧化物、二氧化硫和黑度。不知这个"约定俗成"是否有法律效力，但是不得不说他们自己先违反了"约定俗成"。2012年8月31日的回复里，广州市环保局公布了烟尘、氮氧化物、二氧化硫和黑度的排放数据；而12月28日的回复里，黑度的数据就不见了。同日，广州市环保局回复给李泳欢的烟气排放数据里，除了烟尘、氮氧化物、二氧化硫，还有一氧化碳的数据。12月28日，面对申请同样内容信息的两个人，广州市环保局给出了不同的答复。

另外，我们不得而知的是，作为李坑生活垃圾焚烧发电项目的直接监管者，他们的监测和监管标准是什么，既没有环评报告全本，也不看《生活垃圾污染控制标准》和《生活垃圾处理技术指南》，监测项目依据从哪里来？

随着垃圾焚烧在中国热火朝天的发展，监管不到位引发的问题也慢慢进入大众的视野。要解决问题，毫无疑问，信息公开是环保部门取信于民，接受公众监督的第一步。

在所有信息里，环评报告全本是公众了解在建垃圾焚烧项目，监督运行项目最基础的信息。2012年10月9日，环保部发布第60号文件，废止环函（2008）50号文件。此文件全文是

"《中华人民共和国政府信息公开条例》于2008年5月1日起实施。此前由原国家环境保护总局于2008年1月30日印发的《关于公众申请公开建设项目环评文件有关问题的复函》（环函〔2008〕50号）有关内容与该条例的规定不相符合，现决定予以废止。"

环保部的这个文件也意味着环保部门不能再将环评文件的公开推脱给建设方和环评方，也不能再以商业秘密为由，拒绝公开环评文件。

在此案件中，环评报告是否会公开将意味着广州市环保局是否要落实环保部的最新文件，在环评文件的公开方面是否可以先行一步。

其实在此案件之前，已经有公开环评报告全本的先例。2011年，秦皇岛西部垃圾焚烧厂周边村民诉讼河北省环保厅，要求其公布此项目的环评报告全本。河北省环保厅顺应民意，毫不犹豫地将环评报告全本公布给诉讼村民。

2013年3月19日上午，北京环保爱好者陈立雯起诉广州市环保局信息公开一案在越秀区法院宣判，法院认定广州市环保局逾期答复原告的信息公开申请，行为违法，同时也驳回了原告的赔偿请求。这是广东省首起状告环保局信息公开的案件。

不过，陈立雯表示，对判决不满意，他们希望得到的环境信息并未得到，是否上诉还在考虑中。而市环保局则表示，充分尊重判决结果，将继续以更积极、主动的态度，进一步做好政府信息公开工作。

【点评】

环境信息公开申请发出基于特定的环境问题，对于申请内容要尽可能采用精炼准确的表述，特别是申请公开内容相对丰富的时候，需要有相应的说明。这点，在此案例中表现得很突出。

按照《中华人民共和国信息公开条例》，行政机关应该在15个工作日内回复，如果需要延期回复，需要作出书面延期回复理由。而超过这个期限，则可以依法发起行政复议。

申请者在提交申请后，始终通过邮件、电话等方式与环保部门保持信息沟通。这样一方面可以形成监督压力，同时也有助于后续工作的跟进。

环评全本公开，借鉴了此前的先例——秦皇岛村民秦皇岛西部垃圾焚烧厂周边村民诉讼河北省环保厅，要求其公布此项目的环评报告全本。河北省环保厅顺应民意，毫不犹豫地将环评报告全本公布给诉讼村民。

及时传播，通过申请者本人的博客、微博实现。并及时与网民互动，获取更多有益支持。

申请超过15个工作日后广州市环保局没有任何回复，就可以提起行政复议。虽然过了22个工作日后，提了行政复议，并陆续得到多次回复，显然，广州环保局有推诿扯皮之嫌了。

与本地村民、环保组织的合力尚未形成，给异地监督带来诸多不便。虽有专家、村民支持，但是凸显力量单薄。发展村民志愿者可以提高工作效率。

陈立雯女士就李坑垃圾焚烧厂起诉广州市环保局的案例具有诸多参考价值。

这是广东省首起状告环保局信息公开的案件，对于推动广东环保部门的信息公开具有示范指引作用。

这是民间环保组织就垃圾焚烧问题起诉广东环保监管部门的第一案，为引导公众关注城市垃圾处置议题，参与环境健康方面的维权提供了现实的案例。

同时本案例是异地环保监督，特别是志愿者陈立雯表现出的坚持和韧性，一定程度上可以刺激广东本土的环保组织以及公众在环境信息公开领域活跃起来。

本案例采用了申请环境信息公开、行政复议、实地调研、专家咨询、公众倡导等多种手法，运用灵活到位，并能借助媒体、新媒体平台，实现了持续的舆论宣传。

从案例公众参与角度来看，本土环保组织的关注和参与度偏低，社区的力量还可以加以联合。

本案例的价值还在于，对于以往案例（秦皇岛西部垃圾焚烧厂周边村民起诉河北省环保厅）进行了借鉴，并对于类似案例提供了实务指导。

一个牧民的对峙
——东乌旗达木林扎布起诉造纸厂案例

■ 鞠秀玲

　　东乌旗地处内蒙古与蒙古国交界处，幅员辽阔，资源丰富，地广人稀。凡留置此地的牧民普遍受教育水平不高，法律意识相对薄弱。在这种情况下，将自己的合法权益诉诸法律说明自身利益确实受到了严重侵害。也正是在这种环境下，每一环渗透的法律程序相对来说都是欠缺完整的。排污方不需要完整而复杂的审核过程在该地建厂，受害者在遭遇迫害后调整

锡林郭勒盟草原

生活方向，而非起诉。所幸事情发展迅速，从发生到平定只花费了四年时间。我们把四年的发展浓缩为一个案例，这个案例在四年里了当，迫害停止，但是遭到毁灭的庄园是否能恢复如初，需要更长时间丈量。

正方的对峙

乌珠穆沁草原位于内蒙古锡林郭勒盟东北部，面积大过海南省面积，夏天的时候，草长莺飞，绿色的原野与蔚蓝的天空在尽头交接，浅色的天际线将世界分成完整的两个色块。而在十二月入冬之后，可能仅仅是一个夜，第二天世界便是一片洁白，零下十几度的气温驱散了所有怀着草原梦的游人，唯独不那样孤独的是依旧漫步枯草地上的大尾羊。

达木林扎布自小生活在这片草原里，而今，他已经走过了六十多个春夏秋冬。他的儿子和儿媳每天都要去几公里外的地方打水。他们家门口有口井，已经废弃很久了。

自从四百米处的水塘被污染，附近的几千亩草场都遭遇了异样，井水的颜色已不澄清，有时候，明明清澈的时候打出来，放到茶里，茶的颜色也不自然。略带褐色纹路的黄色液体让他们有些窘迫，忘记了曾经或许存在的泥土气息。他们在这处地方上生活了那么久，第一反应是寻找新的水源，每天清早煮奶茶的习惯已根深蒂固地进驻在蒙古族同胞的传统里。

达木林扎布洗漱毕，将煮好的奶茶倒进暖壶里，切了小碟奶皮，初冬雪的颜色，浸在茶碗里，奶皮慢慢融开，过了会儿变作了杯面上飘着的油星子。"我们这地多人少，污染起来的破坏力极强，附近住着的牧民长年累月忍受着造纸废水的恶臭。白天头晕，晚上也睡不好觉。"他低沉地诉说着，语言贫乏而干瘪，把几句拼凑成一句需要挺久的思考。他的汉语并不流畅，即使说蒙语，也需要翻译用一段时间来整合。

现在我们把镜头切换到那片污水塘。污水塘占地4 000亩，黑褐色的造纸污水满目，边缘还稍许泛着青光。塘中央水本源的颜色已分辨不清，棕色的水，黑色的带状弧线，错综复杂，像南方的水网，旺盛地蔓延挣扎着。牧民走过，表情漠然。

初春来临，惊蛰还行在路上，风有些清冷，夹杂着污秽的气息已经觉得混沌温暖了起来。

早在2001年12月14日，污水塘发生了一次溃坝。几万吨造纸废水倾泻到草原上，混黄的污水四处流溢，几千亩的草场一夜间爬满了污水的痕迹，星罗棋布，长成一张硕大的浅棕色网。牧民们看在眼里，心内急切着，而这种急切是短暂而簇新的，他们从未遭遇，那是一些重重叠积的未知的秘密。他们商量，权衡，试图用家用摄像机记录下这一切。但在之后的一年里，他们开始熟悉，草原都没有恢复的痕迹，它的灾难之源在那时深深植下，在时间的过滤里不是消殒而是成长。污水泄漏一年以后，污水所到之处的原野几乎寸草不生。原本到人腰的草只冒出浅色的芽，停滞在原处，风尘掠过，它们低垂着脑袋，从最初的油绿变得黯然。这里原本是牧民们承包的草场，其中有800亩就是达木林扎布家的。这次污水泄漏，仅他一家就有3 000多亩草场无法放牧养羊。

附近村民逐渐意识到这一点，他们看到了污水对他们的深恶痛觉的破坏性。讨论、争议如海水潮气的皱褶般席卷。尽管如此，我们还是单独把达木林扎布这一家的例子拿出来。他不是特殊，而是典型与标准。按照旗政府规定的一个羊占用16亩地的地方，达木林扎布家一年能养200只羊，如果按一只羊卖250元计算，达木林扎布一年的纯收入减少了5万元左右。按照累计的循环作用，他的牧场面积只会越来越少，养殖羊的能力更是无法计量的缺失，到下一年，下下一年，他会承受更深重的损失。

达木林扎布在这种压力下，组织几个村民找寻污染源头。当地并没有多少工厂，更何况他们熟悉极了地形。

他们轻易找到不远外的一家造纸厂。有两股污水排出厂外流向污水塘，浊浪滚滚滔滔不绝。一股是白液，牛奶色的乳状液体；一股是黑液，沥青状，有些粘稠。它们一面连接着几百亩污染的草场，一面牵涉着厂内利益生产链，扭结着渗透最深层沉溺的交易场中。如叛逆的少年，心中狂热的欲望和与之违背相抗争的稚嫩。厂房红色的砖房在阳光下熠熠生辉，灰白色的烟囱直愣愣挺向天际，跟这两股水注比对着，到倒显示出一种难以言喻的生命力。

他们先是站在原地，观察完周围的环境，反复确认。他们围在一起议计对策，细声的，嘈杂的。内心有点解脱又繁复地凝结着。

决定起诉是一年后。他们在这一年里搜集资料，将污染规模精确统计。研究当时该厂设立时没有进行环境评估的缺陷。这一年的每一寸经历和调研，都伴随着一场淡漠的心惊，境况无时无刻都发生着改变，微妙的，映射着他们平静却丝丝入扣的生活。

整个过程对完全没有法律意识的村民来说是一个极大的挑战。在这一年里，他们无数次走到工厂附近观察，搜收集了该厂的资料和相关的证据。他们的目的是停止污染，让他们能够重新回复到原来的生活，而对赔偿金的问题不倾注太多希望。

经调查，该厂在成立初即违反国务院《建设项目环境保护管理条例》的规定，没有进行环境影响评价，没有执行建设项目配套建设的环境保护设施（必须与主体工程同时设计、同时施工、同时投产的"三同时"制度），其年污水排放量达300吨，直接排入厂区西南占地约4310亩的原告等7户牧民承包的草场内（其中达木林扎布的草场1284亩），仅在占用草场周围简单垒起土坝存储污水，通过渗入地下进行排污。污水坝溃坝导致又有4 293亩承包草场被污染，并且造成达木林扎布等7户73头大小牲畜（其中达木林扎布17头）死亡，有中毒症状的224头（其中原告的75头）。建污水坝还使7户的6 390亩承包草场受到阻隔而无法利用。原告确定了1 059 920元的赔偿金额数据，并于同年向内蒙古自治区锡林郭勒盟中级人民法院提起诉讼。

他们在法院穿着原始的服装，厚厚的绒帽，略黑的审，重重的流苏缠到脚边，皮肤黝黑而有些油光，像是日光下融化的大白兔奶糖。法院人员有些用普通话和他们打招呼，他们不能全部理解，眼神划过尖锐的疼痛。

八月的时候，天空格外的蓝。蓝色、绿色交织在一起，灰色的水平线将天地切割开。

从迫害到受害

这家造纸厂的历史可追溯到2000年3月。锡林郭勒盟招商引资过程中，来自河北安新县的一位姓孙的厂长承包了这家因经营不善破产的造纸厂，并向有关部门登记注册，名为"东乌旗淀花浆板厂"。他们调整生产模式，将机器和厂房翻新，投入了大量资金。孙瞄准的是东乌旗落后的经济和原始的生命状态。他觉得自己在这里建厂能够赚到钱，重点是可以避开一些在经济发展相对好的地区复杂的审核程序。在这种情况下，他投入资金，和政府达成协议，来到这里投资建厂。

造纸厂

锡盟经济局与河北省安新县寨里造纸厂签订了租赁合同，将原东乌旗浆板厂租给该县寨里造纸厂经营使用。租期从2000年3月1日至2014年12月31日。此前，东乌旗政府同意承租方按照国家的产业政策，以污水黑白液分流，氧化塘处理的方式，对造纸污水进行处理，并向承租方无偿划拨足够排污及处理的场地。该治理措施应在第一个租赁年度内完成。

2000年5月底，东乌旗淀花浆板厂在东乌旗政府指定的地域内修建生产排水防溃堤坝。2000年8月底，该堤坝竣工，东乌旗淀花浆板厂开始生产，并向该防溃堤内排放生产污水。2001年12月11日，东乌旗淀花浆板厂生产排放污水的堤坝溃坝，致坝内污水直接外流。

无法控制的外流

这时候，它的生产能力是年制浆3万吨。它当时并没有想到这成为毁灭自己的根源。因为它达到这个生产量的时候，它对当地的财政收入贡献已达到三分之一。这个数据足以抵挡一切罪过了，何况他们是获得政府默许支持的。事情发生后，浆板厂立即将排污口改道，只是原先泻出的污水已无法回收。

东乌旗城乡建设环境保护局对其处以一万元的罚款，但就污水排放及占用土地、污染赔偿等事宜，并没有作出明确的判决。在短期内，它的损失无法进行精准的估量。巴根那、达木林扎布、乌日图那苏图、娜仁其木格、阿拉坦格日勒、芒来、巴特尔等七人不服，有关部门多次协调，未果。2002年9月28日，他们向东乌旗中级人民法院提起环境污染损害赔偿之诉，法院受理此案后，在审理期间，巴根那、乌日图那苏图、娜仁其木格、阿拉坦格日勒四人向该院提交撤回起诉申请，变更诉讼请求，请求被告东乌旗淀花浆板厂赔偿各项损失，即人民币1 059 920元。这个时候，浆板厂被正式拉到幕前，此后媒体报道接踵而至。社会舆论压倒性地偏向牧民一边。浆板厂只得作出赔偿，在核算金额的同时，搜集证据以应对自己确实不是非法排污。

尽管当时避开了一系列复杂的审核程序，但这些过程还是被牧民抓住作为呈堂证供，并于2002年呈递于中级人民法院，中级人民法院递交给高级人民法院。高级人民法院批复下达裁判文书是2004年8月9日，事件过去已3年。

这3年时间，对牧民和造纸厂均是考验。牧民由受害者成为反击者，造纸厂由破坏者变成被动的受害者。无数媒体曝光，甚至被央视采访并且放在节目中作为开年的重头案例。

黑液白液在这个过程里停止排放。

从东乌旗环保部门得到的数据表明，这家造纸厂排放的黑液COD值在13 000（mg/L）以上，而国家的排放标准——COD是450（mg/L）。停止黑液排放后，对于造纸厂废水造成的污染危害，东乌旗政府的看法和孙厂长站在同一战线，他们剔除黑液，直指污水无毒有害，草一般还是可以生长的。

环境可以追根溯源，历史比环境更加彻底。1979年国家颁布的《环境保护法》被翻出来，这个法律当中有这样一个规定，要建设一个工厂必须先进行环境影响评价，就是请专家们组成一个委员会或者是小组来评价这个厂子该不该建设。因为东乌旗草原严重缺水，而厂子生产又是大量耗水和排水的一个工程，因此必须先进行评价之后再来确定这个厂子该不该建设。由于它没有达到国家的排放标准，大量污水排出，这时应该追究政府批准所建的项目，它违反国家的法律规定，要追究法律责任。

最后判决书下达，被告东乌旗淀花浆板厂于该判决生效之日起10日内一次性赔偿三原告达木林扎布、芒来、巴特尔污染草牧场损失费人民币29 926.8元，占用土地安置补助费人民币149 112元，共计人民币179 038.8元，第三人东乌旗人民政府于该判决生效之日起十日内一次性赔偿侵占三原告达木林扎布、芒来、巴特尔侵占草牧场补偿费人民币52 230.97元。

这个金额与牧民之前要求赔偿的金额有明显出入，但是他们没再提起上诉。事件平息后，他们开始重建牧场。

现在雪刚刚停下，草场覆盖了一片白色，下午的阳光依旧灼热得刺眼，冰雪融化了些，露出枯黄的草芽。他们期望着春天到来的时候，冰雪融水卷走一切被掩盖的尘埃和污秽。

【点评】

那些发生在草原上的故事，归根结底都是现代工业和传统畜牧业的抗争。在草原上以传统方式进行劳作生活的牧民，他们无法改变生产方式，在低廉的地盘上建设高污染高能耗的企业，几乎是整个中国发展的缩影，那里享受着资源和经济上的优势和政策的适度放松。广袤的草原既是富饶的又是贫瘠的，传统牧业已经不能满足当地的经济发展需求，政府引进大量工厂以满足税收要求，扩增财政收入，在收到牧民控诉之后，调查出结果也会遮掩一部分，在某些程度上，它和污染方是利益共同体。

不过，值得注意的是，由于原告没有提供有效土地权属证明，法院没有支持原告关于"归还被占用土地"的诉讼请求。二审判决只判令对人和牲畜的损失给予赔偿，对于草原污染没有作出任何治理要求和经济补偿的判决。

从这个角度说，如果牧民保有土地权属证明，是不是本身权益不会遭到破坏？把问题追溯到历史层面上，又是否科学？

也许对他们而言，遭到迫害后起诉，上诉，仍旧是唯一的途径。

多一些宣传方面的普法知识，起诉的过程中注意证据保全，与媒体和相关环保组织保持必要的联系，注意土地所有权相关程序的办理。

英雄父亲博弈污染企业

■ 邵文杰

冯军，可能是天底下最悲情的父亲。他说一直对不起死去的女儿，还说现在活下去的唯一动力就是继续为死去的女儿讨回公道。他见到任何人，都会喋喋不休地诉说自己的苦痛，样子很像鲁迅笔下的"祥林嫂"。

从天安门驱车沿102国道一直向东，不出45千米，就来到了河北大厂县的夏垫镇。冯军的家就在102国道的北侧二里半村。相比村里的其他人家，冯军家里显得没落而冷清，家里的一切仿佛还定格在8年前。

与二里半村相对应的102国道的南侧，是大厂夏垫镇夏垫村。夏垫村有很多并不美好的外号："京东癌症村""皇城根下的癌症村""距北京最近的癌症村"。夏垫之所以成为癌症村，并被众人所知晓，说起来，完全是冯军环境维权的副产品。

幸福家庭遭遇白血病袭击

2006年之前的冯军，是个幸福快乐的男人。他18岁当兵，在部队干得相当出色。后复员回到家乡，娶妻生子，日子平淡而快乐。他先后在镇土管所上过班，到铸造厂做过工，后来还和妻子在北京经营过一段时间的小饭馆。

1990年，大女儿出生，冯军取名冯亚楠。

1998年，冯军和妻子王月新离开在北京经营的小饭馆，决定回乡创业。和村委会协商后，他和妻子承包了闲置在村南边、紧邻夏垫村的一块土坑地搞养殖。他们挖塘养鱼，养鸭，为了方便生活，还打了一口深40米的水井。

那个时候，村旁边有条河，叫鲍邱河，冯军经常在此捞浮萍喂鸭子，河水中还有鱼

被污染的鲍邱河从夏垫村旁流过

虾畅游。那时候，冯军和妻子，还有2个女儿，对生活充满了希望，那是冯军最快乐的一段日子。

2006年，全家的命运因一个诊断结果而发生了大逆转。

有一天，正在上初二的亚楠，告诉妈妈她"腮帮子"肿了，妈妈等孩子放学后带她去诊所瞧病，大夫觉得是发春火，消消炎就好。谁料到打针输液都不管事，孩子的病情越来越严重。王月新带亚楠去了夏垫卫生所，验血的结果是白血球太高。在询问了其他症状后，医生初步诊断亚楠得了白血病。

冯军和王月新都惊呆了，他们不相信亚楠会得"血癌"。他们带亚楠去了县市医院检查，结果也是。冯军大半夜跑去北京儿童医院排队挂专家号，验血结果再次印证了那个噩梦。专家要求孩子马上住院。

冯亚楠最终被北京大学人民医院确诊为"急性白血病（M5型）"，转到北京市道培医院住院治疗。至此，冯军天天往返于家和医院，妻子王月新天天守在病床旁边。

巨额的住院治疗花销，逼着冯军四处举债。他没有精力去询问医生孩子得病的原因。直到有一天，冯军突然想起这事，就去问医生。医生问："你孩子接触过农药吗？家里装修过没有？"冯军说没有。医生继续说道："得这种病，除了遗传因素，还跟环境污染有关。比如喝了被污染的水、接触了放射性元素，等等。"

冯军突然感到不寒而栗。医生的话让他想起什么。

与此同时，冯军想起了一封举报信。那是夏垫镇的一帮人在2005年写给国家环保总局和河北省环保厅的一份信。举报内容是：2000年，天津市金铭公司开轧钢厂，离村庄只距25米左右。水污染、空气污染给老百姓带来许多烦恼，造成健康和经济上的损失。信中详细描述了水污染给村民健康带来的影响。比如，沿鲍邱河居住的村民康××患了白血病，丧失劳动能力（已去世）；左××的孙子患上白血病，休学两年多；张××之女得了白血病，现已卖房搬走。7月中旬下大雨，河里飘来一条约3斤的大鱼。村民左××把鱼捞上来，为了安全喂了他家的狗，狗当时就死了。

冯军的鱼塘在夏垫村的西边，也就是鲍邱河支流尹家沟的上游。尹家沟从西往东，贯穿了整个夏垫村。夏垫村民闹举报的时候，王月新也在上面签了字，而冯军天天在忙着堵来自金铭公司的污水。厂子的污水，酸味扑鼻，具体什么成分他也不知道，从他家水井西侧一条水沟排放到尹家沟，然后顺尹家沟流到鲍邱河。冯军回忆，自2000年金铭建厂后，尹家沟水质变差了，河里鱼也死了。

后来，人们知道厂子生产冷轧钢产品，有轧钢车间、酸洗车间、打包车间。镀锌车间的酸洗池对未用过的带钢板进行除锈，不但使空气中充满酸味，消耗的酸液还通过尹家沟流向鲍邱河。

在村民强烈要求下，厂子才在2006年建排水管道。说是密封的，但冯军见到的却是"红砖砌成的，根本没有密封性"。

这个排污管道很让冯军和村民闹心，说万一漏水，土地怎么办？鱼塘怎么办？饮用水怎么办？于是村民和冯军继续堵，不让排。"老百姓担心厂子排污造成土地不长庄稼，而我担心鱼和鸭子会得病。"

但冯军万万没有想到，他的亚楠会得病。他始终没敢怀疑污水会渗进井水里。

一个父亲的维权路

几经周转，冯军找到了能帮忙测井水水质的机构。2006年3月27日，大厂回族自治县夏垫镇二里半村委托河北省水环境监测中心廊坊分中心检测冯军送去的饮用水水样。几天后，检测结果出来了，砷、锰超标三倍。冯军很慌，他1998年也曾托人检测过水质，一切都很正常。

冯军赶紧带小女儿去验血，小女儿白细胞每微升高达1.38万，也是白血病。而他和王月新没事。冯军再遭晴天霹雳。

2007年3月，冯亚楠的病情急剧恶化。其间，亚楠的学校和同学给予冯军很大的帮助和关怀。冯军依然整天奔波，筹措化疗的钱。但亚楠病情却没有因此有所好转，6月19日，刚过完17岁生日3个月的亚楠永远离开了冯军，离开了这个她无比眷恋的世界和她的梦想。冯军说，亚楠成绩很好，她想成为一名演员。

于是，冯军开始了没有尽头的上访和上诉。

他背着一摞资料去河北各级政府告状，甚至去过天安门广场、中南海，去西交民巷找温家宝总理。他一度成为了河北著名的上访者，成为在重要时期，被特殊关照的对象。

2006年9月，冯军去大厂环保局信访办反映因为水污染而导致两个女儿患白血病的情况。冯军要求环保局对井水进行检测，要求说明金铭排放的污水与饮用水是不是同一个标准，要求说明金铭公司的环境影响评价有无考虑周边居民意见。大厂环保局接到举报后，要求金铭公司对其排污口的污染源进行委托监测。10月30日，廊坊市环境监测站对金铭公司的总排污口的"锰/砷含"含量进行了监测。监测结果表明：金铭公司总排口废水所含"砷锰"均符合GB8978–1996《污水综合排放标准》。

女儿住院的时候，著名演员宋佳去看望她。亚楠留在照片上

随后，冯军先后到廊坊市环境保护局、河北省环保局，北京国家环保总局上访。国家环保总局将材料转往河北省环保局，河北省又转往大厂县。

冯军的举动吸引了媒体的注意，进而引起了社会的重视，北京方面要求河北一定要处理好此事。于是冯军的立案才有了可能。

2008年，在三河市燕郊行宫法律服务所李建律师的帮助下，冯军将大厂金铭精细冷轧板带有限公司告上法庭。同年9月17日，冯军二女儿冯伟楠也将金铭告上法庭。亚楠的妹妹伟楠因救治及时，基本痊愈。

案件审理期间，代理律师李建认为，胜诉可能性很大，因为涉及污染的案子，败诉的一般都是企业。

2009年12月2日，廊坊市大厂县初级人民法院正式受理立案。12月22日，经过此前的公开审理、诉讼，案件审理终结。

原告冯军和王月新认为金铭排污致使其饮用水污染致使其长女冯亚楠死亡，有河北省水环境检测廊坊分中心检测结果为证，砷锰超标数倍。要求被告赔偿医疗费、死亡赔偿金、租房、交通、精神抚慰金等共计148万余元。被告金铭公司以下述理由拒绝赔偿：（1）砷锰元素从理论上不能诱发M5型白血病，目前的研究结果并无任何证据显示这两种元素超标会造成白血病；（2）被告金铭的生产过程中不使用砷、锰等原材料；（3）被告排放的污水中砷和锰的含量符合饮用水标准含量；（4）按照地下水走向不可能对原告的井水造成污染；（5）原告请求赔偿的各项数额不符合法律规定且与被告无关联性，被告不予赔偿。

法院审理查明以下事实：2006年，冯军水井水样被检出砷锰含量超出生活饮用水标准数倍。2004年，北京大学对金铭公司做出的建设项目环境影响评价报告表显示"该项目符合国家产业政策、选址合理、污染物实现达标排放、项目建成对周围环境影响很小，从环保角度考虑该项目可行"。2006年12月、2008年11月，县环保局和被告分别委托河北省水环境监测中心廊坊分中心对金铭污水进行检测，二次检测结果均显示砷锰未超过国家饮用水标准。另查明，排污口距离冯军自打井249米，自打井西边74米处有一原化肥厂的200米深井，再向西8米为一南北走向排水沟。

法院认为，冯军出具的大厂回族自治县卫生防疫站检测报告书及河北省水环境监测中心廊坊分中心对于自家井水的检测报告都证明井水中砷、锰含量超标。但是，河北省水环境廊坊分中心报告中取样地点不准确，无法确定样品来源，法院没有认定。

冯军在法庭上出具的《凤凰周刊》《民主与法制时报》《公益时报》及相关血液研究刊物以证明冯亚楠所患白血病是因被告污染了其饮用水造成砷锰超标所致。法院认为报道性文章，其真实性无法确认，法院没有确认。

冯军认为，2004年北京大学的环评表，后于建设项目给出，违反了《中华人民共和国环境影响评价法》。法院以《评价法》2003年9月1日生效为由驳回。

法院对金铭公司出具的水质检测报告等证据予以认定。对金铭提交的北京大学医学出版社出版的《白血病》一书中关于白血病诱因的描述，法院认为虽然真实性大于报道性文章，但证明效力不高，法院没有认定。

廊坊市大厂县初级人民法院判决认为，被告金铭公司排放污水与原告冯军自打井水中砷、锰超标不存在因果关系，也没有确切证据证明饮用含砷锰超标的水能够导致M5型白血病的发生，根据《中华人民共和国民事诉讼法》第64条之规定，驳回原告冯军、王月新的诉讼请求，如有不服，可向廊坊市中级人民法院上诉。

漫长的博弈

冯军当然没有放弃，哪怕有一丝希望，也要据理力争。他已经记不清楚被北京、河北的各级政府、派出所控制多少回，也记不清被不知名的人打了多少回。

他一边忙着准备上诉，一边和各地媒体来往，一时间关于夏垫癌症村的报道层出不穷。冯军在闲暇之余，还大量地走访了夏垫其他村户，搜集村民得病的信息。几年下来，他居然搜集到有23户人家因为患癌症而有人死去。他认定导致村民得各种怪病的就是水污染，而金铭难辞其咎。

很快，冯军就上诉到廊坊市中级人民法院，2010年5月5日，廊坊中院对本案进行判决。

在法庭上，冯军代理律师李建认为一审法院认定事实不清，适用法律错误。理由是：

第一，金铭公司并不是在2000年建厂的时候就建有污水管道，而是在2006年改建的排污管道，其原排放的污水曾经是通过冯军饮用水井西侧的排水沟排放的，而且，金铭公司的排污管道并不是密封性质的，且其排污口不止一个，最东排污口距离冯军水井249米，最西边排污管道距离水井只有不足35米。一审法院认定事实不清。

第二，北京大学并没有相应的资质进行环境评价，金铭提供的环境影响报告表不能作为证据使用。一审法院适用法律不当。

第三，冯军提供的2份水质检测报告均不是自己委托，均由中立机构给予检测，应具有较高的证据效力，而金铭公司的检测却是自己委托，且取样地点并不准确，一审法院却予以确认，明显偏袒金铭公司。

第四，媒体的报道真实的报道了冯军及其家人所处的环境，以及对当地领导的采访记录，这些都有力地证明了金铭公司排放污水，并造成当地百姓深受癌症之苦的事实。医院的刊物可以证明环境污染有可能致人患白血病，一审法院对公开发行的国家报刊予以否认，这是明显的认定事实不清。

第五，科学上对于癌症的致病机理以及与环境污染的关系尚存在诸多谜团，甚至有许多未知可能。而一审法院未经审查，便认定金铭排污不含砷锰，并认为其排污砷锰不超标，明显存在偏袒。

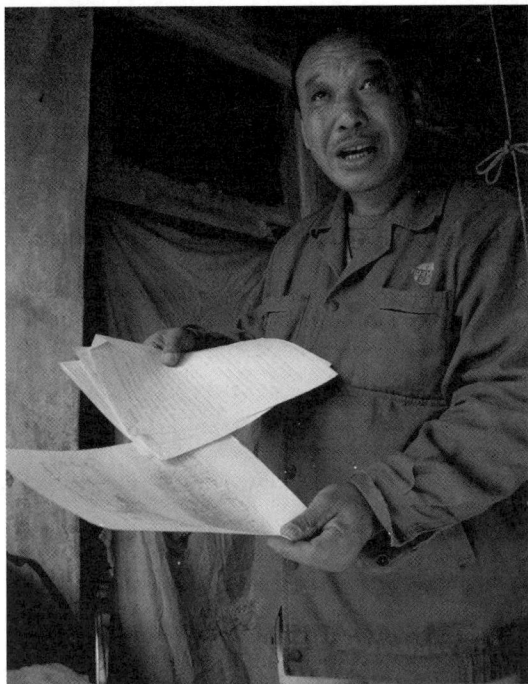

冯军家里有很多诉讼和上访的材料，每一份材料他都烂熟于心。这是他向记者讲述这些材料

第六，一审法院对金铭公司递交的2006年12月12日由河北省水环境监测中心廊坊分中心出具的调查报告进行证据确认，确认明显有误。金铭公司的检测报告对应的是《污水综合排放标准》而不是《生活饮用水标准》，故不可能确认未超出饮用水标准这个结论。冯军等人生活在密集的居住区，一审法院却用污水排放标准衡量生活饮用水，这明显是在给金铭公司推脱责任。

第七，根据《最高人民法院关于民事诉讼证据的若干规定》第4条第3款的规定，因环境污染引起的损害赔偿诉讼，由加害人就法律规定的免责事由及其行为与损害结果之间不存在因果关系承担举证责任。而金铭并未提供任何证据能够证明其行为与上诉人的损害结果没有关系。据此请求二审法院撤销一审判决书，依法支持上诉人的诉讼请求。

而金铭再次认为冯军等人的上诉请求没有事实和法律依据。金铭还是坚持生产工艺所用材料并没有砷和锰，冯军并未向法院提供砷锰是导致M5型白血病的原因的相关证据。冯军等提供的报刊等文章，上面讲述的均是"环境污染导致癌症"，而不是白血病。金铭称其检测报告砷锰含量很低，远远低于饮用水标准，因此用什么标准都是一样的。冯军只是提供了死亡证明，并未提供冯亚楠身体中砷锰的含量。冯军也无法证明冯亚楠是因为喝了井水导致其患白血病。金铭公司请求法院驳回冯军的上诉请求，维持一审判决。

廊坊中级人民法院二审查明，一审法院认定事实属实，法院予以确认。

对于举证责任倒置一说，廊坊中院认为，冯军对自己提出的诉讼请求所依据的事实有责任提供证据加以证明。没有证据或者证据不足以证明当事人的事实主张的，由负有举证责任的当事人承担不利后果。白血病的病因复杂，应当有权威医疗机构的鉴定才能证明其发病原因。本案中上诉人冯军、王月新未能提供有效证据证明其所主张的事实，应承担举证不能的后果。

廊坊中级人民法院判决，驳回上诉，维持一审判决。本判决为终审判决。

冯军不服判决，继续上诉至河北省廊坊市人民检察院，要求撤销二审判决。2012年10月，廊坊市人民检察院决定不予立案，理由是不符合立案条件。

冯军继续向河北省高级人民法院提起申请，请求河北省高级人民法院启动再审。河北省高院以证据不足为由驳回冯军的申请。其于2010年12月出具的民事裁定书认为虽然有检测报告证明自打井水砷、锰有超标现象，但是否与金铭公司污水排放有关，冯军无法举证，故对于冯军等人的再审申请，高院不予支持。

2011年4月13日，冯军和王月新在律师李建的帮助下，向最高人民法院提出申请，请求最高人民法院给予维护一审中原告的诉讼请求，撤销一审法院、二审法院以及河北省高级人民法院的裁定文书。

除之前向廊坊市中级人民法院上诉的7点理由外，冯军还提出了新的理由。

冯军很好的保留了之前的举报上访与政府部门的来往文件，其中一份《国家环保总局信访办来访处理介绍信》的文件反映，国家环保总局批复冯军的上访材料的指示是"金铭排放的污水污染地下水，影响村民身心健康，并导致其女儿患白血病"，此文件交由河北省环保局处理。但是二审法院对此证据未做任何回应。

冯军发现，二审法院在其判决中没有自己的法律语言，只是将一审判决和他的上诉书照抄一遍。在"本院认为"部分，运用了民事诉讼法，冯军自己已经举了大量证据，而法院却违反法律的规定，枉法裁判，明显与金铭公司有利害关系。

冯军还发现，河北省高级人民法院在再审理案件过程中，未依法由河北高院的审判人员审理此案，而是由廊坊中院的代理审判员张洪明担任了本案的审判员，这是违反法律的。而且张本人就是廊坊中院受理本案的工作人员，这里存在偏袒嫌疑，程序明显违法。

冯军有事没事就往北京跑，到北京就去最高人民法院。他已经记不清楚自己跑了多少趟了，他变得越来越忧愁，逮到人就没完没了地说自己的遭遇。

直到现在，冯军也没有成功，现在他还经常去最高人民法院碰运气，但经常会被劝说回来，因为最高人民法院似乎也帮不了他。

解不开的死结

二女儿冯晓楠一案经历了相同的过程。2010年12月，大厂县法院判决原告败诉。理由和亚楠案件类似。

上诉依然败诉，到河北高院，同样结果。

在5月18日的二审庭审中，金铭公司的代理人再次宣称，引发白血病的因素非常复杂，原告缺乏充分的证据证明冯晓楠患病与金铭公司排放的污水有关联，要求驳回冯军的上诉，维持原判。

几年来，冯军经历了5次庭审，其中4次已经判决，他全部败诉。

对此，冯军认为，关键一点在于举证责任问题。他说，自己一个个体举证金铭公司排污与女儿的患病存在因果关系是不可能的。

多年来一直为冯军免费辩护的当地公益律师李建坦言，目前的情况下，这种污染案件，个体举证是一个不可能完成的任务。因为他们连公司大门都进不去，更不可能寻找到其排污的证据。

别说举证，就拿水样检测来说，情况都很复杂。

2006年12月4日，廊坊市环境保护检测站做出金铭公司所排污水的检测报告。检测结果表明，按照《污水综合排放标准》（GB8978-1996）要求，金铭冷轧板带所排废水中的pH、氟化物、挥发性酚、锰、砷等各项检测值均符合标准，只有石油类超标2.9倍。

这一次，冯家水井被权威部门首度实地检测。检测报告称：该井井水氟化物、砷分别超标0.9倍和0.04倍，其他达标。

有好心的北京官员私下告诉冯，地方的环保局和污染企业有深刻的暧昧关系，不如找卫生部门。

冯军骑着自行车，转而一次次求助于市县两级卫生部门。

2006年12月13日，大厂县卫生防疫站工作人员来到冯家水井采样检测。金铭公司4名保安冲上来，当场将冯打得晕死。

冯在镇医院的病床上接到了《检验报告书》，得知自家井水比照《生活饮用水水质卫生规范》，锰和砷的含量分别超标8.2倍和1.4倍。

金铭公司赔付冯军1万元医药费后，填塞了该口水井。

3个部门的4份检测报告，对同一口水井的砷、锰得出落差甚大的检测数据。河北省水环境监测中心廊坊分中心的工作人员介绍说，除开人为作假之外，一个污染源在不同的时间段对水井的污染是不同的，相关检测数据也会发生变化。

一个失去女儿的父亲，如何斗得过一个企业？在中国，有大量的污染受害者，像冯军这样勇于站出来讨公道的少之又少。冯军曾期待家乡父老能够站出来和他共同面对污染企业，但是乡亲们出于种种顾虑，没有一个站出来的。大家心里明白，鸡蛋碰石头，没有好结果。但是冯军不这么想，如果所有的污染受害者能够一起来维权，那说不定就成功了。

眼下，冯军依旧过着打工—告状—继续打工—告状的日子。他的妻子几年前由于不堪其执着地做没有希望的事情，租房和他分居了，和小女儿伟楠一起住。

2013年年初，由于全社会对夏垫癌症村的关注，廊坊市大厂县开始鲍邱河整治工程。但是，那些因为污染而逝去的生命却永远不会回来了。

2013年，北京的环保组织关注到冯军，期待其能够给冯军以帮助。环保组织会持续关注鲍邱河整治的动态，随时进行监督。

整个中国，有冯军一般遭遇的人不在少数，这个群体需要全社会去帮助。如果你也不幸是这个群体中的一员，请不要顾虑，拿起法律武器去维护自己的利益，哪怕也会失败，但却会对污染企业起到有效的惩治作用。

【点评】

冯军的遭遇放到中国，似乎代表了当下弱势群体遭受污染损害的普遍性。因为污染，家破人亡；因为污染，他走上上访的不归路；因为无法界定污染与健康受损害的关系，污染企业可以合情合理地不用承担一点责任。环境正义缺失，在冯军身上体现得尤为明显。

冯军又是坚强的，虽然他一直说对不起死去的女儿，但他仍然是一位英雄父亲。读过书、当过兵的经历让他比一般人更懂得拿起法律武器去维护自己的权益。父亲对女儿的愧疚让他深陷维权本身，不能自拔。这么多年，他几乎没有放弃过任何可以诉说的机会，一次次去法院跟法官理论，一次次接受国内、国外媒体的采访。冯军是个极有韧性的人。

冯军的坚持，似乎没有实现自己的目的，但给家乡带来的了转机。几年前，村里都通上了自来水，2013年，鲍邱河整治正式开始。社会公众也对夏垫村给予了关注。现在的冯军想着如何帮助村子里患病的受害者，他现在也不是一个人在战斗了，身边有一批默默支持他的热心人士。

从法律诉讼本身来说，他似乎走到了死胡同，但从环境保护角度来说，他和他的乡亲们才刚刚开始。通过申请信息公开等活动参与到当地河流保护中去，监督企业、监督政府似乎是一个不错的选择，就算不为了自己，也是为了子孙后代。

　　冯军的故事给了很多人启示和鼓舞，让他们愿意拿起法律武器去维护自己的权益，正是这些小人物，用血与泪的斗争推动着法律的进步。

新媒体喧嚣下的理性抗争
——海南刘福堂"非法经营罪"案例

■ 鞠秀玲

刘福堂老家在兴隆县城，四处是连绵的山，平均温度比北京要低5度左右。从承德市区搭乘班车过去用了两个多小时，车行在山路蜿蜒的水泥道上。两侧的树木叶子已落尽，十月底的气息是初冬，秋也就燃尽了。这有点像刘福堂给我的感觉，生命还炙热着，但是昂扬而孤傲的奋斗暂且告一段落。

笔者始终没见到他人，他电话对外封闭，弟弟拨通电话给他，他的听力已经不是很好了，当加强声音的分贝，他嗓音有些低沉，但知道有人千里迢迢来找，他是惊奇而开心的。

他现在在湖南长沙儿子刘音那里，他说，11月5号要去海南过冬。海南在他心里永远是最温暖的归属。

如果有一天，我被请去喝茶，请不必为我担心，我只不过说了真话；如果有一天，我被送进关押，请不必为我申冤，因为我没有犯法；如果有一天，我发生不测，请不必为我伤心，把骨灰埋在树根下，让尘泥化作沃土，催生真理的种子早日萌发。

这是早前刘福堂在微博上发的一段话，也是他近乎一生的写照。事发后两月，实名认证有1.6万粉丝的微博账号被封。2012年12月5日，刘福堂被控非法经营罪案一审宣判，海口市龙华区法院一审以非法经营罪依法判处被告人刘福堂有期徒刑三年，缓刑三年，并处罚金1.7万元。被羁押期间，刘向官方写保证书，承诺以后保持沉默。家属表示他们现在只希望刘福堂得到自由，然后带他回老家去，再也不管环保是非。

他的弟弟刘福君说，哥哥现在只在心底默默关注环保事业。

发端

刘福堂1947年生于河北兴隆。那年晋察冀野战军还在寻求歼敌的新战术。刘的最高学业是在北京黄村林校完成的，毕业后就去了东北航空护林局，一直在那工作到海南建省。

2012年4月，刘福堂在北京领取最佳公民环境记者奖

1988年，刘被调至海南省森林防火办公室，有了前面的积淀和一直以来兢兢业业的工作态度，四年后他被提升为主任。

2001年，"个子高大的刘福堂用绳子将自己系在狭小的直升机上，冒着风险拍摄飞过的海南每一座大山、每一片林子，没有刘福堂的航拍，就没有3年的海防林修复，以及后来人大的环保执法检查。"媒体第一次进行了刘福堂的直面报道。

在海南省政协支持下，刘福堂航拍记录海防林被毁情况。这给当时参与的媒体记者留下了深刻的印象。有记者后来记录道：时间再往后推移两年，刘福堂作为政协委员在2003年政协大会上披露，1998 - 2001年，全省共发生各类破坏森林资源事件4444起，平均每天3起，时任省委书记的王岐山听后要求做一次特殊发言，并坦言已经坐不住了。王比起刘还年轻一岁。刘福堂是一个很有热度的人，到了五十岁这种热度因为常年在同一战线上的工作积累愈深。所以后来有环保人士或志愿者和他联系到，他都很乐意接待别人。与其说是国家赋予的义务，照顾年轻的一代，倒不如说是他在这些年轻人身上看到了自己的影子，那份赤诚的热度是唯一可以传承流淌下去的。

他走到北京，接受独一性针对林业的教育，便坚信自己有终身呈递的职责。多年的工作才是给他这份热情的原因。他从中获得了肯定，从中得到了生命的成就感。

这和年轻人在学校里就发掘自己对公益事业的热爱有共同的出发点却不尽相同。

2007年7月2 - 7日，海南省人大对全省森林资源进行执法大检查，邀请中央媒体和本地媒体全程跟踪采访。调查结果显示，2000年以来海南岛共有100多万亩天然林和天然次生林被毁。

也正是因为这石破天惊的林业搜索，刘福堂作为"生态斗士"第一次引起全国范围内的关注，并出现在公众视野。

在任期间"先后参掉5个市县林业局长"的事迹被《南风窗》为题做了上下两集的连续报道。被《中国青年报》、上海电视台等十几家媒体转载。

2009年1月，刘福堂撰写《天地良心》，当他将书稿寄给出版社时，遭到国内3家出版社的婉拒，理由都是"内容太敏感"。在中国大陆无法出版，他只好用香港书号出版。

这，就是故事的开始。

记录

"无数次目睹毁林事件，作为老林业人，我痛心疾首，作为行业人，我心存内疚。该不该把真相告诉人民、报告党和政府？答案是明晰的，但平台呢？渠道呢？"

2011年，刘福堂64岁，退休4年，用厚积薄发的说法，刘在过去的20年里做事高调，但知名度却是低调的走向。从这一年起，他的生命像新媒体一样驶向了高速轨道。这一年微博兴起，2011年4月10日，刘注册了名为"海南刘福堂"的微博账号。

同年6月11日17时45分，刘接到万宁石梅湾村民电话："华润集团现正在挖毁国家三级保护植物水椰一亩多，并封锁村民不能进入现场。求记者尽快赶到现场报道此事。"他随即将此事放到新浪微博上。两分钟后，"绿色和平"名为"大钟里的猴子"便回帖："海南记者上。"紧接着转发，评论如云，却无一个记者露面。他立即写了一篇随笔《海南的记者都中暑了吗》发在天涯论坛"海南发展"版和微博上。13日清晨，两名外地记者乘飞机连夜赶来。在决定乘高铁前往之后，刘又灵机一动，发了一条寻有车网友同行的微博。二十分钟后得到网友回复，四人于中午到达毁林现场。

水椰林事件算是刘福堂第一个全程微博参与的案例，也正是因为开放的传播渠道，他的名气也建立起来，由最初的几百个粉丝，到几千个，到最终的过万。在使用微博之前，他已通过新浪博客、天涯论坛等网站持续发布海南环保动态，发表数十万字调查文章。事后他发表微博感慨：

"水椰死了，我却出名了，可悲；我付出了辛苦，网友却收获了真相，可喜；官府保住了利益，却失去了公信，可气；生态毁了，却唤醒了民众，可贺。"

水椰属棕榈科，渐危种，是中国热带海岸沼泽土生长的半红树、红树林的建群种。在我国分布在海南部分地区，国外亚洲东南部、澳大利亚，所罗门群岛热带地区亦有分布。

近一两年内，封港的大片水椰林树叶被砍去，用做盖房屋、公棚等。目前暂无保护措施出台。

万宁石梅湾水椰案在2011年10月被收录到《海南泪（一）》中，《海南泪》系列只出版两本，第二本则全程收录了莺歌海火电厂选址引起的争议。

莺歌海镇，如其名，是一个渔业镇，位于乐东西南部，西、南面环海，临北海湾与越南相望，北靠南方最大的盐场——莺歌海盐场。

2011年12月，小镇来了一些不速之客，居民以为是来进行文物考察或地质勘查，后来才听闻是进行火电厂建设前的勘测。随后，不断有居民要求公开相关信息。

2012年1月，有关部门发布了《国电海南西南部电厂工程环境影响评价第一次信息公开》，征集公众对火电厂项目的意见和建议，约8 000名居民签名反对国电集团在该镇建设火电厂项目，支持者多为关系到切身利益的政府官员。

同年2月1日，乐东县委副书记、县长黄嘉琪，县政协主席张国东在对西南部电厂拟选地址进行实地考察时指出，项目和莺歌海特色风情小镇建设同步进行，要求各有关部门把项目筹建工作列为当前工作的重中之重。

2012年3月10日，中国国电集团拟建造大型燃煤发电站项目，遭到当地18 000名村民强烈反对，村民认为电厂会给当地带来重大污染，此时由小规模的抗议转变为大规模示威。

4月初，6 000名居民与进驻当地的约3 000名警察发生冲突，引致流血事件，莺歌海事件达到高潮。刘福堂在这个时刻参与进来，在官方媒体全面失声的情况下，他的微博成为外界获取事情进展的主要途径。他以最快的速度抵达现场跟进报道警民冲突、流血事件。粉丝增至过万。

4月中，一条300字的消息揭示39亿火电厂项目北移两公里。标志事件暂时告一段落。

与此同时，刘的环保生涯也达到人生最高峰。

2012年4月10日，民间组织"中外对话"与英国《卫报》共同举办的第三届中国最佳环境报道奖，将"最佳公民记者奖"颁给刘福堂。颁奖词中写道："在中国，65岁的记者极其罕见。但65岁的刘福堂与这里的年轻记者们的不同还有一点：年轻的记者们为中国专业性最好的媒体工作，但刘福堂所用的媒体非常简单：一个新浪微博。一年前，刘福堂用

被砍倒一片的天然林

微博披露海南省毁林事件，引起公众关注。评委会认为：他的个人微博所起的作用，不亚于一家报纸。"

隐泪

"他以前犯过抑郁症，后来治好了。几个月来，他被关在封闭的司法医院监室里，无法接触外面的世界和家人，没有阳光，现在又犯病了，有时会无法控制情绪，还失眠，睡不好觉，吃五六片安眠药都无法入睡，每晚都要起来在监室里走动。"

刘福堂的辩护人周泽律师在博客中写道。

事情的转折在他获得记者奖的五个月之后。他的环保生涯陷入了前所未有的窘境。

9月19日，海口市龙华区检察院对其提起公诉。检方指控，刘福堂没有取得国内省级出版行政主管部门的批准，私自印刷图书，并销售、赠予他人。刘出版、印刷和发行的行为涉嫌"非法经营罪"。与刘福堂一起涉罪的还有印刷单位及其负责人和员工。

事实上这个时候，莺歌海事件仍未完全平息，但因为信息的封锁，只在当地引起小规模的波澜。刘福堂被指控后，法国国际广播电台以"刘福堂因莺歌海维权事件被指控""刘福堂被控涉及政治报复"等为题发表专题报道。

无论如何，刘的"非法经营罪名"在12月5日宣布成立，判决刘福堂有期徒刑三年，缓刑三年，罚款1.6万元人民币。

根据《刑法》第225条的规定，非法经营罪指"未经许可，经营法律、行政法规规定的专营、专卖物品或者其他限制买卖的物品"等非法经营行为。情节严重的，处五年以下有期徒刑或者拘役，并处或者单处违法所得一倍以上五倍以下罚金；情节特别严重的，处五年以上有期徒刑，并处违法所得一倍以上五倍以下罚金或者没收财产。

从相关法律法规看，刘的行为属于情节严重型。刘在庭审当日确认五本书没能拿到国内出版刊号，而以香港刊号出版。原因是国内出版周期较长和严格的审查制度。

刘默然接受判决结果，放弃上诉。

违规出版的五本书分别为《绿色的梦》《海南泪（一）》《海南泪（二）》《天地良心》《生态斗士》。涉案图书1.8万册，非法经营额44.4万元，已销售图书4 034册，所得7.8万元。而此前刘付出费用超20万。

媒体的报道了当天法院对两家被告单位和三位印刷厂经理和业务员作出的判决。

受审当日介入此案的还有此前谢朝华的代理人周泽律师。

2012年，谢朝华以《大迁徙》一书记录三峡水库移民的迁徙，被陕西临渭区公安分局以同样的罪名立案调查，此事激发全国性的民愤，30天后，谢无罪释放。

这个先例给了刘福堂支撑下去的勇气，也是旁人过来劝慰的最佳借口。使刘福堂难以支撑下去的是愈加衰微的身体。

刘福堂被抓前就在医院住院治病，却仍被公安从社会医院的病房抓去司法医院羁押，多次申请取保候审，都未获得批准。因未能得到有效治疗，从而致病情恶化到庭审时的状况。——刘福堂的儿子刘音告诉当时任刘辩护人的周泽。

刘的妻子也提及在司法医院见到刘福堂的状况：他身体状况极差，主治医生给法院等多个部门打了电话，希望将刘转到其他医院治疗，但没有一个部门表示对此负责。

周泽在《会见刘福堂记》中回忆道："老刘两次情不自禁地抹眼泪，并一度哭出声来，像一个受了委屈的孩子。他想不通：自己到海南二十来年，一直在为海南的环境和生态保护奔走，写作、印制及向环保志愿者、政府部门赠阅、邮寄自己关于环保方面的文章、著作，花费了20多万元，从来没想过通过这个赚钱。7万多元与他的付出时间、精力、支付的金钱，差距实在也太大了。在纷繁的世态中，面对自己的所作所为，有几人敢拍着自己的胸脯说：'我对得起自己的良心'？他说，他敢。"

但刘福堂确实已经失声了。他不能再向别人说些什么。如果要用歌曲来形容，他的前奏酝酿了几十年，高潮在两年内掀起的波折已是身体所承受不起的。他不能再接受采访，也不能完全自由行动。他在服刑期间，他出狱前，签署了对外界沉默的协议。

如果人的生命注定是一支蜡烛，那对他而言，还未到风烛残年，只是，这最烈的火焰，已经永远定格在过去。留存下来的，只有余暖。

【点评】

刘福堂是一个很热情的人，即使现在在服刑期间，身体状况不佳，也并没降低他对人的热度。他退休前是公务员，他的弟弟也是政协委员。

这种背景下他却因制度问题遭遇牢狱之灾。采用香港书号出版刊物在内地并不少见，大部分敏感类刊物多是从国内搜集资料然后加工整合后拿到境外出版。但他一心一意要在内地传播，给周围的人借鉴，给国内刚刚发展起来的环保组织借鉴，所以还拿来一些在网上出售。

如果没有这件事还能有什么新的陷阱吗？也许这种细节上的缺失可以从关于制度的操作里找到更多的盲点。

刘福堂已经不能发声了，但他渴望表达，因为他出狱前写了保证书，他依旧深爱着海南这片土地，回到家后还是心心念念要去海南过冬。如果不是身体状况，他需要养病调理，可能还会奋斗下去，可能还会有环保人士为他奔走呼吁，但事实上，他即使受到了环保人士的倡议书，真正得到的问候和关怀仍是少数。肯定的是他一定觉得自己所做一切都值得，也没什么可惜和后悔的。如果有所遗憾，就是世上的事很难完全。

一个村民的8年环境维权路
——河南荥阳村民环境污染维权案

■ 赵亮

2013年11月27日,第一次来到郑州西郊,河南荥阳豫龙镇西张寨村,探寻一个村民环境维权的8年心路历程。坐公交辗转到了村子,村民侯帅先带我走访了此前自己举报的几家企业。2004年至今,陆续有8家化工企业因举报而停产整改或迁离。但是,主人公为此也付出了巨大的代价。

2006年侯帅感到很无奈

侯帅,是河南荥阳豫龙镇西张寨村的村民。

2004年有了村里有了化工厂,后来工厂增多。

这一年的夏天,有一家化工厂排放废气废水,村民不敢开门窗,于是找村委沟通:"附近种的西瓜都不发芽了,而且即便长出来,个头也变小了;附近鱼塘里的青蛙都没了。"

村干部说:"它有什么味,我没有闻到"。其间发生争吵。

为了证实,村民打开下水道盖子,弥漫的气味更浓烈了。村支书张万民说侯帅破坏公众设施。

随后几天,他一直排查污染企业,最终查到了一家化工厂排黄色黏稠的东西。调查中,侯帅的口腔鼻腔都出血了。味道很浓烈,只好用毛巾堵着鼻子。

当时,他和附近村民一起找到工厂。几个人看着工厂,另外几个人找来当时的村(西张寨村)委员侯五,把排污泵抬走了。排污泵抬走后,刺鼻气味不大了,但是村民还能感受到气味。

2004年的冬天，村子附近的一处池塘里着火了，火苗至少15米高。村民侯万青家的玻璃被烧炸了。好多树木在那场大火中被烧毁。侯帅等村民向荥阳市政府、荥阳市环保局投诉鸿晟公司和其他化工厂（不知名）。环保局回复说："工厂大门紧闭，我们进不去。我们也不是公安部门。"

2005年选村官，村支书建议镇党委剥夺了侯帅的权力。但是，污染问题不能因此置之不理，于是他向发改委、环保部写信反映，其中包括地槽钢厂。但是，没有效果。

2006年，对此结果，侯帅感到很无奈，没有继续投诉。

侯帅被判刑2年

2007年端午节，鸿晟公司发生爆炸，一人死亡，多人重伤致残。看到有关重金属污染方面的报道，侯帅坐不住了，决定继续告。被告有六七个企业，除了鸿晟公司、新金山钢厂外，其余都不知道名字。

2008年6月25日，侯帅向河南省环保局举报海蓝德公司污染问题，环保局立案为《省环交办56号》，海蓝德公司受到荥环限改2008第151号处罚。在处理过程中，环保局泄露了侯帅的举报人身份，他受到了威胁和利诱。被控告的污染企业找地痞流氓威胁，因为自己习武，没有人敢动手。

9月17日，侯帅向郑州环保局举报海蓝德公司填写虚假评估报告（这是犯罪行为）。

9月18日9点26分，侯帅接到荥阳环保局法制科电话，对方让他去海韵大酒店的咖啡厅，与污染企业谈这事。到了现场后，他在吧台对面的位置坐下来。企业给他钱，他拒绝了。不多会儿，他就被便衣警察带走了。后来侯帅要求提供录音，但是录音被人为处理了。9月18号，荥阳市环保局的工作人员和海蓝德法人杜晓萍将他骗到海韵大酒店，被守候在那里的警察抓获。

在派出所，侯帅遭到了殴打，造成他身体多处受伤，其中左胸部肿痛2个多月。警察伪造了一份口供（假口供上面的签名和指纹都不是侯帅本人的），并且剪接了一份录音，伪造了一张收到条。为了配合陷害他，荥阳市环保局向豫龙镇派出所提供了一份海蓝德环保指标都合格的虚假证明材料。

终于到了开庭，没想到法庭成了迫害侯帅的现场。在法庭上，侯帅要求对所谓的他的口供进行调查，遭到拒绝，并且要求所谓的证人依法到庭质证也遭到了拒绝。在法庭上又查出，办案警察在提请逮捕时填写侯帅于2008年9月19号被传唤到派出所就是虚假的文件（这样就成了即遂，会被多判刑）。判决书还写明了没有出庭的证人作为指证犯罪的证词，证词多个地方"听说""好像听说"这样的表述。（这种证词是法律明确规定不能够作为指证犯罪的证据来使用的。）群众来访意见书也成为了他的犯罪证据。

最后判决认定侯帅以空气污染相威胁进行敲诈勒索未遂，而所谓的以空气污染相威胁这种行为根本不是法律规定的敲诈勒索罪的作案手段的。这是郑州市中级法院法官杨××为他特意定制的罪名。最终侯帅被判刑2年。

河南省荥阳市人民法院的判决书内容如下：

公诉机关荥阳市人民检察院。

被告人侯帅，男，1981年10月25日生，汉族，大专文化，住荥阳市豫龙镇西张寨村寨园090号，因涉嫌敲诈勒索于2008年9月19日被荥阳市公安局刑事拘留，同月28日被荥阳市公安局依法逮捕，现羁押于荥阳市看守所。

辩护人孟水，河南神龙剑律师事务所律师。

荥阳市人民检察院以荥检刑诉（2008）660号起诉书指控被告人侯帅犯敲诈勒索罪，向本院提起公诉，本院受理后依法组成合议庭公开开庭审理了本案，荥阳市人民检察院指派检察员王丽丽出庭支持公诉，被告人侯帅及其辩护人到庭参加了诉讼，本案现已审理终结。

荥阳市人民检察院指控：2008年9月18日下午18时许，被告人侯帅经预谋后，以位于荥阳市豫龙镇西张寨村的海蓝德（郑州）聚合物工业有限公司空气污染为由多次向该公司法人代表杜晓萍索要钱财，并威胁要殴打该公司工作人员，让该公司关门，杜晓萍迫交给被告人侯帅现金6万元。现6万元赃款已追回并返还被害人。

被告人侯帅以自己没有实施敲诈构不成敲诈勒索罪为其进行辩解。

辩护人以被告人构不成犯罪为由进行了辩护。

经审理查明：

2008年9月18日下午18时许，被告人侯帅经预谋后，以位于荥阳市豫龙镇西张寨村的海蓝德（郑州）聚合物工业有限公司空气污染为由多次向该公司法人代表杜晓萍索要钱财，并威胁要殴打该公司工作人员，让该公司关门，杜晓萍迫交给被告人侯帅现金6万元。后被架网守候的公安人员抓获。现6万元赃款已追回并返还被害人。

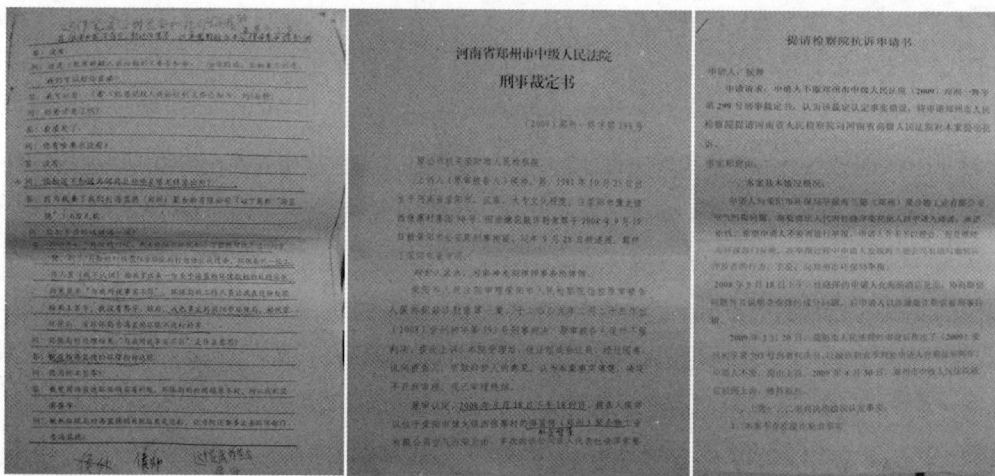

上述事实有以下证据予以证实：1.有被告人侯帅的供述：08年4、5月份我多次到省市环保局告海蓝德聚合物工业有限公司环保不达标的事，让环保部门反复去查，以此影响海蓝德正常的生产威胁海蓝德，从而弄点钱。并吓唬公司老板要是不给钱，你们厂里的人以后注意点。2008年9月18日下午公司老板约我到"海韵"酒店见面给了我六万块钱。2.被害人杜晓萍陈述：08年6月份开始被告人多次到省市环保局投诉我公司，导致我频频应付检查，影响了公司业务正常开展，我公司的环保各项指标均达标，这些情况我已明确告诉侯帅，侯帅给我的答复是让我给他几万块钱不再告我，如果不给，不断告让我无法生产。又说你们如果不给钱，你们厂里的人以后可得注意点。我害怕他以后会伤害我厂里的工人，后被迫给了他六万块钱。3.证人李江证言，证明杜晓萍在"海韵"大酒店给侯帅六万块钱。4.证人侯勇召证言，证明听杜晓萍说侯帅威胁她让其给钱，并证明侯帅说最少得拿3万，要不她们公司干不成，后我说我不管了。5.证人袁郑伟证言，其证明杜晓萍和侯帅和"必胜客餐厅"那个男的好像还给杜晓萍说，我有两个兄弟，弟兄们都听我的话，你们厂里都是外地人，你要是不给我20万钱，你们厂里的人以后好好注意安全。不给钱你们另外那个厂也不用干了。6.扣押物品清单。7.验收申请表及验收意见。8.群众来访意见书。9.侯帅收现金的收到条。10.公安机关侦破报告，其证明公安机关架网之后将被告人当场抓获。11.录音资料。

上述事实经法庭质证，证据确实充分，且能相互印证，足以认定。

本院认为，被告人侯帅以非法占有为目的，以威胁手段，敲诈勒索他人财物，数额巨大，其行为已构成敲诈勒索罪。被告人侯帅在接收钱财时公安机关架网等候，后其被公安机关当场抓获，系未遂，具有法定减轻处罚情节，荥阳市人民检察院指控被告人侯帅的犯罪事实及罪名成立，予以支持。被告人侯帅辩解其在公安机关的供述是在被逼供下形成的，因证据不足不予采纳，被告人及其辩护人辩解构不成敲诈勒索罪的理由。经查，被告人侯帅采取要挟手段，敲诈他人财物，有被害人的陈述，相关证人证言及公安机关的破案抓获证明在卷，其行为符合敲诈勒索罪的构成要件，故被告人及辩护人的辩解辩护理由本院均不予采纳。根据被告人的犯罪情节后果及对社会的危害程度，依照《中华人民共和国刑法》第二百七十四条、第六十一条、第二十三条、第四十五条、第四十七条之规定，判决如下：

被告人侯帅犯敲诈勒索罪，判处有期徒刑二年。

（刑期自判决执行之日起计算，判决执行前先行羁押的，羁押一日折抵刑期一日，即自2008年9月19日起至2010年9月18日止）

二〇〇九年二月二十日

侯帅对荥阳市人民法院的判决不服，向河南省郑州人民法院提出上诉。2009年4月30日，郑州市中级人民法院裁定驳回上诉，维持原判。

2010年3月18号，侯帅刑满释放。出狱后他带着警察伪造的笔录到检察院举报，荥阳市检察院和河南省高级检察院对侯帅的回答是"像你这样的事情太多了，你的事情太小了，没办法管"。这是检察官们的原话。而郑州市中级检察院说这案子不归他们管，只是登记了一下。在没有办法的情况下，侯帅向中国最高检察院写了一封挂号信，于5月17号到达中国最高检察院举报中心。不知道他们怎么办？

出狱后，村里很多人和侯帅一起，继续控告。

在市政府（原环保部一个副司长舒庆）主导下，6家化工企业陆续关门。

在律师卷宗里找到了供述。供述上面的签名和指印都不是侯帅的。这份供述是豫龙镇派出所伪造的。

侯帅对此不服，但是没有人受理。后来，在中国政法大学污染受害者法律帮助中心宋李娜律师的帮助下提交了申诉书。

申请请求：申请人不服郑州市中级人民法院（2009）郑刑一终字第299号刑事裁定书，认为该裁定认定事实错误，特申请郑州市人民检察院提请河南省人民检察院向河南省高级人民法院对本案提出抗诉。

事实和理由：

一、本案基本情况概况

申请人向荥阳市环保局举报海蓝德（郑州）聚合物工业有限公司空气污染问题，海蓝德法人代表杜晓萍委托他人找申请人商谈，承诺给钱，希望申请人不要再进行举报。申请人并未予以理会，而是继续向环保部门反映。在举报过程中申请人发现海蓝德公司有填写虚假环评报告的行为，于是，向郑州市环保局举报。

2008年9月18日下午，杜晓萍约申请人在海韵酒店见面，协商赔偿问题并且说明企业排污染成分问题。后申请人以涉嫌敲诈勒索罪被刑事拘留。

2009年2月20日，荥阳市人民法院经审理后作出了（2009）荥刑初字第793号刑事判决书，以敲诈勒索罪判处申请人有期徒刑两年。申请人不服，提出上诉。2009年4月30日，郑州市中级人民法院裁定驳回上诉，维持原判。

二、上述一、二审判决均错误认定事实

1. 本案不存在敲诈勒索事实

一审诉讼中，法院认定申请人多次向海蓝德公司的法人代表杜晓萍索要钱财，并威胁要殴打该公司工作人员，让该公司关门，杜晓萍被迫交给当事人现金六万元。但事实却是，申请人没有主动联系过海蓝的企业负责人，而是一直向环保部门反映问题，是杜晓萍多次委托他人找当事人商谈。申请人并不存在以威胁手段，敲诈勒索他人财物的行为。并且，该公司确实存在污染事实，荥阳市环境保护局曾于2008年7月7日向海蓝德有限公司下达"限期改正环境违法行为通知书"〔（荥）环限改[2008]第（151）号〕，通知书中记载该单位"未经批准擅自不正常使用处理设施"。

2. 据以认定本案的证据主要是录音资料和申请人的询问笔录，而二者均存在造假

录音被篡改：作为证据的录音资料共一小时零三分，但当时申请人与杜晓萍和李江的实际交谈时间是二十多分钟。杜晓萍最后打给申请人电话的时间是五点十多分，而第一份询问笔录的时间是七点零二分，前后时间矛盾。录音中增加了对申请人不利的内容，而删减了对申请人有利的内容。

庭审时出示的询问笔录系伪造，签名和手印都不是申请人本人的。在豫龙镇派出所时，张勇闯等人逼迫申请人在一份承认向海蓝德公司敲诈勒索罪的供述上签了字。这份供词共三页，上面没有写申请人是如何实施敲诈勒索行为的，时间为2008年9月18日23时，但这份

供述并没有出现在案件诉讼过程中。出现在卷宗里的是一份所谓的产生于2008年9月19日14时的供词。一审开庭时，公诉人宣读了这份供述，申请人要求法庭出示这份供述进行质证，但遭到拒绝，二审时申请人告诉法官自己没有一审判决书上那样的供述，但法官仍未出示申请人对那份伪造的供词进行真伪辨认。释放后，申请人从律师那发现了本案卷中的那份虚假的供述，上面的指印和签名都不是申请人本人的。

综上所述，一、二审判决均系认定事实错误，申请人特申请郑州市人民检察院提请河南省人民检察院向河南省高级人民法院对本案提出抗诉，以维护申请人的合法权益，维护法律及检察机关应有的公正和尊严。

此致

郑州市人民检察院

申请人：侯帅

2011年2月14日

附：

1. 荥阳市人民法院刑事判决书

2. 郑州市中级人民法院刑事裁定书

3. 荥阳市环境保护局限期整改通知书

4. 郑州市环境保护保护局回函

2011年9月19日，检察院正式通知侯帅，认定他的敲诈罪名不成立，并向河南省检察院提出支持他申诉的申请。

2012年，河南省检察院公诉处一位于姓检察官（30岁左右，男）告诉他，本案无法翻案了。侯帅知道这条路的艰辛，但是他不会因此止步。

就在对本案进行访谈期间，侯帅接到一个电话。他说，他的冤屈有望伸张。这是令人振奋的消息，侯帅的脸上依然一片平静。

离开西张寨村时，我问他，还会不会继续这样走下去。侯帅告诉我，他深信法律的正义阳光终有一天会照进这个村子，自己无悔当初的决定，不愿看着乡亲们深受污染的伤害。

【点评】

本案例中，污染维权代表事先并未预料会遭到构陷，所以证据并没有存底，导致交给警察后，全部被销毁。这提醒污染受害者注意做好证据的保存（图片、文字、视频、音像资料等多存储几份）。

案例中，污染受害者在2006年一年时间里没有继续控告、监督污染企业，出现中断，导致后续推动起来比较费力。

案例中，一起参与污染举报的村民力量相对薄弱且没有形成比较好的联合，这也凸显了村民法律维权意识有待提升。

本案例是典型的村民环境维权案，同时也是受到构陷的例子。在司法不健全的今天，主人公侯帅和其他村民不放弃不妥协的抗争凸显社会信任危机下环境维权的艰辛。污染受害者在被构陷出狱后，通过社交网络揭露案例的司法不公，也引起了很多人士关注。并通过法律的途径维护环境权益，持续监督污染企业，推动了当地污染企业的整改和迁离，具有重大进步意义。

受害者出狱后提取了通话账单，并取得了伪证的复印件，这为后续案件翻案准备了重要依据。

案例中维权代表主动联系法律机构援助，通过法律途径捍卫合法环境权利，值得各地污染受害者和普通公众借鉴。案例中提到的中国政法大学污染受害者法律帮助中心（CLAPV）是1999年11月开办的国内第一家专为污染受害者提供帮助的法律援助中心——污染受害者法律帮助中心。中心为许多求助无门的环境污染受害者提供帮助，免费为无力支付诉讼费、律师代理费的污染受害者打官司。中心成立5年多来为70多起环境污染案件提起诉讼，两万多名群众在他们的帮助下维护了环境权益。

湖北钟祥村民向大生化工索赔被告敲诈勒索

■ 谢新源

2008年3月和2010年4月，大生化工厂的硫酸生产线和磷酸一铵生产线先后投产，从此，周边居民就深受其扰。经过不断举报、上访，在镇政府和村委会的协调下，2011年5月，十多户村民和大生化工厂达成协议。其中，魏开祖一家开办的猪场距化工厂仅一条道路之隔，将受污染的猪场和母猪基地整个卖给化工厂，获得124万赔偿；栽种意杨林受废气之害的余定海一家，获得30万赔偿，另外受害的桃树林获赔5万元；此外，周边还有17户（包括余定海家）获得了每年2万元的补偿款。然而，对这17户村民做了第一次赔付之后，2012年，大生化工厂没有履行协议继续赔偿。因此，17户中的一些村民以及周边其他同样受到污染但从未获得赔偿的村民继续上访。另外，按照环评报告，硫酸厂600米之内的居民应该搬迁，部分村民也因此上访。2012年9月，磷矿镇派出所民警"发现"魏开祖、余定海"敲诈勒索"，钟祥市公安局先后立案并将两人刑事拘留。如果两人的行为构成"敲诈勒索"，那么所有获赔的污染受害者都面临被追诉的风险。2013年4月8日，在本案开庭前，环境公益律师团在湖北钟祥成立。与此同时，自然大学开始介入，调查大生化工厂污染事实和周边居民受到损害的情况，他们发现，除了农作物和畜禽受损外，村里还有多人患上癌症，而地质、生态灾害也慢慢蚕食着这个山村。

刘冲村磷矿的前世今生

1958年，荆襄矿务局下属的荆襄磷矿进驻湖北省钟祥市刘冲村，开启了这个山村的工业化过程，刘冲村所在的镇也被命名为"磷矿镇"。荆襄磷矿分为花冲矿区和刘冲矿区，花冲矿区就处在刘冲村的一组到六组之间。由于有了荆襄磷矿，省道从花冲经过，并且给紧邻的

大生废渣场没有渗滤液处理设施（谢新源拍摄）　　　　大生厂外的排污管道（谢新源拍摄）

部分村民带来了水电等基础设施。另一方面，荆襄磷矿只采矿，而运到其他地方去选矿、加工，没有给当地带来污染。相反，许多村民的生意也因为矿区工人及其家属而红火起来。因此矿区与村民关系不错。

而1990年代中期之后，由于易开采的富矿采集殆尽，荆襄矿务局渐渐退出刘冲村；2001年省道改造；2003年，随着家属的撤出，矿区的水电中断，附属的小学、医院也陆续关闭。但是，荆襄磷矿退出前，在此修建了一条磷肥（普钙）生产线，2005年转手给了一个外地人，但效益不佳。2006年，村里人钟守兵买下了这条生产线，后来又陆续扩建了硫酸生产线和磷酸一铵生产线。环境污染从此对当地的农作物、树木、畜禽和村民的健康带来严重伤害。

村民向大生化工厂持续维权，两位获赔村民被告敲诈勒索

2008年3月和2010年4月大生化工厂的硫酸车间和磷酸一铵车间先后投产。其所处的位置，是刘冲村人员最密集的地区之一，其硫酸厂卫生防护距离600米范围内有50多户村民。厂界周边有大量水田、旱田以及山林，还有许多村民在屋舍旁饲养的猪、鸡等畜禽。

2003年，村民魏开祖购得矿区小学的11间平房，幼儿园、托儿所教室及一间私人房屋，此后魏开祖投资20万元将学校内的教室改为猪场（简称"学校猪场"）。头两年每年出栏肥猪300多头，之后每年出栏800多头，另卖小猪100～200头。2008年，大生化工排污后每年出

栏500~600头，另卖小猪300~400头。2011年底未再养猪。2008年下半年，大生化工将土和废渣倒在学校猪场与公路间的空地上。学校猪场的地势比大生化工低，化工厂废水和渗滤液流入猪场堰塘，生猪喝的就是堰塘水，发生咳嗽。2009年下半年，学校猪场的生猪开始大量死亡，母猪出现产死胎、畸形胎现象，肥猪生长缓慢。2010年9月底，大生化工厂排出的废水两次淹没学校猪场。2011年4月28日，磷矿镇政府将猪场堰塘水送检，结果不符合《生活饮用水卫生标准》（GB5749-2006）。

村民余定海的家离化工厂仅一墙之隔。2006年，余定海包下荒山（距化工厂约300米）开始种植意杨，2008年种满整个山头约100亩。2009年起，余定海家意杨林开始出现问题，到2010年则成片死亡或半死亡，余定海家门前直径20厘米的树也开始枯死。2010年11月，钟祥市森防检疫站出具《鉴定报告》，认为余家树林枯死或濒死现象应是虫害以外的其他原因造成。2011年5月9日，"在余定海的反复纠缠下"，钟祥市森防检疫站再次出具《鉴定报告》，认为余家树林枯萎和死亡是"出于生理性病害，主要原因是受外界不利因素的影响。如土壤贫瘠、长期干旱少雨等立地条件差、管理措施不当及空气污染严重等可以导致病害的发生"。

魏开祖、余定海等村民一直与工厂交涉污染赔偿事宜，但化工厂一直不承认污染。2011年开始，周边村民上访维权，姚成英与余定海、朱桂枝及刘冲五组其他村民先后到磷矿镇政府、钟祥市政府、信访局、环保局、荆门市信访局、省信访局上访。2011年5月27日，村民到环保局上访的原因是索要环境监测报告，环保局出示一份赔偿大生化工600米以内农户的文件，村民散去。在刘冲村书记李军辉、政法主任魏华忠的协调下，2011年5月底、6月初，大生化工厂与周边村民签订了多份协议：（1）以100万元的价格一次性买下魏开祖的学校猪场；（2）对余定海家的意杨林110亩进行一次性补偿30万元；（3）对余定海家的桃树林15亩（距离化工厂约1公里）一次性补偿5万元；（4）对包括余定海家在内的17户村民进行每年2万元的环境补偿。由于大生化工在原荆襄磷矿矿区继续开采，造成地裂、塌陷现象，地质监测站进行了监测，磷矿镇政府组织了监测结果见面会，魏开祖妻子姚成英等矿区村民与会。由于姚成英老屋猪场属于稳定性较差区，不能继续养猪，2011年8月，魏开祖一家因此获赔24万元。

2012年7月之后，由于大生化工未履行对17户村民每年2万元的环境补偿承诺，刘冲村三组的林顺梅等村民两次到北京上访。此外，硫酸厂厂界600米范围内的另外一些村民认为，按照卫生防护距离规定，企业或政府应该安排搬迁；还有村民认为自己虽然在600米范围外，但农作物和自身健康也受到化工厂的污染损害，也一起上访。2012年9月24日，姚成英、余定海等人因搬迁和农作物赔偿问题再到北京上访。

2012年9月26日，磷矿镇派出所民警曹明元、李宗祥在工作中发现魏开祖"敲诈"事实。9月27日，钟祥市公安局以涉嫌敲诈勒索罪将魏开祖立案并刑事拘留。9月29日，磷矿派出所因余定海在大生化工、钟祥市环保局堵门，对其处以15日行政拘留。10月12日，钟祥市公安局以涉嫌敲诈勒索罪将余定海立案并刑事拘留。11月4日，钟祥市检察院以涉嫌敲诈勒索罪批准对魏开祖的逮捕。11月14日，钟祥市检察院以涉嫌敲诈勒索罪批准对余定海的逮捕。

公益律师为村民辩护，法院不予判决，其他诉讼途径受阻

如果本案构成"敲诈勒索"，那么所有获赔的污染受害者都面临被追诉的风险。在这一理念下，2013年4月8日，在本案开庭前，环境公益律师团在湖北钟祥成立。

4月26、27日，法院分别对魏开祖、余定海案开庭审理。公诉人认为：二人以环境污染为要挟，通过组织群众在工厂门口堵门、上访等形式，强迫大生化工厂与其签订赔偿协议，并且不断加码。魏开祖家猪场价值仅52万余元，却卖给大生化工厂124万元；余定海则获得不当所得30万元。二人的行为构成了敲诈勒索罪，应该按照《刑法》第274条，判处有期徒刑三年至十年。湖北科技事务司法鉴定中心出具了两份司法鉴定意见书，试图证明大生化工厂虽然有污染，但并未影响猪场和杨树林。

环境公益律师曾祥斌和张丹杰为两位村民进行了无罪辩护。曾祥斌律师认为：（1）污染事实存在，化工厂排污系非法。大生化工的硫酸和磷酸一铵项目竣工环保验收意见明确表明：大生化工"试生产未依法办理报批手续"，说明大生化工在2011年4月19日"通过"荆门市环保局的环保验收之前，一直处于非法的试生产阶段。钟祥市环保局的2010年和2011年的几份监测表明，大生化工排放的二氧化硫、氟化物等污染物都严重超标。2012年3月31日，钟祥市环保局向大生下发了《排污许可证》，即此前大生的任何排污无论是否达标，均属违法。（2）猪场和杨树林都受到污染损害。2011年4月2日，磷矿镇政府将猪场堰塘水送检，结果不符合《生活饮用水卫生标准》；2010年11月和2011年5月，钟祥市森防检疫站出具两份《鉴定报告》均表明，余家树林枯死或濒死现象不能排除严重空气污染等外界不利因素的影响。而湖北科技事务司法鉴定中心的意见书是在2012年11～12月做出的，不能反映2011年之前的情况。而且在庭审中，鉴定中心证人的说法有多处不符合逻辑。例如，以硫酸厂600米之内本应搬迁但还有人居住为由，就认为二氧化硫达标。这说明这两份司法鉴定意

见书的专业性值得质疑。（3）上访是表达诉求的合法方式，而不是控方所说的"威胁"，如果本案的上访是一种威胁，那么任何上访都构成威胁，都有可能入罪。

张丹杰律师认为：（1）"敲诈勒索罪"中"债务"是无中生有。而本案无论是魏开祖还是余定海，其因为环境污染导致的损害都是客观存在的，是基于侵权之债。因此，即便是二人多要了赔偿，充其量也仅仅属于《合同法》第54条约束的对象，而不是《刑法》第274条规制的行为。（2）很多村民基于不同的受损情形（包括农作物、牲畜、饮水等）进行了多种方式的维权，其中包括余定海在内的17户村民获得了大生化工每年2万元的污染加害赔偿。另外，余定海和大生化工还有一份5万元的桃树林补偿协议。这些都是基于环境污染事实产生的，控方却没有将它们视为"敲诈勒索"。（3）村民的维权方式是合法的、渐进的，具体表现为多次逐级向村社、乡镇组织及多位领导干部反映，到环保部门投诉，以及最终不得不逐级进行上访以寻求帮助。而穿插整个处理过程的行为还包括双方的数次协商、第三人的斡旋、政府部门的调解、环保部门的责成协商处理等。如果维权行为构成刑法上的"威胁、要挟"的话，那么那些参与其中提供帮助、促成和解的基层干部、环保部门工作人员等也应作为教唆犯或者帮助犯而一并进行刑事追究。（4）涉案数额在本案中系双方合意，与定性无关，与刑法无涉。本案进行的是一个刑事审判，不能用一个协议相对方（大生化工）所提起的"基于显失公平、诉求变更或撤销"的民事诉讼原则来作为刑事定罪的标准。

两案分别于2013年4月26、27日开庭，按照《中华人民共和国刑事诉讼法》第168条，公诉案件应该于一个月、至迟不超过一个半月内宣判。然而，到2013年6月14日，钟祥市法院仍未宣判，而是向省高院请示延长宣判时间。上述法律规定，延长时间不能超过一个月。但直至2013年7月14日，该案仍未判决。

磷化工污染事件大生周边富营养化的池塘
2013年6月 湖北钟祥

在此期间，村民们还试图就其他问题到法院立案，但均未有结果。2013年5月，钟祥本地一位律师代理大生未履行周边十余户村民每年两万补偿协议的索赔案，受到钟祥市司法局"约谈"，之后退出代理。2013年4月28日，曾祥斌律师以大生化工硫酸厂600卫生防护距离内仍有50多户居民为由，要求荆门市环保局撤销钟祥市大生有限公司10万吨硫酸及10万吨磷酸一铵项目竣工环境保护验收意见（荆环监验[2011]04号），目前仍未立案。

化工厂环保手续漏洞百出，污染不断

在刑事案件证据交换过程中，村民的辩护律师从地方环保部门获取了大生化工的环保记录，包括该公司硫酸厂和磷酸一铵厂环评报告全本，以及荆门市环保局的建设项目竣工环境保护验收监测报告。其中不难发现种种程序违规、排放超标现象。

大生化工的老板自述称：2007年5月，大生化工占地200亩，开建硫酸厂；2008年3月，硫酸厂正式投产；2009年4月，大生化工开建磷铵厂；2010年4月，大生化工磷铵厂正式投产。根据官方文件，2007年9月，环保局通过大生化工改扩的10万吨/年硫酸和10万吨/年磷酸一铵生产项目环评审批手续，比硫酸厂开建时间晚4个月。该厂的硫酸和磷酸一铵生产线分别在2010年2月和5月试生产，其中硫酸试生产时间比大生老板所说的晚了近2年。2011年4月，荆门市环保局通过的项目竣工验收手续，表明该项目试生产未依法办理报批手续。2012年3月31日，钟祥市环保局向大生化工下发排污许可证，但此时离大生化工厂开始排污已经过去了4年的时间。

在村民的连续投诉和环保部门的执法之下，大生化工厂收到了环保局的多张罚单，并多次被要求整改。2011年4月29日，钟祥市环保局向大生化工下达《环境保护责令（限期）改正通知书》，认定大生化工"未采取有效污染防治措施，向大气排放粉尘、恶臭气体不能稳定达标排放，对周边环境造成影响"。2011年5月18日，环保局对大生化工"超标排放"进行了立案。2011年5月28日，钟祥市环保局对大生化工的环境监测结果为：硫酸车间尾气排气筒出口处二氧化硫排放浓度、排放速率，磷酸厂尾气排气筒出口处氟化物排放浓度超《大气污染物综合排放标准》（GB16297-1996）中二级标准。2011年7月4日，钟祥市环保局下达《行政处罚决定书》，因大生化工排放恶臭气体影响环境对其作出罚款4万元的行政处罚。2011年7月8日，钟祥市环保局下达《关于责令大生化工有限公司对存在的环境问题限期整改的通知》，要求大生化工就"办理磷石膏渣场环评手续""严格落实磷石膏堆场'三防'措施""确保硫酸及磷酸一铵车间尾气稳定达标排放""危废按'五联单'制度转移""事故应急池按要求硬化"等问题进行整改。2012年2月15日，钟祥市环保局将大生化工列入重金属砷污染限期整治名单。2012年7月19日，钟祥市环保局因发现大生化工石膏渣场有滤液渗出对其作出行政处罚，罚款10万元。2012年9月24日，钟祥市环保局对大生化工的环境监测结果为：硫酸生产线尾气排气筒出口处二氧化硫、磷酸车间尾气排气筒出口处氟化物排放浓

度均超过相应标准。[《硫酸工业污染物排放标准》（GB26132-2010）][《大气污染物综合排放标准》（GB16297-1996）中二级标准]。

当地生态堪忧

在到现场的考察中，环保组织的志愿者发现，除了化工厂的环境污染之外，长期采矿还给当地带来了地质和生态灾害。

以氟化物、二氧化硫为主的大气污染对当地的树林和农作物杀伤力最大。余定海的妻子朱桂芝拿出来的照片显示，2010年春油菜花开的季节，与化工厂仅一墙之隔的余定海家门前，有很多棵树却未见一点新绿，另一些的叶子也零零星星。化工厂的烟雾遮天蔽日，把天都熏成灰白色，落下的尘埃也让余定海家的屋顶不见了原来的颜色，只有大雨过后才能发现那是鲜亮的红色。经过现场观察，志愿者看到山上的杨树林已经大片死亡，最高的也就四五米，而山下厂界边上大礼堂旁边的同时期栽种的杨树，由于有大礼堂庇护，没有受到什么污染，现在已经有10米多高了，直径要4个手掌才合得过来。朱桂芝说："如果没有污染的话，我们这里种什么长什么，这个季节桃、杏、李、梅子，什么都有。现在水果都要到外面买。"在村民张修菊的地里，由于受到废气的侵害，油菜花的豆荚粗细不一，减产严重。玉米亩产能达到1 200斤，而去年徐在斌家的地每亩才收了610斤。"大气污染的特点是吹过的地方，植物就死，没吹过的地方看上去就没什么事，而且不会全死，而是半死不活的，过个两三天又恢复一些，但就像人得了病，就变得虚弱，而且长不大。我们经常到化工厂投诉，他们也知道这个规律，总是拖延两三天才来，然后就少赔一点。他们赔偿的时候也从来不说是因为污染，更不会留下字据。赔偿价格很低，最严重的每亩才赔300元。"村民徐在斌说。此外，他还说，二氧化硫还是生猪咳嗽和生育问题的诱因。

由于厂址在村里地势较高的地方，化工厂的废水也会影响周边地区。在魏开祖原来的学校猪场上方，就有化工厂铺设的暗管出口，当初他们家的堰塘就是这样被污染的。姚成英说，自从他们家向化工厂索赔后，这条管就不怎么排放了，只有下雨时会出水。经过仔细巡查，志愿者还发现了两处疑似偷排的管道。有一条位于化工厂西墙边的路基之下，与路边农田间的排水沟相连。我们去看的时候化工厂正在停产检修，这条沟基本上是干的，但有一层白色水印，而残留其中的水是青绿色的。村民说，2013年5月下旬化工厂西墙因为大雨而被冲倒。另外，厂区西北部的新渣场边上有一条断头明渠，明渠尽头是没有任何防护措施的坑塘，水呈茶色，坑塘周边的树大多枯死。

大生化工厂有两个渣场。旧渣场在厂区南边约1公里外，距离村里取水的主要河道约400米。渣场紧贴着农田，而没有任何防护措施。新渣场始建于2011年，紧邻厂区。志愿者在两个渣场都做了采样和检测，发现新渣场两个样本的砷含量分别为58.4ppm和180ppm，而老渣场两个样本的砷含量分别为4.4ppm和"未检出"，磷含量新渣为3.65%和4.91%，而老渣中都未检出磷。可见，溶解性强的砷和磷会随着时间推移，从渣堆中逐渐流失到周边环境中。另外，我们采集了新渣场渗滤液样品，并交由第三方进行检测，得出氟化物为1.36×10^3mg/L，砷为17.2mg/L，分别为《地表水环境质量标准》中五类水相应标准的906倍和172倍。砷含量已经达到《危险废物鉴别标准 浸出毒性鉴别》（GB 5085.3–2007）的3.44倍。

刘冲村笼罩着癌症阴影。本村二组至五组常住人口320人，癌症人数22人，其中18人是2008年之后病逝或病危。究竟是什么原因造成癌症？和大生化工厂有没有关系？姚成英介绍，这里的水有问题。在荆襄磷矿时期，就有人说，这里的水硬度太大，不适合直接饮用。我们调查的几户人家，现在都用桶装水。但得知癌症高发之前，村民喝的是村中河道里的水（俗称"大坑水"）。在2013年5月，村里又多了一名癌症患者，徐在斌的堂兄徐在喜。癌症的高发也许和露天堆放的矿渣和砷含量很高的磷石膏有关，但还需要进一步调查。

当地另外一项长期生态风险是地质塌陷和地下水水位下降。姚成英是土生土长的刘冲村人，她说她小时候村中河道的水位比现在高，有几十米宽，花冲的下游还有两个小湖，而现在看来这些河湖都已经消失，河床和湖床都变成了水田，河道水面只有几米宽。究其原因，姚成英说，这是因为采矿穿透了地下水层，因此，地下水涌入矿道，矿区不得不向外抽出地下水，以便采矿。矿挖得越深，地下水水位就要被人为地降低，而地表的坑塘和地下水是连通的，这就导致坑塘里的水也跟着越来越少。也许若干年后，古时的水乡，水资源会因为采矿而逐渐枯竭。

【点评】

大生选址在村民密集区域建厂，村民因为农作物、树林、畜禽受到大生化工厂的污染损害而索赔成功。一年多后，两位获赔最多的村民被告"敲诈勒索"。地方环保部门曾经对大生进行过多次处罚，但众多村民的搬迁、索赔等合法权利却得不到维护。大生的污染仍未停止，近日复工后，其排放的二氧化硫和氟化物还损害了300多亩水田旱地，导致2人晕厥。不规范存放的磷石膏时刻威胁着村民的饮水安全，并有可能是癌症的诱因。然而，这还不是问题的全部，长期采矿导致地下水位下降，旧时水乡可能面临着一场水危机。

污染索赔是维护公民环境权益，将环境外部成本内部化的重要方式。我国虽然没有明确规定公民的环境权，但是《中华人民共和国民法通则》第124条规定：违反国家保护环境防止污染的规定，污染环境造成他人损害的，应当依法承担民事责任。污染索赔不是一种侵权行为，相反是一种维权行为。这种行为既可以通过信访、调解实现，也可以通过司法途径达到。政府应该鼓励依法维权行为，从而促进企业守法，从根本上维护社会稳定。

在刑事诉讼的过程中，辩护律师通过交换证据，获得了大生化工厂的环境影响报告书全本以及荆门市环保局对该项目的竣工环境保护验收监测报告。其中暴露了两个重要问题。一是大生化工环评报告的"公众参与"部分称，100%的公众赞成本项目的建设，与当前众多村民向化工厂索赔的情况格格不入。一些村民获得环评报告后，重新做了一遍公众参与部分的问卷，结果和环评报告差别很大，而且填写问卷的村民绝大多数没有做过此问卷。二是在项目竣工环境保护验收监测报告的附件中，大生化工厂称卫生防护距离内只有4户村民，并且都搬迁完毕。而现实是该范围内仍有50多户村民。公益律师正发起行政诉讼，试图撤销环保部门的验收报告。

2011年7月8日，钟祥市环保局下达《关于责令大生化工有限公司对存在的环境问题限期整改的通知》，要求大生化工就"办理磷石膏渣场环评手续""严格落实磷石膏堆场'三防'措施""危废按'五联单'制度转移""事故应急池按要求硬化"等问题进行整改。2012年2月15日，钟祥市环保局将大生化工列入重金属砷污染限期整治名单。2013年4月进行的第三方检测也表明，大生新渣场渗滤液砷含量已经达到《危险废物鉴别标准　浸出毒性鉴别》（GB 5085.3-2007）的3.44倍。但该渗滤液池没有任何人看管，也没有任何处理设施，仅有防护设施是硬化蓄水池，也是在2013年5月之后才修筑的。大生旧渣场则没有任何防护措施。

据姚成英说，大生化工厂旧渣场面积达到10亩，以2万元的价格从农民手中永久性"租用"，实际上是永久性改变了土地用途，使之不能再用于农耕。大生新渣场的30多亩土地中，有10亩是占用耕地，租地给大生的农民仍然在领取粮食补贴。根据《中华人民共和国刑法》第342条以及相关司法解释，非法占用耕地、林地等农用地，改变被占土地用途，基本农田达到5亩以上或基本农田以外的耕地达到10亩以上的，则构成"非法占用农用地罪"。

自荆襄磷矿落户刘冲村、磷矿在此地开采50多年来，其地已经形成了采空区，一旦发生地震、暴雨等自然灾害，就有可能引发次生地质灾害。而地下水层被打穿，为了采矿，不得不人为降低地下水水位，村中堰塘和河道无法蓄水，长期来看此地的农业和村民可能面临用水困难。从历史的尺度看，为了几十年的工业发展而造成不可逆的地质和生态破坏，是否值得，令人深思。

卖房悬赏环保局长下河游泳

■ 邵文杰

2013年年初，一则关于山东企业向地下排污水的新闻震惊了世人。在一些公益人士的推动下，公众身边的水污染、水安全问题获得了前所未有的关注度。人们纷纷曝光自己家乡的河流污染，纷纷展示"哭泣的母亲河"的悲惨照片。

在浙江温州等地，环保志愿者发起了声势浩大的"邀请环保局长游泳"活动，这一活动被不少人模仿，甚至有企业家出资20万，悬赏敢于下河游泳的环保局长。

同样是浙江，杭州临安发生了这样一件事。微博账号为@临安陈余千的网友发布消息说是要卖房悬赏环保局长游泳，一时间引起轩然大波，更加没有预料到的是，因为发布这个信息，陈余千被人打伤。

但陈余千说，自己挨打不止一次了。

举报污染十几年

陈余千想邀请环保局长下河游泳的地方，就是他们村的板桥溪。这是一条穿过村子的小河，在村外，人们靠河水浇灌庄稼。但就是这样一条小河，在近几年，却遭到严重污染。污染来自临安板桥镇牌联村的几家造纸厂。据陈余千介绍，这些造纸厂以国外的废纸为原材料生产纸张，产生的污水得不到有效处理，时不时排放到溪水里，严重污染了河水。而陈余千对这个问题的举报已经快10年了。

板桥溪下游7公里处，就是临安著名的风景区青山湖，青山湖同时也是杭州西部城区的饮用水源地。2012年之前，青山湖就经常因为工业污染而影响到水质，导致供水出现中断。

1995年，陈余千所在的村子，渐渐地有了好几座小规模的造纸厂，这些造纸厂大多没有

村里私自开设的工厂产生的污水随处排放，这是后来被取缔了的样子

环评，甚至没有合法手续。陈余千说，厂子的主人都是村里或者镇里有权势的人，有的造纸厂距离住户不到一米之隔。造纸厂污染十分严重，燃烧产生的烟尘未经任何处理便排向空气里，农作物上经常落满灰尘。造纸产生废渣，随意堆弃，占用了农田，有的倒在山谷里，破坏了森林。空气变得十分呛人，噪声污染导致晚上无法入睡。

后来，有的村民发现井水也出现了异味而不能饮用，农田里的水变得毒臭不堪——有村民耕耘回来，发现脚底出现了大片的红痒水泡。庄稼减产厉害，很少有人再种庄稼。

2005年，村民找到造纸厂的主人，也就是村委书记和村主任，协商污染事宜。对方回应，我当村长不拿一分钱工资，不开厂无法生活。

多次交涉无果，几个村民向临安环保局匿名举报了村里的污染。举报也一直没有结果，后来反而举报人遭到了打击报复。

2007年，陈余千向临安环保局实名举报村里造纸厂非法偷排污水。临安环保局执法人员现场核实，采集了几瓶水样就走了，现场没有给村民任何答复。村民要求给出书面回复，临安环保局也没有给出。检测结果也没有，第一次举报以环保局的"沉默"结束。

眼看着污染越来越猖獗，造纸废渣占用了几十亩耕地。陈余千继续向杭州环保局举报，后来在女儿的帮助下，他开设了微博，由女儿负责将污染信息在微博上进行发布。杭州环保局答复，明确要将田里的污染物清理干净，但是后来，只是简单地覆上了薄薄的一层土。陈余千跑到杭州环保局要求处理结果，环保局拒绝给出书面处理结果。陈余千跑去找临安环保局，临安环保局说，造纸厂合法，污水都是达标排放的。

污染没有因为举报得到遏制，反而越来越厉害。村长又开起了塑料加工厂，陈余千说，连工商登记都没有，更不用说环评了。塑料厂污染十分严重，由于采用的原料都是废塑料，一刮风，村里到处都是垃圾。

虽然没有结果，但是陈余千一直在坚持举报。他觉得自己是为了保护家乡，更是为了保护下游的青山湖。

但没想到，举报竟然会让他入狱。

2009年的一天，陈余千去村长的造纸厂找村长理论，但村长态度颇为傲慢，陈余千一急之下就想将控制机器的开关打掉，这样造纸厂就不能运营了。他拿起一根竹竿，打向开关，但被身边的人制止，开关没有打坏，只是旁边的一根线掉了下来。陈余千恼怒地回了家。

没想到一年以后的2010年6月12日，他因"破坏生产经营罪"被判处10个月的徒刑。陈余千认定这是村里对他举报的报复。

出狱后，陈余千没有停止举报。他还经常去北京上访，慢慢也成了临安的重点维稳对象。

开微博引起关注

2011年3月，陈余千的女儿为爸爸开设了微博，并进行管理运营。从此，父女两一前一后演起了"双簧"。

打开他的微博，满屏全是污染举报的消息。女儿不怎么懂得使用微博，她就每天花大量的时间不断@各种可能关注此事的人，大到明星，小到普通公众，她全都吸引对方关注。这样的"辛苦"战术居然十分有效，很快，就有媒体注意到了这条线索。经常有媒体去他们村进行采访，更多社会公众也得以知道当地发生的事情。

陈余千有一阵子不断发微博举报，村里的造纸厂将造纸废渣倾倒在一个山谷里。2012年5月16日，陈余千再次去拍摄偷倒现场，没料到与倒污泥的人打了照面，倾倒污泥的人打了陈余千，还砸了他手里的相机。

陈余千女儿随即报警。临安公安局回复，无法立案侦查，理由是证据不足。但陈余千是递交过证据的，看病的发票，被砸的相机，还有被打伤的照片。

倾倒污泥的地方在一个当地称为"沙塘弄"的地方，周围都是树林，山谷前方用土石拦起一道坝。坝的旁边是一座崭新的垃圾中转站，似乎没有使用的痕迹。站在土坝上，可以看到整个山谷已经快被填满了，两旁的树木大多枯死，废渣散发出难闻的气味。

临安市板桥镇工作人员说，村里的造纸废渣是由临安造纸协会统一安排的，而沙塘弄就是协会统一规定的废渣倾倒处。板桥镇分管工业的童主任说，这个山谷没有任何审批手续，所以倾倒是非法的。而对造纸协会哪来的这么大的权力这回事，临安市政府、临安环保局的工作人员均不知情。

临安环保局执法大队张亦斌说，关于板桥镇沙塘弄倾倒废渣的事情，局里已经做出处理，自2012年5月2日起，禁止任何企业去倾倒废物，环保局要对废渣场地做绿化。

据张了解，造纸协会去倾倒污泥处做绿化，遇到陈余千夫妇，由于记恨陈举报污染让他们没有钱可赚，所以起了冲突。而之前，企业每倒一车渣，他们会收取一定的费用。

临安市环保副局长说，以后废渣不能再乱倾倒，将拉到砖瓦厂综合处理，部分还将进行焚烧。

陈余千去找临安民政局，民政局没有查到临安造纸协会的名字，这是一家非法的协会。原来这是由企业自发组织的协会，但有3人管理，平时为企业提供收费一条龙服务。

关于非法组织如何逃脱监管，污染环境，陈余千一直在追求真相。

由于陈余千一直对村里塑料厂持续举报，2012年年初，所有塑料厂被关闭。

邀请环保局长游泳再被打

陈余千多次举报造纸厂污水直排没有结果，他经常现场拍到造纸厂晚上偷排污水，却难以引起当地环保局的关注。

2013年2月20日，他看到网上有人邀请环保局长下河游泳，于是创造了"卖房悬赏环保局长下河游泳"的行动，这一行动吸引了众人的眼球。要卖的房子是他们家新盖的三层楼，但是一直没有搬进去住，因为窗户经常被莫名砸碎，而且旁边就是一个厂子，实在很吵。陈余千还和老伴住在旁边的旧屋子里。

陈余千发现，村里的造纸厂排污是有规律的。他们有个蓄水池，平时把污水储蓄在池子里，等到快满的时候趁着晚上偷排。但也有例外，比如白天正好满了，也会排放。不排放污水的时候，溪水就是干净的，给人一种水质不错的感觉，临安环保局多次接到陈的举报，看到的都是这种情况，所以他们每次都说污水达标排放。

陈余千说，企业在白天排完污水，有时候会请人拿扫帚清扫河道，他们怕别人发现排污的痕迹。

由于经常在晚上排污，又只有陈余千一个人在呼吁，很多人其实并不明白真相，环保部门也可以堂而皇之地拒绝陈的请求。

卖房悬赏邀请环保局长游泳的微博配发的图片就是现场排污的照片，好的创意对传播起到良好的作用。

但仅仅4天之后，也就是2月24日早上6点多，陈余千打算上山干活。邻居陈菊仙忽然来到陈余千院子里，然后忽然躺倒，大喊陈余千打她。马上就有六七个人冲进陈余千家里，见到他就打。之后又来了好几批人，每次都是好几个人。令人惊愕不已的是，陈余千被打的时候，民警就在旁边，却没有去制止。

临安市公安局青山派出所副所长姜彤接到报警后，负责处理此事。他叙述的事件经过又是另一种情况。

"2月24日，早上6点07分，我们接到报警，电话是陈余千打来的。"姜彤说，案件当

造纸产生的废渣非法堆砌在一个沟里，破坏了森林，污染了地下水，带来了不可预知的危险

村里使用废塑料生产的小厂，给环境带来巨大压力

事人陈余千与陈菊仙两家人，因土地问题协商不了已经"闹"了好几年。从记录看，自2009年开始就有几十次报案。"就因为土地纠纷，围墙的事情。一个造围墙，一个不让他造引发的纠纷。"

根据双方当事人口供，2月24日早上，陈余千将垃圾倒在陈菊仙家门口，这时的陈菊仙一人在家休息，惊醒后十分恼火，便与陈余千打了起来。

"陈菊仙是女的，打不过陈余千，就打电话给她丈夫。"据姜彤描述，陈菊仙丈夫、哥哥以及亲戚赶到现场，陈菊仙丈夫潘夏杉（音译）见妻子被打十分气愤，再次与陈余千发生了纠纷。

此时已经赶到现场的民警立刻进行制止，并将陈菊仙、陈余千分别送往临安中医院与临安人民医院就诊。根据医院检测认定，双方的伤并不是很重。

临安市公安局青山派出所副所长姜彤说，此次事件会作为一个普通的治安案件来调查、处理。

3月份，一家日本电视台的几个记者跑到临安来采访环境保护者被打的事情，陈余千面对镜头，讲述了那段故事。

陈余千说，因为他不是本地人，是后来从杭州迁移过来的，村里人经常排挤他。现在他天天举报污染，而很多邻居都在造纸厂上班，当然不希望厂子受影响。所以他发出邀请环保局长游泳的消息，才会遭人打。至于陈菊仙说的，都不是事实。但是陈余千也说有私下支持他的村民，有的村民跟他说造纸厂污染严重，很多工人因工作环境太糟糕患病，有的甚至去世了。

陈余千带着记者去了村前的小河，用并不流利的普通话告诉记者这条河的遭遇。还说自己接下来要去北京上访，要趁着两会上访。

后来的上访当然被成功拦截回来，但陈余千依然不想放弃，他想打官司。

状告临安市环保局

陈余千不是没有打过官司，他打了很多次官司。有的跟环保有关，有的完全是自己其他利益受到侵害，比如他就因为和邻居的土地纠纷而去过法庭。

陈余千的遭遇经媒体报道后，获得了很多人的关注。有法律工作者就联系上了他，帮他出主意，帮他起诉环保局。

但陈余千的女儿说，自己并不支持用诉讼这一手段，因为之前她们告过很多次环保局，法院压根就不给立案，所以她觉得这条路走不通。

律师告诉陈余千，他们之前是缺乏证据，只要有证据，诉讼依然是最好的维权渠道。父女俩接受了律师的建议，打算继续合法维权。为了让村里免受污染，父女俩继续举报，继续将临安的污染通过微博扩散出去。

2013年4月16日，陈余千以公民身份向临安市环保局申请"临安海达纸业有限公司、临安泰峰纸业有限公司、临安双利造纸厂、临安锦湖纸业有限公司、临安金盈造纸厂的近三年环保局在线监测及环境监测数据"。

2013年5月8日，临安市环保局出具《关于市环保局政府信息公开申请的复函》称，对陈余千申请的信息公开内容不予公开，理由是涉及商业机密。

好端端的环境监测数据，在临安环保局的眼里成了秘密，陈余千决定起诉政府不作为。2013年7月，陈余千一纸诉状递交到了法院，请求：

法院依法确认临安环保局于2013年5月8日对原告陈余千作出《关于市环保局政府信息公开申请的复函》中对临安海达纸业有限公司、临安泰峰纸业有限公司、临安双利造纸厂、临安锦湖纸业有限公司、临安金盈造纸厂的近三年环保局在线监测及环境监测数据之信息不予公开的具体行政行为违法；责令被告立即向原告公开关于临安海达纸业有限公司、临安泰峰纸业有限公司、临安双利造纸厂、临安锦湖纸业有限公司、临安金盈造纸厂近三年环保局在线监测及环境监测数据之信息。

陈余千对此复函不服，认为临安环保局的复函及内容均违法，严重侵犯了原告的知悉环境信息的权利。

陈余千认为，环保局作为国家行政机关，依法负有环境监督监测的法定职责，对上述企业的环境监测数据负有依法向提出申请的原告予以公开的法定义务。被告曲解并错误地适用法律，不对申请人公开，其行为已经严重违反了《中华人民共和国政府信息公开条例》等相关法律法规规定，构成行政违法。

2013年8月5日，临安市人民法院对陈余千"状告临安环保局案"给予受理。

2013年10月10日，陈余千状告环保局信息不公开案正式开庭审理，经历了激烈的法庭辩论，临安环保局及其律师一直辩称造纸企业工艺合格，所以水质不会有问题，并称其实从未对水质进行过在线监测。法庭决定择日宣判。

陈余千明白，民告官其实很难告赢，立案都很困难，别说胜诉了。所以现在能开庭审理已经算是成功了。

民事诉讼途径走不通，行政诉讼却有很多地方可以做。陈余千接连申请了好几项政府信息公开，都颇有收获。

在一次环保局关于污染企业的答复中，他得知，临安市将在年底关闭村里的一家造纸厂，虽然，临安环保局依然不承认这些企业有污染，但他们的行为已经承认了。

陈余千还发现村里的造纸厂非法开挖破坏山体，随即向国土部门举报，国土部门核实后，责令企业停止施工。

陈余千和家人还对"临安环保局行政不作为"进行了诉讼。理由是环保局对污染监管不力，滥用职权。但法院没有给予立案。

与污染企业、环保局的博弈还在进行，只要污染不停止，陈余千也不会停下。

最近，陈余千在环保组织的帮助下发起了公众环境观察活动，他想号召更多的家乡人参与环境保护，守护青山绿水。

这是公民行动的时代，有行动，就有改善。

【点评】

这是一个颇有意思的故事，有点"猫捉老鼠"的味道。主人公陈余千是个老实的农民，他做的一切都是因为女儿在背后鼓励和支持。虽说村里有污染，但他们并没有因此受到伤害，所以他们的行动带有浓厚的公益色彩。不管最初举报污染企业是什么缘由，但这么多年走过来，他们完全是为公众奔走呼告，而在污染的下游，就是杭州人的水盆子。

如果不去管这些事情，陈余千一家只会比现在过得更好，哪怕家乡污染了，他们也可以到杭州去生活。但陈余千就是与污染斗争了这么多年，他们依靠微博这个强有力的武器获得了社会巨大的关注，也成功地利用社会的关注给污染者以痛击。

陈余千一家人都是普通人，在这个谁也不愿意惹麻烦的时代，他们也希望生活不被打扰，多一事不如少一事。但就是一些机缘使他们卷入原本可以撇清的环保战争中去。说他们做了什么了，说到底也就是做了一个公民应该做的事情，尽到了一个公民应该尽到的义务。权益受到侵害，当然要维护，哪怕什么都不懂，哪怕从头开始，哪怕会因此撞得头破血流。陈余千及其家人给每一个中国人上了很好的一课。

在这场环保战争中，微博成了陈余千最有力的武器，也是战争的主战场。因为微博，他才有可能获得社会陌生资源的帮助；因为微博，社会公众才能知道他的遭遇；也因为微博，这场博弈带来了超过预期的社会效益。最后还是因为微博，陈余千获得了新的知识和维权方法，这些新的东西又成为了突破瓶颈的有力武器。

这个故事告诉我们，无论是谁，面对污染，有行动就有改变。而法律赋予公民的权利依然是最值得信赖的伙伴。

农民如何通过诉讼叫停垃圾焚烧厂

■ 赵亮　陈立雯

　　秦皇岛抚宁县留守营镇的潘官营村是一个距离北戴河只有10多公里的村庄，2009年之前，大家都过着相对平静的生活。但是2009年初的一次村委会议中，村委宣布了一个从此打破这个平静村庄的消息。那就是，秦皇岛市政府计划在潘官营村建设秦皇岛西部垃圾焚烧发电项目，村长和书记对这个项目没有异议。但是村民代表对于这个项目是有保留意见的，因为这个项目要占用村里的农耕地。

　　一开始，居民对垃圾焚烧发电厂可能带来的危害认识并不深，主要反对的是征地。因为焚烧厂的建设计划征用村里一部分家庭的农用地和村里的机动土地，对于安土重迁的中国农民来说，这是不可接受的。村民潘庆文首先就是因为土地问题才站出来带头反对。后来，另两位村民潘志中、潘佐富等人又在中央电视台上看见经济半小时播出《垃圾焚烧烧出什么》"世界二噁英大会垃圾处理陷入困境，'二噁英'困扰中国"的节目，他们才知道垃圾焚烧产生二噁英对人体的危害有多大。这个信息让他们惊呆了，他们立刻

潘志中

想办法刻了几张经济半小时节目的光盘发给其他村民看。消息在村子里传开后，反对垃圾焚

烧厂变成了多数村民的共识。

村民代表站出来

另一方面，2009年5月19日，西部垃圾焚烧厂获得河北省环保厅的环评批复，但早在环评获批之前便已开始划地兴建。在村民不断上访和反映之下，抚宁县副县长肖瑞江以村民不得再上访为条件，和村民代表潘佐富主动签订了《信访事项办理双向责任书》，表示将解决问题。2009年9月，垃圾焚烧厂被责令停工。但停工的状态没能持续多久，村长乔晏利利用2010年3月23日潘官营村大队开会讨论垃圾焚烧厂是否兴建的机会，把28位参会人员领取10元开会补贴的签名，当作"村民赞成建垃圾焚烧厂"的凭证向上级提交。同年的5月1日，秦皇岛市和留守营镇的领导来到潘官营村，声称"垃圾焚烧厂完全无污染"，但却要求潘官营村民要"舍小家保大家"，支持项目建设。该月月底，停工8个月的垃圾焚烧厂复工。

走上法律维权的道路

面对市、县、镇三级政府以及村委领导都强行助推西部生活垃圾焚烧厂上马的态势，村民有些绝望了，他们知道自己想改变眼前形势犹如螳臂当车。这时有人提起在经济半小时栏目中提到的六里屯垃圾焚烧厂的案例，想到了他们可以同样采取行政复议的方式保护自己的合法权益。只是，什么叫行政复议，又该如何提起？此事确实超出这些文化程度不高的村民的理解和能力范围之外。这个工作只能委托律师来做了。他们开始在秦皇岛寻找律师来帮助他们维权。但是当他们向一些律师事务所提出自己的请求时，无一例外地都遭到了拒绝。因为和政府申请行政复议或者打官司，当地的律师事务所没有一家敢接这块烫手的山芋。

后来，潘庆文、潘志中和潘佐富等人便上北京找到了著名的环境律师夏军，寻求他的帮助。为何要找夏军呢？因为夏军在过去10来年的时间里，一直参与环境案件，尤其是通过法律渠道帮助受害者维权。在六里屯反垃圾焚烧案例中，夏军也是作为指导律师的。于是，他们开始了上京，寻找法律救济之路。

潘志中曾讲述在去寻求夏军帮助时的心情。他说如果夏军不同意帮助他们的话，他想就是下跪也要得到夏军的帮助。但是不需要下跪，夏军在听完他们的故事后，当时就答应了他们的请求。从此，这个小组便开始了上京与夏军和其他外界资源沟通的漫长之路，在夏军律师的建议和协助之下，潘庆文等8名村民代表在2010年8月对河北省环保厅的《关于浙江伟明环保股份有限公司秦皇岛西部生活垃圾焚烧发电项目环境影响报告书的批复》（以下简称

"批复"），向环保部申请行政复议，要求撤销该批复。

在之后的几个月，他们频繁往返于秦皇岛和北京。一方面与夏军律师探讨案件的进展，另外一方面拜访北京各方面关注垃圾焚烧问题的专家和环保组织。在夏军的联络下，他们去拜访了支持民间环境维权的赵章元。赵章元是原中国环境科学院研究员，主要是做污水问题研究的。2003年曾经检测过北京市的所有填埋场渗漏现状，从此之后开始关注垃圾处理问题，尤其是垃圾焚烧的污染，曾经向大量受垃圾焚烧污染困扰的居民做科普并帮助他们。找到赵章元后，赵老师建议他们去向环评批复方申请环评报告，只有拿到环评报告才能看到项目的详细信息。

但同年12月17日，环保部作出的行政复议决定是：维持河北省环保厅的环评批复。

企业因环评作假被停建

2011年1月，潘庆文等4名村民代表以缺乏完善规划、审批程序不当、环境风险过大及环评内容错误四大理由，将河北省环保厅告上石家庄市桥西区法院，要求撤销该厅的环评批复。

同时，夏军也在帮忙联络北京关注垃圾焚烧问题的环保组织，他想，至少从专业知识和传播上，他们是能够给潘庆文等人一些帮助的。2011年1月，潘庆文、潘志中和潘佐富再次来到北京，与夏军商量如何继续向环保部举报的问题。夏军知道环保组织自然大学有个垃圾学院，每隔一周都有关于垃圾问题的讲座。提前联络好讲座负责人后，夏军和潘庆文等3人，在2011年1月8日，在垃圾学院讲述他们的故事。非常碰巧的是，这个讲座中来了一位《凤凰周刊》的记者商华鸽，记者对这个由一些农民组成的环境维权案例非常感兴趣。就这样，商华鸽亲自到了潘官营村，详细了解了前后情况。2011年2月，商华鸽在《凤凰周刊》发了一篇名为《秦皇岛农民垃圾焚烧阻击战》的文章。这个案例，引起了更加广泛的社会关注。

在诉讼进行中，河北省环保厅于2011年3月责令该项目暂停施工。在法庭审理的过程中，河北省环保厅提供了许多关于焚烧厂建设和环评的相关文件，其中最为关键的证据是西部垃圾焚烧厂的环评报告全本，并在该全本中附上了100份公众意见调查表。

一眼望去，100份调查表显示"被访者"全数赞成建设焚烧厂。以潘志中为首的一些村民开始拿着这100份调查表去找签名人逐一核对。当村民逐一核实调查表后，发现有15人根本不是村里居民，早已死亡的1人，已离村多年的13人，因罪潜逃8年的1人，重复填写调查

被叫停的焚烧厂厂房

表的1人；剩下69份调查表虽确有其人，但"受访者"本人都称自己既未见过该表，更没有填写和签名，而且他们都不同意建设垃圾焚烧厂。

周边受调查的几个村庄村委会也出具了他们不同意建设秦皇岛西部垃圾焚烧发电项目的意见。

这样，村民将核实过的调查表及其他相关证据提交给法院，以证明焚烧厂建设单位和评价单位在环评公众参与环节弄虚作假。这样的"硬伤"让河北省环保厅很识相地在5月27日自行撤销了对西部垃圾焚烧厂的环评批复，同时要求在环评报告重新上报和获得批准之前焚烧厂不得施工建设。6月8日，村民们向法院撤回起诉。

反对通过上市环保核查

有了上一次焚烧厂停工后再复工的经验，村民知道停工不代表停建，尤其是2011年9月7日，环保部受理浙江伟明申请首次公开发行股票环境保护核查，更让他们感觉到即使抓到了环评造假的硬伤，却无法撼动这个大公司分毫。于是，他们决定把战线扩大到焚烧厂的建与不建的问题上。

在夏军的指导下，同年9月14日，潘志中和潘佐富向环保部申请行政复议，提出环保部在对浙江伟明上市环保核查认定结论、程序适用、操作环节上存在问题，要求环保部撤销受理其环保核查的决定。同时，包括自然之友、达尔问自然求知社在内的五家环保组织于9月16日联名致信环保部，提出浙江伟明在其申请环保核查的报告中，未披露西部垃圾焚烧厂环评报告因公众参与造假被撤销批复一事等数个理由，呼吁环保部暂缓批准该公司的上市申请。即使如此，环保部仍于12月14日同意浙江伟明环保股份有限公司通过上市环保核查。为此，潘志中和潘佐富于2012年5月18日向北京市第一中级人民法院对环保部提起行政诉讼，请求法院撤销环保部让浙江伟明通过上市环保核查的决定，无奈这一诉讼未被法院受理。

此外，对于西部垃圾焚烧厂环评单位中国气象科学院在环评报告中出现的技术错误和公众参与造假行为，潘志中等人也在2011年3月9日向环保部递交了对中国气象科学研究院违法环评的举报书。同年6月20日，达尔问自然求知社、环友科学技术研究中心等五家北京环保组织致信环保部，就其在两份环评报告"公众参与"篇章造假的行为，申请取消中国气象科学研究院的甲级环评资质。9月20日，环保部做出答复，认为潘志中等人提供的举报材料不能说明环评机构存在严重违法违规行为。

企业不死心

2012年年初，当环保部通过了浙江伟明的上市核查后，该企业又开始蠢蠢欲动。他们主动找到潘志中和潘佐富，尝试游说两人同意他们重新启动这个项目。知道潘佐富喜欢喝酒，浙江伟明的人还带了一箱子好酒来想和潘志中和潘佐富边喝边聊，但是潘佐富当时直接拒绝了他们的"好酒"。然后说明自己的立场：酒可以喝，但是焚烧厂不能继续建。你们在建设之前怎么不来和我们"喝酒"，不来询问这些最直接的利益相关方农民的意见？随后，潘直接将他们赶出了家门。

潘志中也同样是个意志坚定之人。潘庆文最初找到潘志中时，潘志中就表达了自己的决心，要么不参加，参加了就一直做到底。当他们诉讼河北省环保厅的案子有结果了后，全村村民备受鼓舞。另外一方面，镇和市级政府也面临着很大压力。他们曾经多次请中间人向潘志中示好，甚至是"贿赂"，说只要他们不再反对这个项目，可以给他们分配在市里的楼房，还有多少的奖金。面对这些诱惑，潘志中一口回绝了，并明确表示，要么停建焚烧项目，要么继续打官司。家里人也奉献了无私的支持，在他们因为官司的事情需要说走就走之时，潘志中的儿子就充当了随叫随到的司机，每次都将他们送到火车站。

相对于潘志中的坚持，潘佐富在面临任何状况时，也一样毫不退缩。为了打官司，随时可以上京或者石家庄，他放弃了之前一直在外面跑小买卖的生意。为了准备好上京的路费，他承包了别人的土地，开始种菜。农忙时种菜，冬天闲下来时，就开始跑官司的事情。就这样一直坚持了3年。他们甚至都做好了长久"抗战"的准备。

深受父亲们的影响，潘志中和潘佐富的孩子们改变了之前上网只是打游戏的习惯，注册了微博，随时对外界发送潘官营村发生的有关垃圾焚烧厂的信息。同时关注外界关于环境事件的发展。

三人中的另外一位潘庆文，是最初的倡导人，被潘志中和潘佐富称作二叔的老人，从2009年参与法律维权的时候，就60多岁了。从最初的领导者，变成了现在只能卧炕不能自理的老人。去年的一次拜访中，老人提到，碰到这样的事情，村里面肯定要有人牵头，不只要有牵头人，还要有一个团队，找到一些意志力比较坚定的人一起来面对诉讼过程中的一些问题。最初找人的时候，越多越好，因为可能随着时间的推移，最后剩下的没有几个人。还有就是诉讼的过程中，为了防止不被立案，提起诉讼的时候，可以是一个人，或者两三个人。

土地使用问题

虽然在针对浙江伟明和中国气象科学院的行动中遭受挫折，但潘官营的村民又开辟了一个战场，即努力将带领他们反建垃圾焚烧厂的潘志中送上村委主任的位子。村民对于原村长乔晏利罔顾村民反对建垃圾焚烧厂的意见，且屡次造假协助该厂强行上马的行为不满已久，因此想利用2012年年初村委换届选举的机会将潘志中选为村主任。但支持乔一方的原村委领导不顺应民意所向，所以他们拖延选举不办，村民继而多次前往镇、县政府上访，要求"还我选举权"。耐不住村民的行动施压，村委和镇终于在2012年的11月29日举办村主任选举。

然而，选举当天，或许是眼见潘志中胜选在望，马永胜（亦是当地村民）等人强行进入第五村民小组的投票室，将正在投票的村民赶出室外，且强行拿走选民登记表和选票，选举因此被迫中断。参加选举的村民于是围住到场的镇领导和镇派出所主管讨说法，直到派出所主管承诺抓捕破坏选举者后才散去。此后，支持潘志中的837位村民自发在请愿书上签名，声明支持潘志中当村主任。这些请愿书随后被送到镇政府民政局，但被以不符程序为由拒收。

12月24日，潘志中接到镇里通知，村主任选举将在12月29日重新举办。两天后潘志中等人前往镇里，向镇人大主席茹学军要求公正选举并提出监督选票和开票的要求，但未被茹接受。同时，村里也传出，破坏上次选举的一方正以100元至400元不等价钱收买村民的选民证的消息。在这些因素影响下，多数村民不承认这次选举具备公平竞争的基础，因此均有意抵制不投票。选举当日，约有200位拒绝投票的村民聚集在投票处外，等到投票结束要开票时，工作人员闭门开票不让村民进入监票，再加上村民看见上次破坏选举的马永胜等人赫然在开票的工作人员之列，村民累积已久的不满就此爆发，大伙冲入投票所内要求到场的茹学军给说法，并从工作人员手中拿走选票，以作为选举舞弊造假的证据。在这波冲突下，潘官营村的村主任选举再次流产。

今天，当一位普通游人来到秦皇岛市抚宁县留守营镇潘官营村时，一定会被东南方向那座矗立在田野中的、貌似烂尾楼般的垃圾焚烧厂"半成品"所吸引。它的存在一方面说明发生在这里的环境邻避运动尚未尘埃落定，只要这副钢筋水泥架子存在一天，便可能引发新的争论和冲突，也可能促进和解和改良。另一方面，它也如同一座丰碑，象征着当地农民已取得了不起的成就：只要敢于和善于运用法律武器和各种外部资源，即便是一些社会经济地位不高、许多专门知识不足的人群仍有可能成功维护自己的环境权益。

现状与启示

烂尾垃圾焚烧项目还在那矗立着，但是近日有好消息传来，留守营镇政府计划近期拆除这座烂尾楼。烂尾楼拆掉的那天应该是潘官营村真正放下心的那一天。

本案例也折射出农村环境维权，尤其是诉讼取得突破或者进步的一些必要条件。首先，有一组带头人是运动持续推进的关键。在本案例中，潘庆文、潘志中、潘佐富是村民环境维权的核心。即便在潘庆文中风病倒、退出领导角色之后，另外二人仍然能够肝胆相照、长期坚持、共同进退。我们看到，环境邻避运动常常会造就出一些"风云人物"，但时间久了，原本的一群积极分子到最后可能会变成孤家寡人，也有的从一开始起事者便是单打独斗，疏于考虑维权队伍的组建和发展。这种带头人长期孤立无援的现象往往会导致运动衰退和最终失败。

其次，运动要有比较好的群众基础。群众基础的来源可能是多方面的。在本案例中，反对焚烧厂建设的行动若没有其他村民甚至是隔壁村庄居民的支持，根本不可能取得突破性进展。而潘志中和潘佐富二人之所以能够获得这样的支持，除了他们既有的关系网和一定的威望外，和对立一派长期以来在各种村务上给村民带来的压制有很大关联。有压制就有不满，不满积蓄多了，在一定条件下就会转化为某项具体维权活动的民意基础，即便该项活动还未对村民产生直接的危害。

再次，运动的推进需有勇有谋。用潘佐富自己的话说，环境维权"七分勇、三分谋"。

勇气的重要性不消说，尤其对于农村地区的环境维权而言更是如此。本案例中的潘志中和潘佐富几乎就是抱着"向死而生"的态度坚持下来的。但也不能小看这三分谋的作用，因为只有走对了路子，取得了实效，才能得到周边群众更多的支持，坚持斗争的勇气也会随之提升。在这一方面，三位带头村民在关键节点都做出了明智的选择。例如：在运动之初，他们利用国家级媒体的信息，用最简单的方式将垃圾焚烧厂的污染风险迅速传播给了村民，因而很快获得群众支持；在上访老路行不通的时候，他们很快地寻求律师的帮助，走上了法律维权的道路，更抓住了"理性抗争"这一道德制高点，很容易被外界所接受；他们非常注意和外界各种积极力量接触，特别是学者、媒体记者和环保组织，这让他们的运动可以获得更多的外界关注和支持，同时也对对立派形成了有效压力。

今天看来，潘官营村农民的反焚运动不仅成功中止了一项具有高污染风险的垃圾处理设施的建设，保护了他们自己家园的环境，而且增强了当地农民依法维权的自觉性和能力，这对当地社会的发展而言是一种积极的变化。同时，它也像许多其他邻避运动一样产生出强大的积极外部效应。自潘官营村居民成功揭露建设单位和评价单位环评造假之后，环保组织和媒体再接再厉，进一步向有关部门问责，进一步广泛传播，使得环评工作不独立、不负责任、弄虚作假等制度性问题得到了更多的社会关注，它的进一步改革已经迫在眉睫。这是环境邻避运动给整个社会留下的又一份珍贵遗产。

【点评】

在这个案例中，潘庆文、潘志中和潘佐富三人组合很完美，既有看问题非常理性的潘志中，也有勇于出头的潘佐富。但是这个案例中，外界力量的介入也是关键因素。诉讼环保部门时，他们找到了曾经参与过多起环境诉讼案的夏军律师。对于法律和环境问题的指导，夏律师是他们在诉讼过程中最好的军师。

同时，他们还找到了敢于为公众说话的环保专家赵章元，他直接指导潘庆文等人如何从环境角度认识这个案件。环保组织通过举办讲座，给环保部门发公开信反映环评问题，在传播上也给这个案例增加了很多关注度。

"民间河长"的全国第一案
——蔡长海诉龙兴光环境公益民事诉讼案

■ 鞠秀玲

　　我面前黄成德的办公室简单得"出乎意料"，七八平米的空间，除了摆放了几张桌椅外，其他的都是各种档案资料，这些就是他多年推动环境问题之后收获的"财产"。

　　黄成德究竟是怎样一个人，他创建的贵阳环境公众教育中心在这次诉讼中又扮演着怎样的角色？

　　当记者至今30多年，拥有6万多忠实读者，一直在做环境报道，曝光了难以数计的污染问题，但没有遇到一例投诉。黄成德自我评价是个"时刻都把自己放置在被告席上"，对所报道的每件事情都需要谨慎负责的人。他在博客中同时这样描述自己："贵阳日报传媒集团高级记者，一个为无助的地球四处奔走的环保志愿者，一个穿越了西部所有无人区和沙漠的寻梦人，一个相机从不离身的摄影家，一个痴迷越野车的发烧友。"

　　这大概就是黄成德。而他所创办的贵阳公众环境教育中心，似乎也继承了这种"行动气质"。

　　2013年12月20日，我来到贵阳，探秘在2012年曾被评为"2012十大公益诉讼"的全国首例个人提起环境公益诉讼案，报业大厦17楼，位于贵阳老市区的黄成德的办公所在地。

　　中午11:30，我走进办公室，皮肤黝黑，戴着眼镜，头发短而薄，黄成德本来站立着，这下身子前倾过来，握手，动作干脆利索。这个男人，如贵阳的气候一样"爽爽的"，一点也不像59岁的年纪。就在这样一个氛围和环境里，黄成德为我讲述了一年以前发生的那场诉讼。

·

庭审现场

一场由"河长"开始的诉讼

2012年9月6日，贵阳清镇市人民法院环境保护法庭（现改称"生态保护法庭"）开庭审理了由贵阳公众环境教育中心（以下简称"中心"）环保志愿者蔡长海作为原告方，起诉被告龙某污染清镇市东门河、猫跳河等水域环境，要求被告赔偿治理损失费107.3万元的案件。这场诉讼在此后一年多的时间里，曾被媒体反复提及。根据环保法庭庭长、审判长罗光黔的解读，它的意义在于"冲破了立案要求'原告必须与本案有直接利害关系'这一藩篱，再次令公益诉讼研究者和实践者耳目一新"。

假如每件事情的发展都会有一个起点和由头，那么原告蔡长海肯定是其中重要的一环。蔡是一家印刷厂的普通职工，家就住贵阳市云岩区，大多时候都是晚上上班，白天休息。爱好摩托车骑行的蔡长海，同时是30多名摩托车骑行队的队长。长期的骑行经历，让这位声音洪亮的汉子做事雷厉风行，这似乎也冥冥中成就他要成为"焦点"。其实在诉讼之前的很长一段时间里，蔡就开始担任环保志愿者，而2011年4月，蔡长海更是与中心签订了河流认证责任书，正式"走马上任"，成为了东门河、猫跳河、麦翁河、麦包河、一道沟5条河的"河长"。

虽然只是名义上的"河长"，但蔡长海较了真。每个月，他都会抽出一天时间，骑上他的黑色望江250摩车，带上相机，"呼呼啦啦"地像一阵风似的沿河巡查河流污染情况。巡河的工作并不轻松，有的地方车子过不去便步行，一趟下来，至少五六个小时。"简单说就是沿着河边走边看"，一旦遇到排污或水质变化，确认后就上报中心。

一切都进行得有条不紊，事情发生在蔡长海成为"河长"的第二个月。后来有老乡告诉他，就在2011年5月28日的深夜，"东门河、猫跳河出事了"。在董家田村附近经营屋面防水胶厂的龙兴光，小名龙老四，因为存储的30余吨有毒化工废液被工商部门查扣。为逃避处理这批原料需要支付的罚金，龙老四竟然将废液偷偷直接排入污水沟，不料却被附近巡逻的公安人员逮个正着。尽管违法行为及时被制止了，但是其中8吨有毒废液已经进入了污水沟。

得知自己"管辖"的河段被污染，"河长"蔡长海既是担忧又是气愤。"我平时巡查并不去这条小河沟，但河边很多居民都知道我，于是就有人告诉了我。"蔡长海回忆。待他去看时，河边植被已经开始枯萎。

此后，蔡长海长期关注事情的进展。先是得知这些废液已经由相关部门取样，并送往贵州师范大学检测中心检测，检测结果发现排放的废液中致癌物苯的含量达1 476.82m g/kg，超过三类水域安全标准147 682倍，而苯酚超标3 180倍、苯并芘超标2 771.4倍。苯并芘是具有强致癌性的有机化合物；苯也是一种致癌物质，对中枢神经系统会产生麻痹作用，引起急性中毒；苯酚是具有腐蚀性的有毒物质，能使蛋白变性，对皮肤、黏膜具有强烈的腐蚀作用，可抑制中枢神经系统或损害肝、肾功能。正是据此原因，2012年6月，清镇市环保法庭以污染环境罪和非法经营罪对其数罪并罚，做出执行有期徒刑两年半并处罚金10万元的判决。

因这次违法行为前前后后折腾了一整年的龙老四，当时还"待在派出所"，甚至还没来得及服刑，就再次被告上法庭。案件于2012年7月30日被贵阳清镇市人民法院环境保护法庭正式受理。这次起诉他的，正是"河长"蔡长海。需要进一步陈述的事实是，龙老四排污的河沟是东门河的支流。而东门河下游流入贵阳市百花湖，百花湖是贵阳"三大水缸"红枫湖、百花湖、阿哈水库之一。据资料统计，百花湖供应着几十万市民的饮水，地位极其重要。排污实际上已经给贵阳市民的饮用水源带来了污染。

另外，据蔡长海表述，"我们最初想着案件已经处理，不再多事了。但后来发现，很多村民（像龙老四只有小学文凭）都没有环保意识，他们认为"上游倒垃圾、下游使用河水，是千百年来理所当然的事"。可想而知对于此次判决，蔡长海和其他河长们并不"解气"。更何况，在长达一年的案件审理过程中，已经造成的环境损害并未得到及时的修复。

于是"河长"们决定继续状告龙某，但起诉主体是关键问题。"我们曾想过以摩托车俱乐部或贵阳公众环境教育中心的名义起诉，但感觉这两者和河段都没有直接关系。"他解释。

在队友建议下，蔡长海决定以个人名义起诉。"我是该河段河长，按照协议对该河段负责。"于是，蔡长海以个人名义向贵阳市环保法庭起诉龙某，要求其承担经技术人员鉴定治理8吨废液需耗费的107.3万元。

尽管决定起诉看似是一件冲动的事情，但在蔡长海看来，他只是"冲"在了官司的最前面，而背后，是一大群志愿者和包括环保局在内的政府机构，"我没什么担心的，因为我不是一个人在战斗。"

不是一个人在"诉讼"

这场蔡所说的不是一个人在战斗的诉讼，最大的困难还是起诉主体的问题。值得特别提到的是，受理该案的贵州省清镇市人民法院环境保护法庭于2007年11月成立，该庭在环保审判中积极开展环境公益诉讼，善于"打破常规"。早在2007年12月10日，贵州省贵阳市人民政府所属"两湖一库"管理局作为原告，向清镇市人民法院环保法庭提了环境污染损害诉讼，要求当地天峰化工公司停止排污侵权。清镇市人民法院环保法庭当庭判决："被告应在判决生效之日起，立即停止使用尾矿废渣场，停止尾矿废渣场对环境的侵害，并于2008年3月31日前消除对环境的影响。"清镇市环保法庭，因此"名震一时"。

"两湖一库"污染案不仅是清镇人民法院环保法庭的首例环保公益诉讼案件，也被评为2007年全国最有影响的公益诉讼案件之一。"此案判决确认了行政机构在环境公益诉讼中的原告资格，突破了在普通诉讼中原告必须是'直接利害关系人'的限制，扩大了原告范围。"庭长罗光黔说。

尽管"不走寻常路"，并且截至2012年处理过约500起的诉讼案件，但针对眼前的案子，环保法庭面临的第一个难题是，按照《中华人民共和国民事诉讼法修正案（草案）》中的规定，对环境污染、侵害众多消费者合法权益等损害社会公共利益的行为，有关机关、社会团体可以向人民法院提起诉讼。因此，按照这样的规定，似乎只有贵阳市两湖一库管理局、环保局、林业局、检察院等四家单位才有诉讼主体资格。那么，这场诉讼，当时是如何进行下去的呢？带着这个疑问，我拜访了代理律师郑世红。

在贵州天一致和律师事务所，我见到了郑世红律师。据悉，郑世红律师从2008年担任贵州省律师协会环境专业委员会秘书长之后，参与和推动了一系列环境公益诉讼，并且成为贵阳公众环境教育中心志愿者，推动信息公开以及相关的法律咨询。问起介入环境公益诉讼之后的感受，年近40的郑律师坦言"并不轻松，需要有一定经验的律师才能更好地胜任"，主要的原因是，"公益诉讼涉及社会面更广，需要承担的舆论压力更大"。

针对如何"绕过"环境公益诉讼主体的限定，他给我揭开了这个"谜团"。郑律师提供了一份代理词，其中有一段这样写道：

"贵阳市绿色江河全民保护行动"即是该中心发起的一项环保公益活动，该活动以贵阳市行政辖区内的98条河流的环境保护与污染防治为目标。蔡长海参与了该项活动，并与贵阳公众环境教育中心签订了《河流认领责任书》，自愿认领了清镇市境内的东门河、猫跳河等河流，取得了贵阳市环保局、贵阳市水利局等单位发放的"贵阳市绿色江河全民保护行动"巡查监督证，有职责和权力对污染其认领河流水域环境的行为进行检举、控告等。

——《蔡长海诉龙兴光环境公益民事诉讼代理词》

在代理词中提到的蔡长海签订的《河流认领责任书》以及取得的贵阳市环保局、贵阳市水利局等单位发放的巡查监督证，正是诉讼得以开展的重要依据之一，也是"绕过"起诉主体资格限定的一个"旁门左道"。郑律师直言："假如蔡拒绝起诉，那我们其他人谁也没办法起诉。"清镇市环保法庭庭长、审判长罗光黔就表示，对原告公益诉讼资格的认定是基于其作为环保志愿者，认领了相关河流水域，对相关河流水域的环境保护负有责任。

关于原告资格问题，2013年5月郑世红发表了《论贵州环境保护之环境公益诉讼》一文，其中明确表明："环境公益诉讼的原告具有不特定性和广泛性。传统的诉讼法理论要求提起原告必须是与案件有直接利害关系者。但环境问题具有其特殊性，环境与每个人都密切相关，它直接关系到人们的生命、健康和社会经济的可持续发展，环境问题的形成以及其影响不只涉及个别人，而是涉及不特定的人，有时甚至无法确定受害者。因此，环境公益诉讼的原告即公益诉讼人，应确定为无直接利害关系的不特定个人和组织。"

看来支持"不特定的个人和组织进行公益诉讼"是郑世红律师一贯的主张。有趣的是，代理词中另外一段话格外引人注目，"支持起诉单位贵州省清镇市人民检察院"，"委托代理人王馨"。郑世红律师特意解释说："人民检察院就是当时公诉龙兴光的机关。"检察院作为支持起诉的机构，无疑是"靠山"，让起诉方"底气更足"。

2013年9月26日，原告蔡长海诉被告龙兴光水污染责任环境公益诉讼一案公开开庭审理。原告蔡长海，委托代理人白敏、郑世红，支持起诉的单位清镇市人民检察院，委托代理人王馨，被告龙兴光到庭参加诉讼。从判决书可以得知，当时被告龙兴光辩护主张是，已经公诉机关提起公诉，被法院判处刑罚，已经得到了应有的处罚，作为个人的原告没有资格再提起该赔偿诉讼，并且原告所提到的117.3万元的赔偿要求是假定损失而并非事实损失，故原告的诉请没有法律依据，请求法院依法驳回原告的诉讼请求。

法院根据《侵权责任法》第4条、第65条的规定，侵权人因同一行为应当承担行政责任或刑事责任的，不影响依法承担侵权责任，因此被告"不应再承担民事赔偿责任"的意见不予采纳。另外关于如何合理确定被告承担赔偿的具体数额，法院综合考虑了三种计算方法后认为，判决被告承担上百万的损害赔偿客观上难以实现，其中原告主张的以"治理费用作为被告应承担赔偿的具体数额的计算方法（也就是117.3万元）不适宜于本案"。最后，法院采取的计算方式是，因环境违法所得的经济利益，包括推迟依法行事所获得的利益和避免支出的费用，即污染者所节约的成本。按照这个方法，被告因为排放30吨有毒废液节约了处理费用30万元，因此，"以此作为被告应承担的损害赔偿数额较为适宜"。并且将赔偿款放至清镇市环境保护局环境公益资金专用账户，用于治理被告所损害的生态环境。

最后判决如下：

一、被告龙兴光承担环境污染损害赔偿款人民币30万元（支付至清镇市环境保护局环境公益资金专用账户）；

二、驳回原告蔡长海的其余诉讼请求。

被告龙兴光没有选择继续上诉，至此，这场因污染诉讼才算尘埃落定。

【点评】

"贵阳就这么大，即使你不喝污染了的水，那么也许你的家人也要喝，你的家人不喝，你最好的朋友，你的下属，你的同学，邻居总有人要喝吧？保护河流，不只是在讨论一个政治上的事情，是在讨论我们自家水缸的事情。我们自己家里水缸污染了，你说，我们该怎么办？"在一次政协会议上，黄成德曾这样"放炮"，直言建议政府需要更加紧迫地推动河流治理。

黄成德的努力是有成效的，其中从2010年开始，黄成德一手创立的草根民间环保团体贵阳公众环境教育中心，取得了市政协和贵阳日报传媒集团的支持，动员市民志愿者"认领"贵阳市的98条河流，并得到市水利局和市环保局的支持和参与。两年来出动环保志愿者（包括部分政协委员、人大代表和新闻记者）6 000多人次，对全市所有江河湖泊进行了大规模的水环境调查和逐条河流每月一次的巡查。

郑世红律师和蔡长海也都不约而同地提到黄成德，而在这次诉讼中"隐身"的黄成德坦言，自己是政协委员，能够最大化地协调各种社会资源。这场诉讼对于一直在幕后做推手的贵阳公众环境教育中心来说，或许是"小菜一碟儿"，能够协调人民检察院"撑腰"，也有当地环保局开设环境公益资金专用账户，而对于其他任何一个民间公益组织来说，这些都不是一件容易的事。但是，"每个城市都有许多像我这样拥有一定资源的人，只要其中几个能够担当起来，事情就会变得简单许多"。

而我邀请郑世红律师谈谈自己做这些公益诉讼的感想时，他笑得很爽朗，"公益诉讼只是手段，虽然有效，宣传面、触动性更大，可以用，但不是追求，不是最终目的。都是为了更好的贵阳，我们还是希望以后诉讼少些，这样环境好些"。

当我最后想着怎样结束这个故事时，我想起黄成德老师的2008年写下的第一篇博客，其中写道："十个月时间，跑了西部十二个省、自治区，行程四万公里，首次单骑西部万里行，越来越清晰自己的人生定位。如果说为弱势群体呼吁是一个记者的良知，那么，为我们人类的地球家园奔走则是一个记者的天职。"正是有了像蔡长海、郑世红、黄成德等这样具体的人，为了地球家园奔走，我们的环境才会更好吧。

一个人的太湖保卫战
——吴立红涉嫌"敲诈勒索"案

■ 鞠秀玲

1968年，吴立红出生在太湖边上的周铁镇。这里属于宜兴市，又是常州、无锡交界的地方。农田，果园，零散的房屋，架在溪流上的小石桥。幼年的他喜欢和父亲在太湖边捞鱼，爱养些花花草草，在秋季红绿相间的橘子挂满枝头的时候爬到树上挑长相饱满的摘进篮子。而他采的，偏偏是最甜美多汁的。

青年时期的吴立红

20世纪80年代末，吴立红高中毕业进入当地工厂做工程设备推销员。在此后的十年，他办过一些小厂，20世纪90年代初，进入一家乡村大企业成为供销副经理。也正是从那个时候开始，他匿名举报当地污染企业。

对于太湖和溪流的照管是一种习惯。1991年，他注意到小河中流动着多种颜色的水，散发出有点发酸的刺鼻气味。

这是故事的发端，而站在幕后的吴立红在今天成为环保界一个很敏感的人物，他走到了整个环保界的前端。他没有专业的技能，却依靠着固执独一的态度一路向前驰骋。其中遭遇的苦难外人不得而知。而在外媒引起的动荡，也绝对比国内更波折迭起。因为他独立，他自主，他孤身奋战，他不以此为事业，不依附于此，他是一个生活在太湖边，守着三亩地的普通农民，却象征了外媒眼中最崇高的人权主义。

他的奋战也是单调的，他的环保路线就是"举报—被打—举报—被抓"这样的一个循环里。这个循环，的确给太湖带来了希望，许多污染大户转移工厂到苏北地区，依旧留在太湖畔的，也有所收敛。他现在在家里依旧每天去太湖边查看水的情况。他的身体有些水肿，声音高亢洪亮。

台前，幕后

1998年10月，国家开展治理太湖的"零点行动"，他为行动小组带路，充当开路先锋。

12月31日，央视30多位记者，国家环保总局官员偕同江苏、浙江、上海各级党政机关领导以及1 000多名执法人员同时出击，组织了2 000多辆执法车辆进行突击检查，使当地多家化工企业污染环境的非法行为被曝光查处。他深入八百多家企业搜集非法排污证据向上举报，散发数百份省环保厅印发的《环境违法行为有关行动指南》，让群众参与举报。

零点行动让吴立红登上"前台"。他不用再像之前那样有所担忧匿名举报。他的调查还是在幕后——幕后更矛盾的拉锯与抗争。

1999年春节，吴立红和亲友围坐在客厅的餐桌旁饮酒刚到兴头，菲达化工厂带几个人冲进他家门，眼睛瞪得老大目不转睛盯着他，质问为什么要跟他们厂过不去。

傍晚时分吴立红接到一个电话："你再多管闲事，给你一起车祸是很正常的。"此后吴立红家里就很难清净。经常有人砸碎他家的玻璃，半夜偶尔有恐吓电话打入。

2000年，原周铁镇派出所所长许小平先后五次上门缉拿吴立红。未果。

2001年4月下旬，吴立红与另一位环保志愿者、江苏政协常委邵大平，搜集了上百家化工厂非法排污的证据呈递给全国政协，很快中央领导有了批示。当年9月，时任国务院副总理的温家宝同志亲临信件中反映的江苏宜兴周铁镇，调研环境问题。

就在总理来的前20天，周铁镇的水变清了。镇上所有化工厂停工，工人开始全面打扫卫生，穿同一工作服，污染的河水被抽出一些并注入清水，在水里撒上石灰粉澄清，甚至有人往里投放几万尾鱼苗。温总理走后的隔年，吴立红再次遭受调查。

2002年7月，宜兴3 000亩水稻被污水毒死，当地有关部门上报受害面积仅30亩。吴立红看到后很气愤，言之凿凿要上报至国务院。省市环保部门和镇政府召开协调会，提出让吴进入宜兴环保局工作。吴拒绝了。27日，吴致电国家环保总局田主任，田答应调查。同年8月1日，周铁镇街上贴了数十张"热烈欢迎宜兴市公安局对吴立红进行刑事拘留"的大字报。吴立红发觉到那个电话可能被监听了，立即找到许小平，发现许小平桌子上摆放了很多同样的尚未贴出的大字报。许无法掩盖事实，随即恼羞成怒，"我就是要立刻拘留你！"当时，许已写好公文，强迫吴立红按下手印，此后，他被羁押在宜兴派出所。

第二天，国家环保局污控司司长从上海赶来宜兴，找吴立红了解秧苗枯死一事。在其干预下，吴立红在被羁押半个月之后回到了家。

2003年8月15日，吴立红被某厂职工暴打，身上多处淤青伤痕，当地派出所将其定为一般治安事件。

2005年，"中华环保世纪行"活动拉开帷幕，当执法小组到达南京后被告知，所谓"太湖卫士"吴立红，是精神病患者。谣言在环保作家哲夫见到吴并与其深入交谈后被哲夫戳破。

5月14日，按照预定日程安排，采访团在常州市区活动，中央电视台的记者和哲夫在吴立红的请求下，"突袭"常州与宜兴交界处的漕桥河，乌黑发臭的河水被央视记者拍了下来，这就成为"漕桥河风波"。

5位记者和一位环保作家来到漕桥河一带进行调查。"河水乌黑发亮，那天下了雨，空气应该还比较清新，但河水的气味却不能令人在河道两边驻足，只从感官上判断，绝对是劣五类的水。"附近盘踞着数以百计的小化工、印染厂，有的只有简单的污水处理设施，排入河道的水依旧是乌黑一片。污水通过暗管直接排入河中，阵阵刺鼻的恶臭让记者们几乎窒息。从感官上判别，绝对属于劣五类水。

5月15日下午，采访团的大队人马按照预定行程来到漕桥河一带，发现河网里的水是清的，吴立红事后接受媒体采访时说，如果不是央视记者在我的要求下提前拍到黑水，那我真就有口也说不清了。

吴立红有很多次举报未果，就是因为检查团来的时候河水根本不像他拿去的水样那样恶劣。

市县环保部门每次检查时，都要先打电话通知厂里，厂里一般提前3~7天做好准备。所有工厂都不准放水了。暂时停了工，有的把污水积蓄起来不外排。

一般来说，市环保局每年要来厂里检查两次，县环保局来三四次，甚至有的环保官员拥有化工厂的干股。

污染的太湖

2007年5月9日，吴立红妻子许洁华与另一民间环保人士陈法庆，向北京市中级人民法院起诉，要求国家环保总局取消2006年曾授予吴所在的宜兴市"国家环保模范城市"称号。

吴立红最初策划了这一行动，他用了半年时间采集83瓶各色污染水留作证据，并且决定前往北京起诉。但就在其准备动身前往北京之前，警察包围了他家。吴被以"涉嫌敲诈勒索罪"刑事拘留。

反叛，入狱

吴立红在1999年被单位除名，从此以后他开始实名举报，孤军奋战恼羞成怒的地方官员。2002年，上级领导安排他进环保局的计划流产，他们讲："你们讲环保，二千多家企业活不了，政府也受不了。只能把你养着。"随后，他被安排进了镇文化站。但他仍"不务正业"，没有放弃举报。两年后被以"旷工"名义开除。

2005年，江苏省环保厅奖励吴立红一千多元，作为对他多年举报污染企业的嘉奖，但当地继续以各种方式封杀吴立红，处罚或威胁任何和他有合作的当地人士，甚至对所有接待他的旅馆酒店都以1 000元的罚款。

2007年，国内允许国外媒体和社会组织来华采访。吴立红在春节和两会期间也接受了国外记者访问。太湖污染问题和化工企业爆炸血案引起广泛关注。司法部的《民主与法制》亦来曝光。宜兴市领导，市委常委宣传部长许卫英，无锡市委常委，宜兴市委书记蒋洪亮直飞北京到司法部进行干涉。

2007年3月底，宜兴市警方人员到几百家化工企业调查，对吴立红的社会经历做拉网式搜索，寻找所谓的"黑材料"。然而未有所获。

2007年4月7日，地方权贵找吴立红谈话，双方发生语言上的冲突。他们查看了吴立红手机里中南海的电话号码，吴立红随即痛击地方上"官污勾结"和宜兴市一系列腐败问题，他还表示："如果中央领导下次来太湖流域巡查，还会配合揭开这些问题。"

会议不欢而散。

13日上午九点，周铁镇党委书记吴锡军叫吴立红去他办公室，给吴看了一份上级领导批示"关于江苏天音化工厂爆炸血案查处"问题的信件，质问吴立红是否是他向上汇报。吴立红承认。还强调要去北京举报，追究地方责任。中午，吴立红归家，村民过来低声告诉他，村前村后，警方的人已暗中布控了。5点左右，周铁派出所所长欧永清打通吴立红手机，说所里有朋友找，让他过去。吴立红说以后再说，当场否决。

晚上九点多，有人顺着梯子爬上二楼，撬开卧房外的防盗窗，吴立红被抓。接着他们搜查了房间的每个角落，吴立红的电脑、照相机、相册和名片簿都被打包带走。对方人数众多，没开警车没穿制服，没有出示任何证件，也没有人知道他们的身份。

被抓进去后，宜兴市公安局副局长兼安全委员会主任黄红光说："搞你是我们公检法三家的领导根据市领导指示开了两次碰头会。"他说吴立红勾结反华势力，颠覆政府，是间谍罪。逼迫吴立红坦白怎样认识那些外国人的，什么时候来什么时候离开的。吴立红想不起来，他们就用刑，用拇指粗的柳条在他背上猛抽，手铐着拿香芋烫，他的大腿肿得像小水桶。就这样折腾了五天六夜。

吴立红的律师提出要见他，被重重刁难，一直到吴伤养好了才给律师见，律师亲眼看见他手臂上的伤痕。见面时被监听和记录。

4月30日，吴立红被江苏省宜兴市人民检察院批准逮捕。

检方认为，2003年10月至2004年12月，吴从宜兴市环保局得知，常州市武进东方除尘设备厂承接了江苏竺西钢铁有限公司的一项环保业务，即找到设备厂，自称环保卫士的吴立红与市环保局领导有较密切的个人关系，以其能阻碍设备厂顺利结算工程款及通过工程环保验收为要挟，索要所谓"业务费"。厂方担心吴可能制造麻烦，先后两次给吴合计人民币1.5万元。

检方认为，吴不只诈欺勒索企业、个人，还从其所在的周口镇获得4万元所谓"招商引资费"。

警方在侦查中"发现"，中共周铁镇党委一委员在一次相关会议中曾公开批评吴索要"招商引资费"的行为，吴得知后，决定利用太湖污染问题对周铁镇官方镇压。经周铁镇党委集体研究，决定支付他"招商引资费"。吴的妻子承认，吴确实收了这些钱，但前者的业务费是吴的正常业务提成，当时并没有异议，而"招商引资费"则是那位领导主动表示支付，让吴招商引资，帮助发展当地经济。

事实上，吴立红当时已经离开那家工厂了，并且不在文化站的职位上也有一年。吴在此中十年间举报了2 000多家企业，其中200家因为举报调查倒闭，江苏省环保厅决定派发吴立红奖金作为对吴立红环保贡献的奖励。时任宜昌市环保局局长的张爱国找到吴立红说："我们决定给你奖励，但是不能按照环保奖金的方式发放，因为你举报当地企业，发给奖金之后会有一百个一千个吴立红出来，所以我们只能采取短、平、快的项目补贴，引导你往经营道路上走。"他介绍说周铁镇竺西钢铁厂筹建新厂要用袋式除尘设备，常州武进东方除尘设备厂生产袋式除尘设备，并给吴立红该企业的电话和地址，交代吴立红去找何晓进书记出面，把此业务中介费作为对吴立红的举报补偿和生活关心。吴立红没有别的选择，也无话可说，只能答应。后来被判刑后更是百口莫辩。

6月初，宜兴市法院宣布12日开庭审理吴立红案，但随后宣布开庭延期，原因是检方将追加犯罪事实，律师提出伤情鉴定。

7月10日，市公安局长来找他，让他写承诺书。吴不仅不写，还把局长骂了一通。一个月后开庭，宜兴市关注此事的群众代表有的被控制，有的被安排去景区"游玩"，法院外贴的公告说公开庭审，而吴立红的父母亲友都没能进去，只放进吴立红妻子旁听。法庭外，美联社、"纽约时报"、法新社包括一些国内媒体都无法进去。

宜兴当局迫切希望保护当地蓬勃发展的产业免受环保牵累，在吴被捕后不久，太湖爆发了有毒蓝藻，污染了这个给超过230万无锡人供水的水域，引发全国关注。很多支持吴立红的人认为，太湖爆发有毒蓝藻应该会令当局释放吴立红。结果事情未能如人愿。狱中三年，吴立红24小时被监控，晚上有两个强光灯，专门有人拿着热水瓶坐在他旁边，用笔记录他今天说的话，情绪的波动。在监狱里吃的都是变质的米，油基本上都是地沟油，洗衣服、牙膏都是假的。在监狱的那段岁月，他曾经大腹便便的身材瘦了下来，黑发也变成花白。

获释后他接到警方命令"保持安静"，当局还切断了吴立红使用互联网，害怕他会通过社交网络组织示威抗议。他的农村老家也被安上了监控摄像头，每当他外出都会被跟踪，他不被允许工作。北京大学一些老师原计划2010年6月25日、26日两天在无锡举行"太湖环保论坛"，邀请了多位专家教授和国内外学者，23日，吴接到电话被邀请作为特邀嘉宾参加，但第二天他收到短信：因当地公安介入阻挠，会议取消。

荣耀，涌至

吴立红的安全问题并没有人能负责，他自己更无法承担。而外媒蜂拥而至的报道把他推到了风口浪尖，让他饱受苦难的时候尝到荣耀和尊重。

大陆媒体对吴的集中报道出现在2005年10月以后。当年10月，吴在第七届"福特汽车环保奖"评选中，获自然环境保护项目"提名奖"，而在这之前的7月，在"首届中国民间十大环保杰出人物"评选中，吴被评为"中国民间环保优秀人物"。

2005年，吴与陈法庆结识，成为挚友。陈法庆是大陆首个自费做环保公益广告的人士，同年，他作为唯一入选的环保人士，入选"2005CCTV感动中国"的28位候选人大名单。

2007年，他入狱的那年，拿到了美国《Conde Nast Traveler杂志》世界环境人物冠军奖。2008年，荣获欧盟自由勋章。

出狱后的2010年，获全球第62届艾美奖"绿色名人"。

时间的推移，他的光芒反而照射更远，今年他得到美国"捍卫杰出言论自由奖"，并且提名诺贝尔和平奖。

在他获得的第一个重大国际环保奖项的标语上写着：我们一直做着慷慨激昂的工作，以保障世界的珍贵的角落个人的成就。

但是现在，他考虑渠道和方法了。10月的日子，他坐在阁楼上，翻着《曾国藩传》和《哈佛课堂》，将头侧仰着说："我有一个新的想法，但是需要突破口。我在寻找那个突破点。"

【点评】

吴立红是一个很固执的人，有点个人英雄主义。这也是环保人的共同特点，但是在吴立红身上表现得尤为突出。环保组织需要资金运作，有资金的流通就会有顾忌和依附，这使很多组织走得异常疲惫，一些项目也遭遇搁浅。而吴立红是农民，之前有丰厚的积蓄，所以这种依附对他来说并不构成威胁。他也从不怀疑自己是不是方法错了，是不是不该这样做，他走得更深远就愈有一种使命感。或者说，他从中感觉到孤独的成就，因为这种成就找到了生存上的满足。也正因此，即使他现在平静下来，思考更合适的突破口，也不会放弃他的坚持。

他的女儿现在在美国，他希望他的女儿接受最好的教育，学到最先进的知识，弥补自己知识方面的欠缺。

对于这个案件的评定很难有固定的标准，他可以不这样固执，如果不固执就没有所谓的闪亮的人权主义，就没有之后纷至的荣誉。因为这个人的地位被媒体高高堆积起来，反而是一种保护，一点风吹草动都会引起社会上的波澜。他因此聚集了丰厚的人脉，更好地播种自己的思想，达到自己的目的。

刑狱之罚，他遭遇到无形和有形的。NGO还是一个游离在体制之外的模式，也许以后有形的会越来越少，因为体制正在完善，新媒体的发展简化了组织运作程序的烦琐。而无形的却不见得因此递减。

坚持、资源、途径，缺一不可。

吴立红被起诉的罪名是诈欺罪。按照事情发生的原委，他被关押可以说是在预料之外的。而他在和官方沟通的过程中没有注重关键地方的证据保全，尤其是涉及资金往来，以后可能带来隐患的信息。他可以将对话录音，或者请第三方见证。在被官方监视的情况下，协调出更利己的方案。

一个父亲与污染企业的拉锯战*
——黄某诉某县污染企业大气污染人身损害赔偿案

■ 刘金梅

> "很多时候，我都想向黄某以及其他敢于与污染企业打官司的污染受害者致敬。因为只有越来越多的污染受害者选择通过法律手段来维护自己的权利，我国的环境法治才能逐步得到发展。"

——题记

2010年7月，中国政法大学污染受害者法律帮助中心（以下简称"中心"）的办公室迎来了一位身着军装的青年男子。来访者自称是一位退伍军人，因为家人遭受污染企业的污染而来请求中心提供法律帮助。在初步了解案件情况后，中心认为，虽然该案只有一位污染受害者，但是具有典型意义，因此决定为这位来访者提供法律帮助，并指派戴仁辉律师、刘金梅负责其案件。没想到这条路一走就是三年多，从一审、二审一直到再审，中心陪伴这位年轻的父亲走过了他维权路上的每一步，而这位年轻的父亲也因为其理性、执着和对法律的坚持而赢得了大家的尊敬。

罹患脑部疾病的天使

2008年5月12日，中国四川发生里氏8.0级地震，数万人因此丧生、失踪，几十万人在地震中受伤。这是自新中国成立以来国内破坏性最强、波及范围最广、总伤亡人数最多的地震之一，即"汶川大地震"。

---

*：为保护当事人隐私，文中地点、人物均用化名。

同一日，某省某市某县的黄家也发生了一件大事：全家人在热切的期盼中迎来了一个美丽的小生命。为了追忆"大地震"中逝去的美丽生命，黄家人给孩子取名为"震川"。但是，这个名字只叫了几个月，黄家人就给孩子改名了，因为他们发现这个在不平凡的日子里出生的小生命是背负了沉重的苦难而降生的。家人给了他新的名字"康健"，那是全家人对他最深切的期盼和祝愿——永远健康。

黄某和妻子相识于2006年，很快二人便按照传统习俗举行了订婚仪式。订婚之后，黄某就和妻子一同住在两江镇黄村四组父母家中。2007年，黄某的妻子发现自己怀孕了，之后便辞去了工作，专心在家待产。黄某母亲也辞去了工作，专职在家照顾儿媳妇。随后二人举办了结婚仪式，新婚当夜，二人按照风俗在两江镇星星花园的新房中住了一晚。但是，因为新房未通水电、正在装修，因此第二天一早，二人就回黄村黄某的父母家中居住了。一家人都小心翼翼地照顾着这位准妈妈和腹中的胎儿，并且定期去医院产检，检查的结果也是一切顺利。2008年5月12日，黄某的妻子在当地医院顺利产子，母子平安。孩子出生后，全家人都为这个新生命的到来而欢喜雀跃，黄某的父母更是为喜得金孙而激动不已。

最初的几个月，家人都没有察觉到有什么异常。三个多月时，家人开始渐渐觉得有些不太对劲。大家发现，在逗孩子玩的时候，孩子似乎显得不太灵活。爸爸妈妈拿着彩色的玩具引逗儿子，儿子既不对着他们笑，也不会随着他们的手而扭动头部、转动眼球。"我当时没想太多，只是觉得儿子的眼睛可能有问题。"察觉到异样的黄某带着儿子跑遍了当地大大小小的眼科医院。医生只有一句话："你儿子的眼睛一点问题都没有。"眼科医生的诊断并没有让黄某安心，他开始怀疑当地医院的医疗水平，为了得到更准确的诊断信息，黄某带儿子到某市区一家专业医院检查。

"为了拿到最准确的诊断结果，我们还特意去做了最贵的检查。"黄某所说的最贵的检查是指在某市最权威的儿童医院做了核磁共振，正是这个最贵的检查让黄某听到了最坏的诊断结果。某儿童医院检查的结果显示，孩子"精神发育迟滞、脑发育不良"。起初，黄某弄不明白那些专业术语的意思，医生一句"就是傻了"彻底击垮了他心中残存的那一丁点侥幸。一家人顿时觉得从天堂掉到了地狱，无法接受这个残酷的现实。

在这之后，黄某还带孩子去了其他几家医院诊断，医生给出的结果也都大同小异——脑性瘫痪、脑发育不良。自此以后，黄家的头等大事便是给孩子治病。从两江镇到某县，黄某跑遍了附近的大小医院，在尝试了中医、推拿、高压氧和脑营养素注射等多种治疗方法后，孩子的病情不仅没有任何好转的迹象，反而开始抽筋，后来黄某才知道那是癫痫的症状。

焚烧厂

孩子的病情在不断加重，黄某决定带儿子去大城市的医院检查治疗，他觉得那样做可能会让儿子好转。但在北海市天使医院，他听到了更坏的消息：黄康健不仅有脑部疾病，而且还有小儿癫痫。2009年2月23日，北海天使医院确诊：脑发育不良（俗名脑部疾病），大脑异常放电（俗名癫痫）。因为大脑神经严重受损，孩子全身瘫痪、不会说话、听力差、没有视力、仅能进流食。之后，孩子被某市残疾人联合会评定为肢体残疾一级。

但是令黄家人百思不得其解的是，整个怀孕和生产的过程都非常顺利，孕期产检也都没有任何问题，孩子是怎么莫名其妙得上脑部疾病这么严重的疾病的呢？

对于病因，黄某夫妇最早怀疑是遗传，为此两人还在天使医院做了串联质谱检查，检查结果表明黄康健的病并非遗传所致。黄某特意找到医生询问病因，医生答复说："导致脑部疾病和小儿癫痫的因素有很多，我不清楚你老婆怀孕期间的生活环境，我不能下定论。"

罪魁祸首污染企业

2006年，黄某一家人还住在某省某市某县两江镇黄村四组的老房子里，房子是黄家的祖宅。也是在这一年，黄家迎来了一个新邻居——某污染企业。厂址在老运河南岸100米的某村里，正好和黄某家成一条直线，两者间距离约200米。

对于这个新邻居，黄某只是从当地的新闻上了解了一些基本信息：建污染企业花了436万美元，作为整个某市唯一的垃圾焚烧点，每天可以焚烧垃圾100万吨。

"高科技、全封闭、无污染"是建污染企业时的宣传口号，但从2006年6月污染企业开始点火运行后，黄某发现根本不是那么一回事。白天，黑色的飞灰随风飘扬，整个污染企业被淹没其中，在厂区周围数千米的范围内，刺鼻的臭味扑面而来，让人喉咙干涩，眼睛常被熏得流泪。到了晚上，这种情况更加严重。"别说人，就是狗都不愿意待在门外，赶都赶不出去，晒衣服也不行，在外面晒上一天，收回来时上面会有一层黑色的油膜。"黄某在记者采访过程中这样描述当时的情形。

虽然当时大家的直观感受是污染企业的存在令人很不愉快，但是包括黄某在内的大部分村民并没有往更深处去联想污染企业会真的给他们的生活带来什么样的变化。恰值此时，黄某结婚。婚后不久，妻子也怀孕了。因为当时并没有其他的住处，所以除了偶尔回娘家探亲外，黄某夫妇从未离开过黄村。这一住就是四年，直至黄家拆迁搬到镇上的安置房里。孩子出生后的大部分时间也是和爷爷奶奶住在一起，由他们来全力照顾。

现在说起这事，黄某常常懊恼自己没有送妻子回娘家待产，他把注意力都放在给妻子补充营养上了，根本没有考虑周边的环境。"我真的好后悔，当时就应该让我老婆回娘家安胎待产，要不也不会有这事了。"

从北海回来后，黄某就不再出远门，白天工作，晚上照料儿子。虽然一直在治疗，但黄康健的癫痫病依旧每日发作。黄家人束手无策，只有在床边默默流泪，至于病因，反倒慢慢淡忘了。直到2009年10月，一封拆迁信的出现让黄某开始重新思考儿子的病因。

拆迁信里说，某县政府计划将某污染企业改建成发电厂，按照某省环保厅的要求，发电厂厂界距离村民住宅、学校、医院等公共设施和类似建筑物的直线距离不得小于300米。黄家正好在这300米以内。

黄某的父亲第一个看到这封拆迁信，引起他注意的不是拆迁信正文，而是信的最后一句话：对老人安度晚年、自己安居乐业、孩子健康成长都是十分有利的。

"不会是污染企业喷的烟害了我的孙子吧？"老父亲看完信后随口的一句抱怨让黄某一宿未眠，他心里一直想着这件事，第二天一早便去上网找资料。

"那段时间网络上关于某地居民反对建设污染企业的新闻铺天盖地，我没有记住其他的，就记住了'二噁英'这个词。"在检索这个名词后，黄某吓出了一身冷汗。

"二噁英是垃圾焚烧后排出气体的主要成分，对人体健康有非常明显的伤害，发育中的胎儿对二噁英最为敏感。新生儿的器官系统迅速发育，也可能更容易受到一定的影响。"黄某几乎将所有的目光都投在"二噁英"上，对于二噁英的具体危害，在翻阅很多文献资料后，他自己总结出了三点：能够致癌、有皮肤毒性、导致动植物大量死亡。

针对这三点，黄某开始取证调查，为的就是证明某污染企业对周边的人畜有着巨大的负面影响。据黄某调查："在污染企业周围，几乎每个人都会有皮肤病，每家每户的家禽都有大量死亡现象，而因为癌症去世的人就有7个人，二噁英的三项具体危害都占全了。"

黄某还特意查问了那一时期同村4位孕妇的情况：一个胎儿宫内死亡，两个早产，加上黄某儿子的脑部疾病，没有一人是正常。

他的调查结果得到了黄村妇女主任的认可。主任也做过同样的统计：在黄村里，2007年有6个村民因癌症去世，2009年查出5个癌症患者，而2006～2009年，孕期居住在该厂附近的育龄妇女，也有早产、死胎现象。

除此之外，黄某还发现，早在2008年1月8日，某县副县长就在一个公开场合说过："污染企业因拆迁不到位、技术水平比较低等原因，对附近居民造成环境影响；环保上达不到要求，对长江水系形成二次污染。"

"我找到了真正的元凶。"这些调查让黄某坚信儿子的脑部疾病和某污染企业有着必然的关系。

黄某本来准备拿着他的调查结果向污染企业摊牌的，没想到首先看到这些调查结果的却是政府的拆迁工作组。

"我们说不到一块去，他们只说拆迁的事，我们就说强调污染企业导致孩子生病，要求先赔偿看病再拆迁。"最初，黄某还想着找政府居中调解，能和污染企业协商解决最好，但是政府不理不睬的态度让黄某失望，他开始探寻另外的方式。

挥法律之利剑找寻正义

在基本认定了污染企业和儿子所患疾病之间的关联性之后，黄某就义无返顾地走上了环境维权之路。但是，大概连他自己也从未想过，自己所选择的这条看似和平而又理性的道路会是那么的漫长而又艰辛。

黄某一开始是给国家信访总局写信，给省委书记热线邮箱发电子邮件，找省环保厅反映情况。这些机构的回复千篇一律，几乎都是让黄某走法律程序来解决赔偿问题。最终，黄某无路可走，只能选择打官司，他决定状告某污染企业。

刚做完这个决定，黄某的麻烦就来了。他在当地找了数十个律师，可是没有一个人愿意代理他的案子。原因有二：第一，环境诉讼很专业，当地律师从来没有接手过这种类型的案件；第二，污染企业是市政工程，和它打官司就等于和政府打官司，律师承担的压力和风险都难以估量。但是，黄某相信后者才是这些律师拒绝他的真实理由。后来，他还找到某市司法局申请法律援助，但在登记资料后便没了下文，最终也是不了了之。

黄某心里很清楚，没有律师，肯定打不了这场官司。他在网上查到中国政法大学有一个污染受害者法律帮助中心，虽然心里没底，他还是拨通了网址上的联系电话，说明自己情况后，对方希望他能到北京来面谈。

黄某抱着最后一丝希望，在2010年7月踏上了开往北京的火车。他在中国政法大学的校园里见到了戴仁辉律师和刘金梅。双方的面谈并没有持续太久，因为黄某还要赶当晚的火车回去，随身携带的钱不够他在北京住一晚。

回去后黄某忐忑不安，他不清楚北京的律师会是什么态度，毕竟双方接触的时间并不长。不过他的焦虑很快就被一个来自北京的电话给打消了、污染受害者法律援助中心同意免费替黄某打这场官司，还特意指派接待过他的刘金梅和戴仁辉作为代理律师。

与此同时，黄某还收到了已经写好的诉状，在签上了自己名字后，第一时间他就到某法院申请立案。黄某至今清晰地记得那时的情景，立案法官告诉他："你的案子肯定会败诉。"

不管怎样，2010年9月10日，黄某还是成功向某县法院递交了民事诉状，立案成功。6 000多元的诉讼费让他捉襟见肘，黄某想着儿子患有脑部疾病，是残疾人，便试着向法院提交申请，希望能免交诉讼费。可等来的却是法院下发的催缴费用通知书，这意味着如果黄某在五个工作日内不能缴纳诉讼费，就等于自动撤诉。

黄家人不愿放弃这个机会，东拼西凑下才在规定时间内交齐了诉讼费。那段时间黄家还忙着应付政府的拆迁，对于黄某来说，那段岁月不堪回首。

因为本案的复杂性，两位代理人在开庭之前和黄某做了大量的沟通，为了最准确地了解案情，有时电话一打就是几个小时，双方花费大量的时间去探讨案件涉及的专业问题和案件思路。两位代理人，包括黄某，还在这段时间请教了多位权威的医学专家和长期研究污染企业的专家。大家都做足了开庭的准备。因为法院给了明确的举证期限，所以，两位代理人在规定的举证期限之前，也就是开庭之前一个月的时候就向法庭提交了本案的证据，共计四十多项。被告污染企业早早地就拿到了黄某一方提交的所有证据。但是，黄某却迟迟未收到对方的答辩意见和证据材料。

2010年10月19日，黄某终于迎来了开庭的日子。庭审共分两天，第一天是法院组织双方进行证据交换，第二天是正式的庭审。黄某和两位代理人直到证据交换开始前的那一刻才拿到了对方给的证据和答辩意见。法官没有多给原告一分钟的准备时间，就直接进入了证据交换。所以，两位代理人紧急分工，一个人开始向法庭陈述原告一方的证据，另一个人在法庭上紧张地翻阅被告所给的厚厚的材料，准备稍后发表质证意见。

在庭审开始前，代理人曾指导黄某向法庭提交了一份证人名单，申请周围的一些邻居出庭作证。因为除了黄某一家由于污染企业的污染而遭受了巨大的损害之外，周围的很多其他村民都因为污染企业的污染而遭受了财产及人身的损害。有乡亲所种植的蔬菜被污染的，有人养殖的蚕因此而死亡的，还有家禽家畜死亡的，而且都曾经与污染企业有过或大或小的纠纷。但是，其中一些人因为各种各样的压力和原因最终退缩了。并且，当代理人向法庭申请几位证人出庭时，法庭以各种理由推脱不允许。代理人最终以被告没有提前提交证据使得原告极其被动作为交换的条件和理由，使得法庭不好意思再为难黄某和两位代理人，最终勉强允许几位证人出庭作证。

在询问证人时，被告代理人问证人的第一个也是最后一个问题是："如果这个案子原告胜诉，你是不是能够从中获得好处？"第一个证人想了想说："是的，如果他能够赢了污染企业，使得他们不再污染我们，我们是有好处的。"在得到证人的回答后，他提请法庭注意证人与本案具有利害关系。从第二位证人开始，原告代理人向法庭抗议，被告代理人的问题带有明显的诱导性和误导法庭的倾向。双方因此在庭上激烈地争执了起来。因为第一天没有充足的时间仔细审阅被告的证据，在第一天的证据交换结束后，两位代理人彻夜分析被告的证据，打算第二天在法庭上向法庭补充说明一下对被告污染企业所提供的证据的意见。但是黄某代理人的陈述却数次被一位庭审法官打断，庭审法官再三要求代理人简单陈述、不要多说。最终代理人只得放弃，改为庭后提交书面意见。

2011年4月，某县法院作出一审判决，黄某败诉。理由有二："就本案而言，首先，黄某的父亲在发现其子患病后，未能及时对是否系中毒进行检测，现因时间的迟延，丧失了相应的鉴定条件，导致某某公司不能对其生产中的污染行为与黄康健现患疾病是否存在因果关系进行证明，因此该举证不能的后果就不能由某某公司承担。""其次，目前相关学术研究表明，导致脑发育不全、脑部疾病的病因很多……在黄某的监护人不能排除上述因素致其患病的情况下，黄某所患疾病与某某公司生产中产生的污染可能存在着因果关系，这一举证责任不能转移给某某公司。"即强调黄某没有对孩子损害做中毒检测且孩子还在母体内时，曾有"脐带绕颈两周"[①]的现象，这很可能导致孩子脑部疾病。

一审败诉后，黄某不服。在中心的帮助下，黄某立刻向某市中级人民法院提起了上诉。

---

① 从两位代理人结识黄某的第一天起，到法院正式开庭，黄某从未向二人透露过任何关于孩子曾经出现过脐带绕颈现象的只言片语，一直到开庭时对方律师拿出了从医院找到的黄某妻子的病历，两位代理人才得知这一事实。

案件在某市中级人民法院先后两次开庭。2011年5月25日，本案二审迎来了第一次"开庭形式的谈话"。开庭时，被告污染企业的律师空手出庭，没有准备任何新的证据材料，而黄某和代理人却足足准备了47份证据，包括照片、视频、病历以及关于二噁英污染的科学文献、学术论文及专家意见等，用以证明孩子的患病与污染企业的污染行为之间的因果关系。庭审的过程非常顺利，因为污染企业没有对本次开庭做任何的准备，所以从庭审的进展看起来对黄某一方非常顺利。法官询问污染企业的很多问题，厂方代表和代理人也回答不出来。庭审即将结束时，法官告诉污染企业的代理人，请他们最好补充提交证据，否则要准备承担举证不能的后果。法官的态度和庭审的情况，让黄某和两位代理人都非常高兴，因为至少二审法院的法官没有像一审法院的法官那样为难黄某一方，能够耐心地听取他们陈述自己的观点，而且对法律的理解也比较正确。

庭审结束后，黄某和两位代理人就开始耐心等待法院通知再一次开庭的时间。谁知，大家这一等就是半年多的时间。其间，黄某多次打电话去询问和催促，甚至坐车过来当面询问迟迟不开庭的原因。法院迟迟不予开庭，也让黄某两位代理人的心里犯起了嘀咕。在焦急的等待中，2011年12月8日，某市中级法院终于再次通知开庭审理本案。

第二次开庭中，为了让法官能够更好地理解本案涉及的问题，特别是二噁英与脑部疾病之间关联性的问题，黄某和两位代理人在开庭之前向法院提交了四位专家的书面证言，并在这一次的开庭中邀请其中的两位出庭作证。分别是北京大学的教授和北京师范大学的博士。他们在法庭上向法官详细阐述了污染企业所产生的污染物，特别是二噁英类物质、重金属和人体健康之间的关系，并排除了脐带绕颈的作用因素。为更好地说明我国法律对于环境损害赔偿案件中"因果关系举证责任倒置"的规定，特别是司法实践中对该规则正确适用的先例，黄某的代理人还在庭前特别向二审法院提交了（2006）民二提字第5号，最高人民法院对"浙江省平湖师范农场特种养殖场与嘉兴市步云染化厂、嘉兴市步云染料厂、嘉兴市步云化污染企业等水污染损害赔偿案"①的判决书。

2011年12月23日，某市中级法院再次以黄某一方未能举证证明二噁英与脑部疾病之间具有关联性为由判决其败诉。某市中级法院判决认定："造成胎儿和婴幼儿脑部疾病的病因很多……而在本案中，并不能排除上述诸多因素与上诉人脑部疾病之间存在因果关系的可能性。""……但二噁英对人类的脑部疾病作用尚未得到证实，有关研究仍然面临科学不确定

---

① 该判决系最高人民法院于2009年4月2日针对一起水污染案件作出的判决，其中就环境污染损害赔偿案件中"因果关系举证责任倒置"的具体适用有着明确的解释与充分的说理，该案入选最高人民法院经典判例，是在环境司法实践中正确理解与适用"因果关系举证责任倒置"规定的典范。

性。关于二噁英暴露与小儿脑部疾病的相关性，目前国际上并无流行病学统计数据予以支持……本院认为，在涉及人身健康损害的环境侵权案件中，由污染者就其行为与损害结果之间不存在因果关系承担举证责任的前提是污染行为有导致损害结果发生的疫学上的因果关系，这一因果关系须是普遍的、公认的结论，而不能是基于个案的、推断性的结论。本案中，目前在疫学上并没有二噁英会导致新生儿脑部疾病的普遍的、公认的结论，也不能排除其他因素导致上诉人脑部疾病的情况，有关污染行为与损害结果之间因果关系的举证责任尚不能由被上诉人承担……原审法院认定事实清楚，适用法律并无不当，应予维持。"

面对这样的结果，黄某一家人和两位代理人都感到非常失望和难以接受。那段时间孩子的病情也有所加重，基本不能进食，癫痫发作比以往都更要频繁，每次癫痫发作都会大量出血。但就是在这样的情况下，他们也从未想过放弃——无论是床榻上那脆弱不堪的生命，还是这布满挫折与荆棘的维权之路。

我的信仰我坚持

天色暗了下来，五岁的黄康健躺在床上，一动不动，他病得很重。沉重的呼吸声大得像成年人的呼噜声，那是浓痰卡在喉咙里的结果。三岁时接受的癫痫手术除了在他头部留下两道明显的疤痕外，也让他的头型与正常孩子有了很大的不同，上窄下宽。

他没有一件玩具，床头柜上摆满了大大小小的药盒，药盒里白色的小药丸能让他在癫痫病发作时稍微好受一点。

父亲黄某站在床边，眼眶里噙着泪水，看到儿子的口水流下来，就赶紧拿毛巾擦。在刚刚过去的清明节假期里，黄康健的癫痫病比以往发作得更加厉害，时不时全身抽搐。每次儿子发病时，无能为力的黄某只能含着泪水，默默地站在床边。

拿到二审判决结果的第一时间，黄某就打电话给他的代理人刘金梅，询问是否有继续往下走的可能性，得到的答复是："只要你不放弃，我们就会帮你走到最后一步，但是再审是一条非常困难的路，你和家里人商量一下，要做好思想准备。"

很快，黄某就给了答复，全家人决定申请再审。中心很快帮助黄某起草了再审申请书。申请书长达十页，详尽的阐述了一、二审判决中不符合事实和违反法律之处。在这之后，黄某就拿着这份再审申请书和一、二审判决书及其他证据材料开始了他的申请再审之路。整整一年的时间，黄某把材料寄给了县、市、省三级法院、检察院，还分别给最高人民法院和检察院寄去了材料，但是都没有收到任何的消息。直到2013年2月27日，某省高级人民法院传来消息，给黄某寄去了再审审查受理通知书和开庭的传票。得到案子"再审"的消息后的那几日，黄某每天都是欢欣雀跃的，满心觉得事情又有了很大的转机。但事实上，这并不是真正的"再审"，而是"再审审查"。2013年3月19日，由某省高级法院组织合议庭，审查是否要启动再审。当天，原被告双方围绕原告再审申请书中反映的问题进行各自陈述，审查从上午9点开始持续了两个半小时，但最后也没给出是否要再审的决定。

某省高级法院组织再审至今已经过去好几个月了，还没有任何结果。黄某非常着急地等待着结果，一方面担心法院迟迟不出具结果，一拖再拖，同时更害怕法院很快给出让自己失望的结果。但是他并没有灰心，定期会打电话到某省高级法院询问消息。"这场官司只要能打，我就会一直打下去，一直打到不能打为止。"黄某心里十分清楚，只有打赢官司得到赔偿款，儿子才有可能去接受更好的治疗。但这场官司能不能接着打下去，黄某心里没有底，现在能做的只有等。空暇时间，他会出去散散步，但总会不自觉地走到以前住的老房子前。

老房子已经被拆了，成了一片废墟，到处都是破碎的瓦片，废墟中唯一保存完好的就是那口水井。井已经干了，井沿儿满是灰尘，黄某在废墟里一站就是好久，常常喃喃自语："我能一直等下去，可我儿子怎么能这么等下去。"

【点评】

在中国，寻常百姓常有"畏诉""厌诉"之情绪。一方面是因为打官司太贵，付不起律师费；另一方面也在于他们对于法律的不信任。在他们眼中，普通的民事官司打起来都很难，更何况是"和政府作对"的行政官司，想通过法律手段解决那些"顽疾""宿怨"，在他们看来，太难了，几乎是一件不可能完成的任务。但是中国政法大学污染受害者法律帮助中心的律师们和很多像"黄某"一样拿起法律的武器捍卫自己权益的污染受害者，一次次地用专业的态度、专业知识技能及素养，还有他们对于法治那颗坚守的心去证明坚持的力量和法治之光明，即使那个光亮有时看上去有点微弱。

中国政法大学污染受害者法律帮助中心主任王灿发教授曾说："法治的道路不可能没有坎坷。我们中国政法大学污染受害者法律帮助中心在13年前建立时，比现在的法律环境更差，但我们坚持下来了，虽有不少案件败诉，但也有很多胜诉了。法治社会的实现，需要大家坚韧不拔地去推动，环保也需要这样的坚韧意志。该案的胜诉，为我们进一步注入了前进的动力。"

揭秘生灵"涂炭"
—— 扎鲁特牧民起诉通辽电解铝案例

■ 鞠秀玲

这个世界上充满了迁徙。各种各样的迁徙，先是人，从蒙古国嫁到内蒙古的女人，没有脱离贫穷，却以为找到了生命里的阳光。日出而作，日落而息。在荒茫一片的草原上，初春的雪还未化去，她们把柴火架起，男人出去放牧，孩子躺在毯子上，沉沉睡着，双颊绯红。

内蒙古的人们迁徙着，一路朝南，抵达国家首都，抵达京津唐工业区，抵达环渤海湾，从事着各种工作。壮硕的蒙古汉子，短寸头，修长的下巴弧线，和东北人的硬朗截然不同。一种是空旷的孤傲，一种是被风雪侵蚀的健壮。

生命，旧的去了，新的来了。新旧更替，生生不息。

抗争

所以传统产业逐渐消亡，现代工业一点一点侵占它的领土。在这无声的抗争里，总有一些人为此付出沉重的代价。在他们赖以为生的土地上，他们面临着更替的选择。

在成吉思汗二弟哈布图哈撒尔管辖的游牧区之一科尔沁草原上，矗立着一座炼铝厂。这家公司于2002年成立，大股东为中电投蒙东能源集团公司，名为内蒙古霍煤鸿骏铝电有限责任公司。它于2004年11月投产，2007年扩建，生产能力为43万吨/年。

它站在草原上，与辽阔的原野形成了鲜明的对峙。因为现代工业的缺失，它可以被标榜为与环境相匹配的高耗能产业。曾担任过两届内蒙古自治区人大代表、多次全国"三八"妇女红旗手的桑吉德玛说不上这些变化是好是坏。可是，她可以肯定，自从2004年周边有了那家电解铝厂，家里的生活开始衰败。

当成吉思汗的铁蹄从夏季深色的草上飞驰而过时，低矮的草木随风而伏，裹着边境特有的干枯抑或是潮湿。他永远无法预料到时代斗转星移的变化。现在移动的蒙古包也变得稀缺，定居点网状分布在草原上，铁丝栏架起，传统牧业开始受限，遭遇阻隔，曾经最具象征意味的牧马扬鞭场景也不复存在。这个"马背上的部落"已经很少再有人家养马，年轻的牧民们都骑上了更"拉风"的摩托车。

这种对传统牧业的袭击很快遭到了反扑，只不过正常投产一年的时间，一些牧民的牛羊就莫名得了怪病死去了。仅桑吉德玛一家，仅至2007年就断断续续死了400多只羊，这些羊都没有特别的死亡征兆，唯一可辨认的就是颊骨里长出的畸形牙齿。

食草动物的牙齿是平的，它们以此磨碎草料，印证物竞天择适者生存的生态法则。人群里总难有不捅破的秘密，他们集在一起，诉说各自家中遭遇的故事和受到的经济损失。病情的共通点让他们找到共鸣，能刺进问题的核心。

然而，在出现怪病后，当地牧民的羊就再也卖不出好价钱。收牲畜的人也有了经验，在买卖时都要翻看牙齿，发现牙长了就只能贱卖，有的几十元就卖掉了。

于是，许多牧民只得趁羊的牙齿还没有完全畸变就赶紧卖出，而这时羊都还是小羊，价钱自然很低。有的牧民只好放弃当地牧场，到附近的东乌旗租别人的草场放牧。

1984年，牧区分牲畜，桑吉德玛家分到100多只羊。经过20年发展到1 000只左右。按年均出售400只羊，每只羊500元计算，她家在事发前每年收入20多万元。

而一份阿日昆都楞镇9个村（7个嘎查和两个场）270多位牧民签字的牲畜死亡报表显示，从2007年到2011年，羊死亡23 737只，大牲畜（牛）死亡3 490头，目前仍有牲畜牙齿变异生病致死。

问题进行到这里接下来就是维权的问题。唯一可能构成事情发生原因的就是炼铝厂。

"十里不同天"在这里被演绎为"十里不同味"。走在开发区内，切换到不同的位点就会闻到不同的异味。夜间偷偷排放废气废水时有发生，早上草叶上铺满灰白色的尘灰，像刚开始腐化的人的皮肤。

2009年，当地政府委派相关检验机构对"异牙病"展开调查，并形成污染调查报告。然而，当地牧民却始终未能知道这份报告的详情。

牧民们曾经向当地政府申请公开电解铝厂的环评报告，却一直得不到答复。

2011年，扎鲁特旗。达尔问自然求知社，国内知名环保NGO组织；陈继群，职业画家，

电解铝厂

曾在内蒙古插队十余年。NGO介入调查。

他们发现，受到污染的牧场恰是在电解铝厂的下风向，而当地大风的时速可达60千米／时。电解铝在生产过程中会散发出以氟化物、粉尘等污染物为主的电解烟气。而摄入过量的氟，会引起骨硬化、骨质增生、斑状齿等氟骨病。据相关资料记载：氟化物的生物毒性很强，对植物的毒性较二氧化硫大10倍到100倍，并通过植物的富集作用进入动物和牲畜体内、进入人的食物链，对生态系统造成比较复杂和严重的影响。

一年后，污染事件引起媒体关注。财新《中国改革》记者辗转得到了这份《关于阿日昆都楞镇牲畜患"异牙病"情况的调查报告》（以下简称"报告"）。

《报告》称，2009年4月，通辽市动物疫病预防控制中心、旗水务局、旗卫生局、旗环保局等部门，对所涉及地区患病羊骨、放牧场牧草、土壤、水、居民尿氟含量、铝厂生产情况等进行了全面的取样检验。

结果显示，除了水氟值，羊骨氟值、牧草氟值、土壤氟值均超标。《报告》称，当地环境中氟含量过高可能是导致扎鲁特旗阿日昆都楞镇牛羊大量慢性死亡的原因之一。至于与电解铝厂的关系，"报告"称，牧草中不同程度含氟，距铝厂较近区域牧草含氟较高，较远含氟较低；在铝厂下风向牧草含氟较高，上风向含氟较低。当地常年主导风向为西北风，发病村屯及放牧点主要位于铝厂的下风向，发病严重程度与铝厂距离存在一定关系。

财新《中国改革》记者另从当地一位官员处核实，确有这样一份重要报告。在记者随同陈继群及相关大学实验人员前往牧民点采样过程中，当地数名官员闻讯赶来，坚持"随同"取样。其间，当地一位副旗长表示，当地政府部门已经做过相关的化验，结果就是氟超标。

真相行至此时已是影影绰绰。2011年11月15日，通辽市派工作组到阿日昆都楞镇，协调受电解铝厂污染的四个嘎查移民到扎鲁特旗所在地鲁北镇，并提出每人补助8万元，条件是交出承包草场。对此，绝大多数牧民不同意。几年来牧民们到相关单位反映问题已经花了几万元，但是，没有得到任何治理、赔偿。目前由两位德高望众的原嘎查（村）书记、嘎查长代表约800位牧民继续上访。

覆盖

霍林郭勒园区，304国道旁的鸿骏电厂。烟囱林立的工厂提醒着草原旅游者这里正高速发展的煤电化工业。这座不到10万人的城市，2011年以年财政收入36亿元的数字展示了惊人的增长。

霍林郭勒是因煤而建的城市。1976年，全国五大露天煤矿之一的霍林河露天煤矿在这里兴建。

2003年以前，霍林郭勒一直是单一的煤炭开采，近8年来，以煤、电、铝为代表的巨型工业迅速崛起。

目前的霍林郭勒工业园区本地已经有霍煤鸿骏一期、二期两大巨型铝厂，另外配套有3个电厂。鸿骏一、二期年产量43万吨，在建的三期、四期目标为70万吨，已完成24万吨，实际形成年产能为67万吨。而霍林郭勒市的目标是打造"百万吨级铝产业基地"。

霍林郭勒为此正在酝酿一个超级项目，也即牧民们传言中的所谓"亚洲最大铝厂"。这个由锦江集团一期投资343亿元的大项目，计划"经过5至8年达到年产300万吨的电解铝规模"。

疯狂生长的煤都、电都和铝都，带给普通市民的感受只是城市不断增加的滚滚浓烟。但在现代化的霍林郭勒工业园区方圆10公里辐射范围内，传统牧区感受到的则是生活方式上的挑战。

以扎鲁特旗的哈拉嘎图为例。原来，铝厂附近曾是扎旗最好的草场，草又密又高，灰土不粘。牧民们夏天在那里搭蒙古包、放牧。现在他们最好的草地悉数被征占，剩下三分之一的草场都在高山上，既不丰茂，也不营养，甚至做不了冬季牧草。

哈拉嘎图牧民们提供了一份申诉书上，记载了近6年来各种煤矿、铝厂和相关企业、设施是如何侵蚀了他们的草场的。

具体统计有：2004年，鲁霍公司占去嘎查4 050亩草场；2006年，鲁霍煤炭公司和亿诚煤矿占用嘎查7 132.49亩草地；2008年，铝电公司占去嘎查14 987.8亩草地；2005年，霍林河水库占地856.5亩；2004年，（运煤）铁路占用嘎查草地312.15亩；2006年6月，扎哈淖尔亿诚能源公司侵占嘎查2 508亩地；2010年，大唐风电烧毁草地2 005亩。

扎旗本来有1 000多平方公里的草场，现在几个嘎查的牧民加起来只剩下100多平方公里的草场。

前几年，学习锡盟的生态移民，扎旗也实施了这样的移民，效果非常不好，牧民除了放牧什么都不会。花完补偿款，一些人没吃没穿，就成了贫民。

哈拉嘎图牧民虽未遭遇到这一"生态移民"，但生存之地的被压缩和难以承受的污染让他们更加艰难。

"一开始听说要建铝厂，牧民们并不乐意。"关布舍楞说。后来旗里领导、公安局都来做工作，铝厂就这么建起来了。

2008年的铝厂占地规模巨大，1万亩以上最好的草场被占。牧民们反映，当年每亩2 499.4元的补偿标准，而牧民只收到1 604元每亩的补偿款，剩余895.4元每亩的补偿费一直没给补。

除了离村不到3里地的铝厂，附近煤矿的补偿也没有到位。2004至2007年，鲁霍煤炭公司占地和2006年至2007年亿诚煤矿占地总计也超过1万亩，但牧民至今也只收到规定标准40%的安置补偿款。其他如铁路、水库等占地补偿款也都未能补足。

一些在农村征地中常见的征地纠纷扩散到了草原上。哈拉嘎图60多户200多人皆以放牧为生，没有任何其他生计来源。村里人均仅150亩的草场，被各种工业开发占去了。村北一共3万多亩可放牧的草场，三分之二以上被侵占。

不光是扎旗，在西乌旗白音华矿区，巴彦花镇赛音温都尔嘎查牧民巴图有1 000多亩草场在一号露天煤矿在建范围内。9月12日，巴图带记者实地察看时，草场上已经建起了圆顶密封的硕大储煤仓和运煤设施。但草场都已经施工了，3 450元每亩的安置补偿款，还完全没有音信。

在内蒙古范围内，参照开发了四五十年的乌海，密集无序的煤矿开发恶果已经充分体现。疯狂的掠夺导致草场土壤、水资源、植被受到了严重污染破坏，牧草衰竭，草原面积急剧萎缩。

取而代之的，是一座座煤城的兴起。乌海、鄂尔多斯、霍林郭勒、呼伦贝尔，都先后因产煤崛起。而呼伦贝尔，曾是所有人心目中美丽草原的代名词。

在霍林郭勒工业区，露天煤业一年税收10多个亿，铝厂贡献也达到6亿至8亿元。但铝厂带来的氟污染和草场征占补偿，却欠账颇多。

因铝厂被污染的哈拉嘎图，牧民们搜集到了一些"意见调查表"。这是嘎查附近一公里处的霍煤鸿骏铝电公司三期在建工程最近对牧民意见的一份调查。

项目征求的意见包括是否出现过环境污染扰民现象，本项目产生的废水、废气、噪声、固体废弃物对其生活、工作是否有影响等。记者看到，回收的表格中全部画上了"没有影响""没有纠纷"等选择项。而据哈拉嘎图牧民介绍，填表的人都不是他们村里的人。

来自开发企业的"调查"，并不能掩盖草场被污染侵蚀的现实。

牧民依旧在上访，污染并没有真正被制止，如果将现代工业划归入历史进程，牧民的上访是对传统牧业的维护，那终究谁会将谁覆盖？只是，现代工业不可能被制止，牧民或许可以得到合理的补偿，真正的生活方式却需要进一步的探索。那将会是一个漫长的抗争与妥协的过程。

【点评】

扎鲁特旗牧民这个案例与别处不同的就是它有一个明晰的特征——羊群畸形的牙齿，但是把这个问题和铝厂联系起来，则经历了一系列的容忍然后调查。

牧民所遭遇困境的背后，是牧区土地的产权不明，必须依法推行集体土地登记确权，才有可能保护牧民们的财产权利，进而保护草原生态环境。回顾这些年的草原变迁，由于牧民无土地财产权利，某种程度上导致被平分草原、被定居、被管理，随之，草原生态链被破坏、牧民被贫困，最后被"围封转移"、被休牧、被"补贴"……2010年中央"一号文件"提出：力争用三年时间，把农村集体土地所有权证确认到每个具有所有权的农村集体经济组织。2011年5月6日，国土部、财政部、农业部也联合发出通知，要求在2012年底，实现农村集体土地确权全覆盖。

截至2013年年初，内蒙古28个县（包括县级市）、49个旗、3个自治旗，共80个县级单位中，只有西乌珠穆沁旗和杭锦后旗政府分别于2008和2012年在媒体上公告了"集体土地登记"事项，内蒙古13 500多个嘎查和村，只有约100个嘎查登记了集体土地，领取了《集体土地所有证》。

现在草原利用的主体多元化，草场虽说属于嘎查，但从草场承包经营到户后，嘎查已经被空置，一些地方政府想要哪块草场就要哪块，想挖哪儿就挖哪儿。

"大开发"要讲法治，利益相关方应该坐下来谈判，建立开发的合同和规则，按照市场价格支付资源成本，这些是公平的底线，然后才是生态补偿和转移支付。

在权属确定的基础上，通过加强司法监督，才能由违法者承担破坏环境、侵犯其他公民权益的民事以及刑事责任。但如果没有《集体土地所有证》，农牧民根本不可能举行公平的土地流转谈判。而土地产权不清，集体土地所有权没有登记、不生效，也给圈地开发、官商勾结非法牟利提供了可乘之机。2012年6月5日，内蒙古自治区原副主席、锡盟原盟长、书记刘卓志，因涉嫌受贿在北京受审。此前，锡盟副书记蔚小平因贪污受贿被判无期徒刑，另一锡盟副书记白志明因贪污受贿被判死缓。

伴随着这些贪官落马的，是十多年来草原生态的恶化、牧民财产的损失，虽国家财政耗资巨大，却也难以短期修复。

一个农民的环境维权逆袭

■ 董剑

张功利是安徽省蚌埠市龙子湖区仇岗村的村民，出生于1952年3月。

仇岗村自1970年初迁入民营化工厂，并在之后转为国营，在2003年被九采罗化工厂收购，成为国内乃至亚洲最大的生产有剧毒的有机化工中间体的龙头企业。

该厂不仅生产工艺落后，并且和村民生活区仅有一墙之隔，直接导致当地癌症患病率大大增加等诸多严重的环境问题。

2004年起，张功利从个人维权到带领村民向化工厂进行环境维权。张功利和村民们要求坚决关停污染企业，并在2008年底取得了阶段性的胜利，直接致使仇岗村的九采罗等三个污染企业关停。

并且政府下大力气对仇岗村进行环境整改，环境状况大大改观，保障了全体村民的环境及健康权益。

"懂法""依法""坚持原则"，刚过花甲之年的张功利总结他的环境维权的关键。

机会总是给有准备的人

2006年一场大雨，将化工厂的污水漫到了部分村民家里和地里，村民养的鸡和鱼纷纷死亡，张功利家种的青苗也一同被污染死掉。通过和化工厂交涉，事情并未得到解决，张功利决心去诉讼他们。

但是张功利清楚，就凭自己去诉讼这个纳税大户，肯定难逃败诉，而且还会像村里其他维权的人一样被打。可是如果不诉讼，自己家的地就这么白白糟蹋了，今年是这样，那明

张功利

年呢？经过一段时间的考虑，他最终还是将化工厂诉上法庭。

2004年，张功利第一次上法庭明显地发现了能力和准备都不足，"他们要证据，可是我提供的证据总是有问题"，当化工厂拿出一张张由政府部门颁发的生产许可、优秀企业、排污许可等证书的时候，张功利已经明白了这场官司恐怕已经没戏了。

又过了一年，2005年，张功利第二次上法庭，并拉上同村的3个村民，希望通过现身说法来举证。但光靠人证不行，法院需要的是有效物证，比如盖章的检测报告、化验单，等等。所以和第一次一样，张功利又败诉了。

机会总是给有准备的人，而这一次，正激发了张功利认真学习法律的冲动。"打不好也要打。"身份上虽然是农民，但骨子里颇有文人的"傲骨"。

只有初中毕业的文化，并没有成为张功利太大的学习阻碍，"有些字看不懂，就买新华字典查"，每次去市里，顺道买法律书、政策书、政府讲话文件、法制杂志等已经成为张功利的习惯。

一本《胡锦涛在中央人口资源环境工作座谈会上的讲话》已经被张功利翻得烂熟，里面的一些关键的语句都被张功利记下例如"乱占耕读，纵容破坏环境和污染环境的行为，这些干部不仅不能提拔，还要依照纪律和法律追究责任"。张功利说："自己懂国家法律，打官司才能有底，自己懂国家政策，才能保持政治正确，这样无论在什么场合都不怕。"

张功利还买了一台傻瓜相机，把他日常看到的一些排污现象记录了下来。在法律上这个叫"表面证据"，而就是这些照片，成为了之后诉讼、信访等工作的重要证据。

细心的张功利还发现，其实诉讼对于化工厂来说损失更大，"我起诉再撤诉一次，花400元；他们应诉一次，又请律师，又上下打点，就得花1万元。"张功利说即使每次都打不过，但是至少还是有两点值得继续打下去的。第一，每次打官司都让他学习如何和律师打交道，发现诉讼环节中的问题，回来继续学习和补充。第二，每次的诉讼也让化工厂付出了不少人力和财力的代价，这让他们对村民的维权也或多或少有些忌惮。

随着维权的不断深入，张功利在村里的威信也渐渐树立起来。但是化工厂排污似乎一点都没减少，国家标准年均癌症率在3/10000以内，属于正常，但是在这个1000多人的小村子里，粗略统计仅2004～2006年三年时间，就有50多人死于癌症。

村里90多岁的王宗英老人，用粉笔在自己家斑驳的墙上记录着癌症死亡人数。"你看我这么大年纪了，我也不会撒谎，每死一个癌症的人，我就在墙上画一笔。"而现在墙面上触目惊心地画着长长短短的几十道杠。

还有几位核心成员

除张功利外，还有几位核心成员，都是村里的维权的重要力量。

王永翠是仇岗村一位妇女。她的侄子是村干部，在村里建厂时，她侄子也是积极的拥护者。一方面，她需要维护家族利益；另一方面，她又对村里的污染十分痛恨。她明确态度，对村民的维权态度也是十分重要的。

杨军是村委会成员。他人脉颇广，经常能打探到一些"内部消息"，经常给维权团队提供一些关键信息和资源，并因为揭露化工厂排污造假，被化工厂痛打，但仍然不屈不挠，坚持维权。

"临危受命"治理环保的长淮卫镇镇长李含琨，也是和化工厂斗争的重要力量。

说起2007年的治污经历，他记忆犹新。

除了两家大型化工厂之外，仇岗还存在着30多家家庭作坊式电镀厂和冶炼厂，而清理这些小作坊必须要用"非常手段"。

很多次整治他亲自上阵。有一次，为了关闭一家小电镀厂，本来这家厂答应得好好的，说第二天就关门。不料第二天李含琨去现场一看，电镀厂还干得热火朝天。"还有一只大狼狗对着我叫，气得我一脚把实打实的铁磅秤跺断了。"李含琨的左脚也因此受了伤。

2006年，安徽省NGO组织"绿满江淮"开展了淮河水项目调研的一部分，他们的一队志愿者来到仇岗，他们发现了与化工厂零距离接触的村庄，也发现了张功利。

刚开始，志愿者并没有介绍自己的NGO身份，只有初中文凭的张功利自然也对NGO毫无概念。在他的第一印象里，他们只是一帮关注仇岗村污染的热心大学生。

张功利觉得这些志愿者也起到了很重要的作用。"很激进的，敢说敢为，能够认清是非，说些公正的话。"一开始，张功利希望依靠他们。

他们也给张功利的维权帮了很大的忙。之后张功利通过这些志愿者认识了很多外面的人，包括北京的一些环保组织和媒体，特别是"守望者家园"，这让他知道原来中国还有很多和他一样为环境权利而抗争的人，并且学习到环境影响评估、NGO、环境信息公开等新知识，这在以前是无法想象的。

和化工厂斗争了几年后，直到这些志愿者的出现，张功利和村民们才知道他们一直与之抗争的这个厂生产的是什么、有哪些工艺。

志愿者们还在网上帮张功利找到化工厂的产品，分析了它的化学成分和可能对身体带来的伤害。当然，他们带给张功利的远不只此，还有理性的维权方式。

志愿者劝解张功利和村民，不要把矛盾激化，多运用法律和政策手段。

2007年4月，仇岗小学五年级语文老师张连红给学生布置了一道作文题，要求他们写一篇关于对附近的环境进行调查的作文。

张老师将所有作文收上来后，发现全班有40多个孩子不约而同地写了同一个题目：《向市环保局反映有关农药厂（化工厂）对我们村的污染情况》。

孩子们是不会撒谎的。有时候化工厂飘来的气味久久不散，老师和学生们只好捂着鼻子上课；2006年7月，化工污水侵入校园，把校园里的树都污染死掉了。

"绿满江淮"的志愿者们把孩子们的作文送到了安徽发行量最大的《新安晚报》，作文也很快被报道出来。但环保局却始终坚持称未发现环保违规问题。

文章一经报道，立即有各地的媒体纷至沓来，要求采访，并且有大量网友将报道转发在网络上，引起了热议。

张功利后来听说，有新华社的记者写了内参，呈给国家领导人。随后，国家环保总局派驻的暗访检查组来到仇岗进行调查。

时任国家环保总局副局长潘岳，痛陈环保治理困局，并向媒体公布环保总局的"杀手锏"，对水环境污染严重、环境违法问题突出的蚌埠市工业园区实行"流域限批"。停止审批这些地方境内或所属的除循环经济类项目外的所有项目，直到它们的违规项目彻底整改为止。

图为仇岗村村民在政府门前

几年来的漫漫维权路，让张功利担心，像九采罗这样"有背景"的企业，可能在"风暴"过后重新上马。于是，他字斟句酌，给蚌埠市市长写了一封信。

2007年7月的一个晚上，在灯光昏暗的村委会会议室，仇岗前任村主任拿着一份文稿，向在场村民大声宣读："尊敬的陈市长和各级领导，为了社会和谐及几万人民生命的安全，我们强烈地呼吁化工厂转产！我们宁愿捐钱帮助，叫它转产！谢谢！"

接着，张功利张罗着说："你们对材料没有意见的就签字，让它转产！小孩也签字，小孩也喘气！"村民们一一在文稿后按上鲜红的手印，包括当时村委会的一些干部。

"仇岗当时有1 867个村民，有1 801个人签了名！"说起当年的这一幕，张功利十分激动。在"给市长的一封信"上联名签字的那天晚上，张功利与家人一夜无眠。

"晚上九点半，当时这个房间里还有两个来送签名的人，他们的砖头就从窗户外砸了进来，打碎了窗户玻璃。晚上十一点四十，窗外还夹杂着此起彼伏的枪声，来恐吓我们。"张功利回忆道。事后，张功利还听说化工厂放出狠话，"化工厂黑道、白道都有关系，到时候让张功利不明不白死掉。"

第二天一早，张功利和浩浩荡荡的200多位村民准备去市里示威，要求政府铲除黑恶势力，不料却被大量政府工作人员阻挡在村里。最后村民们无奈，只得委派张功利等几个村民代表去信访局递交信访材料和几乎全村村民的签字手印。

可是递交之后一个星期，当张功利再去询问结果时，却被信访局拒绝承认有此事。不仅如此，市领导还专门针对包括仇岗村在内的几个村的村干部开会，要求凡是发现本村有上访的，一律免除村干部职务，并惩罚访民。

环保组织的志愿者

在赴北京的火车上，张功利坦言："我害怕，人总有害怕的时候，我也不想逞英雄，我家子孙后代和我们邻居的子孙后代受到伤害了，那我们就拿我们这条命来换取他们的幸福，我觉得也值。"

在北京，张功利第一次参加了由"守望家园"组织举办的"环境影响评估法律知识培训与交流会议"。在会上，张功利拿出了1 801人的村民签名和红手印的纸，向所有与会

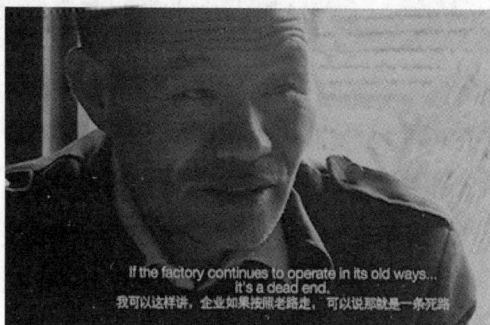
纪录片《仇岗卫士》中张功利在向企业代表表达态度

者展示。他说："我们的愿望就是我们能有一片净土，能呼吸到大自然给我们的原汁原味的空气。"也是在这个会议上，张功利第一次听说了"环境影响评估""NGO"等新名词。之前张功利环境维权对这些没有一点概念。晚上回到宾馆，张功利才问"绿满江淮"志愿者什么是NGO？志愿者解释到说NGO就是非政府组织、民间组织。

最后在会议快要结束的时候，主持人让每个人说一句自己想说的话，张功利羞涩得张开自己的双臂说道："我想说的是 好人万岁。"

回程的火车上，张功利躺在卧铺车厢中，久久不能入睡。他戴上老花镜，一页一页翻看会议发放的资料，他也明白了自己的维权之路还有很多要学习。

刚回到仇岗村，张功利到北京开会的消息就传遍了各家。而就在张功利去北京前，国家环保总局（现国家环保部）就已经在监控仇岗的污染情况，并要求蚌埠市政府限期治理。

不久后，化工厂派了代表给张功利家捎话，说请张功利去化工厂参观交流。张功利有些犹豫，因为他知道这种事不能自己单独去谈判，遇到什么情况，也没法脱身。于是让随行的记者和他一起前往，公开谈判，这样对自己的安全也有个保障。企业代表表示同意。"我想说的是，企业要是还按照老路走，肯定是死路一条。"张功利深深地道。企业代表回答道："老路肯定是一去不复返了……我们感觉你已经不是普通的老百姓……"

【点评】

从2000年到2013年，全国环境公益诉讼案件总计不足60起。从起诉主体看，绝大多数是行政机关和地方检察院等公权力机关，环保组织起诉的案件很少。

"并不是所有的环境污染案件都可以提起公益诉讼。"中国政法大学污染受害者法律帮助中心诉讼部主任刘湘对此解释，"而最重要的原因，在于谁来提起公益诉讼。"

谁来提起环境公益诉讼，在此次《征求意见稿》出台前，很长一段时间里成为很多环保NGO组织面临的共同难题。

2013年新修订的《民事诉讼法》增设了公益诉讼条款，其第55条规定，对污染环境、侵害众多消费者合法权益等损害社会公共利益的行为，法律规定的机关和有关组织可以向人民法院提起诉讼。这条规定曾被称为"为环境公益诉讼打开了一扇门"。而实际中，各方对什么是"法律规定的机关和有关组织"存在较大争议。

《环境保护法》第58条对此的规定又有不同："在设区的市级民政部门登记的专门从事环境保护公益活动连续五年以上，且无违法记录的社会组织可以提起环境公益诉讼。"而哪些机关、哪些组织可以提起环境公益诉讼也并不明确。一些公益诉讼案件就因"起诉人不具备原告资格"被挡在法院门外。

云南曲靖铬渣诉讼追踪

■ 邓青华 朱清

2011年6月，云南曲靖陆良化工实业有限公司5 000多吨剧毒工业废料铬渣，被司机非法丢弃在当地水库中，对附近居民生命财产安全造成严重威胁，珠江源头南盘江水质也存在被铬渣污染的危险。而除了这批被非法倾倒的5 000多吨铬渣，在陆良化工实业有限公司后门处，还有一处总量达28.84万吨的露天铬渣堆，距南盘江仅一条土路之隔。

被严重污染的龙潭水，原为村民饮用水

据北京微陶环保技术研究中心周景博士介绍，铬污染对人体的危害是永久性的。皮肤接触后会导致皮肤溃烂，饮用受铬渣污染的水会导致中毒；铬渣对土壤、水源造成污染后，其中的有害物质最终会富集到农作物、家禽或水产品中，通过食物链进入人体。

2013年12月26日，我准备去到两年前，《南方都市报》《云南5000吨铬渣被倒入水库污染水被排入南盘江》新闻曝光的云南曲靖铬渣污染现场，陆良县兴隆村。陆良县城不大，在老人簇拥的小小广场旁边，停靠着县里两趟公交车的其中一趟：1路车从广场到兴隆村，也就是我和同伴此行的目的地。

车子开动了，驶出县城，即刻就看到城郊的南盘江。它穿过县城的工业区，正是公交车前往的方向。道路拥挤，公路上重型装载车来来往往。黑压压的灰尘之下，道路两旁的草木、围墙、玻璃、零星的商店和行人，都有了统一的呆滞的色泽，连空气似乎都是灰色的。道路蜿蜒曲折，马路两旁随处可见造纸厂、煤砖厂、化工厂……从车上可以看到，厂房破旧不堪，凌乱而肮脏，到处漂着不知名的灰白烟雾，让人想到"苟延残喘"一词，以及恐怖片。

2011年8～10月，公益律师调查团3次前往云南陆良县西桥工业园区，对污染进行调查走访

像乞丐一样的老奶奶

公交车经过陆良科技和陆良化工后，便到了终点站兴隆村。村子并非小山村，而名副其实，处处可以感受到"兴隆"一词：兴建的水泥房，一排排整齐有序，漂亮的小学，休闲烤火的居民，一副愉悦景象。往村子里面走，我们遇到了黄奶奶。

黄奶奶今年48岁，我们看到她的时候，她正在挑粪。猪圈旁边有一间破旧不堪的土砖房，挂着的木门缺了一半。她主动让我们进里面坐坐。屋里黑漆漆一片，等眼睛适应了黑暗，我才发现自己站在一堆发霉的干草上，到处都是破烂的塑料袋，不知该往哪里踩着走。她在一堆干草中找出一个木架子，微笑并客气地让同事坐。原来这是奶奶的家，原来那木架子是凳子。如果把这房子放在县城，这就是一个垃圾中转站。她让我再站一会，因为第二条凳子尚未找到。后来，她找到一个红色塑料包着的一个大圆团，抱歉并笑着让我坐。我们坐了下来。身旁有一个大灶，铁锅冒着微微热气，原来奶奶在挑粪时顺便做晚饭。大锅里面是汤水米饭，有几片热透了的白菜，白菜已经变灰了，汤和饭的颜色像南盘江水一般，饱足的灰色。大铁锅旁的地上放着几个碗，里面是辣椒酱、酱油、盐巴。我们坐下来时，脚没有多余的地可以摆放，恰恰就在碗旁边。地上还有几个桶，有的装着水，有的是蔬菜，那是黄奶奶每日吃的菜，而那白菜分明已经腐烂。奶奶说那是前几天买的，而这些菜叶与菜农丢掉的无异。房间里堆着高高的干草，破旧的木板楼梯尽是蜘蛛网和烂了的塑料薄膜，破烂和灰旧的样子,像黄奶奶身上的衣服。楼梯顶端一边就是白炽灯,电灯和电线已经结满了蜘蛛网。这盏灯是家里唯一用电的东西。我们好奇地问,奶奶睡哪里?黄奶奶指着里面那草堆,说床在干草下面。我给屋里的东西一一拍了照,并抱歉地向同事说这样其实不礼貌。而用方言同黄奶奶沟通的同事告诉我说,奶奶一直不知道我手里拿着的是手机,哪里知道我在拍照。

黄奶奶有两个孩子,儿子27岁,没钱结婚,女儿21岁,在福建读高职,平时靠兼职挣钱养活自己。由于家里只有一个房间,两个孩子若回家,就和黄奶奶一起睡在草堆中。黄奶奶的丈夫在9年前去世了,患了癌症,治疗花了家里的1万元,后来就再没有钱治疗,亲戚都不敢借钱,丈夫后来就病逝了。同样病逝的有不远处的邻居,还有一个怀着孩子的孕妇。这几年也有人因为癌症陆续病逝,大家说这是因为喝了化工厂旁边那口井的水而得病,因为用另外几口水井的村民得病的就少了。得病的人很多,由于村子很大,平时大家忙于农活,村民不知道有多少人,而且有的人得病了也不说出来。我们问黄奶奶喝哪里的水,她说一直从化工厂下面的那口井取水。村子里的人大部分都不再喝井水了,改用矿泉水。奶奶说,自己一把年纪,有毒也无所谓。

黄奶奶说,家里到处都是老鼠,老鼠大了就不怕人,赶也赶不走,于是就养了一只猫。猫是这个破旧的房子里最最生动的一个东西。猫一直守着锅里看,显然是饥饿已久,奶奶拿着白菜叶给我们看时,它跳起来抓白菜叶吃。

说到化工厂污染水田和玉米的事,奶奶就从草堆里拿出锄头说,这是前年村里去化工厂讨公道时用的锄头,但后来政府只给了黄奶奶15斤米,后来再也没有什么消息。

黄奶奶48岁,应该称为黄阿姨,有两个年轻的孩子,但阿姨的样子和面容,与马路边捡破烂的乞丐是那么相似……

集体维权却遭警棍毒打

常阿姨家在黄奶奶家不远处,7年前岳父因患癌症去世,岳母因为恸哭过度,气瞎了。我们到她家的时候,常阿姨正在做晚饭。电饭煲冒着饭香,折耳根一盘,羊肉一盘,另外一盘红豆。常阿姨热情地搬出凳子和烤火器让我们坐下。看到常阿姨门前的一把把玉米,我们便问玉米是否可以食用。常阿姨说玉米本来是喂牛的,后来因为有毒,只好把家里种的稻谷玉米卖了,卖来的钱用于买别人的米。"虽然卖给别人自己心里也过不去,但我们也要过日子啊!"常阿姨说。

前年,因为喂了玉米秆,常阿姨家的牛突然死了两头,邻居也有家禽意外死亡的。常阿姨说，这些玉米都长在化工厂旁边，平时去地里，玉米穗上面全是灰蒙蒙的一层脏污。村民后来知道化工厂排污，影响到了工厂旁边的玉米和水稻，后来就不敢吃那里的玉米稻谷了，水也改为矿泉水。

"有没有向政府反映呢？"

"哪里没有！"常阿姨站起身来，声色俱厉，"前年我们村不是去县政府闹吗，结果还不是一个屁也没有。"

常阿姨说，2011年，由于癌症死的人多，又加上污染问题，水不能喝，粮食有毒，家禽毒死，于是村里的老人一户一户先集合起来，要向政府讨个公道。大家早已受气颇久，村里男的女的都一同响应，拿起锄头等农具，在小学门口集合，等公交车，准备进城闹。公交车司机借口人多载不动，怕村民闹事，政府罪责，不敢开车。村民愤起，一定要讨个说法，于是决定徒步去县政府。队伍总共300多人，大家拿着农具，从兴隆村走了近两个小时到达县政府。村民在政府大楼前告状诉苦，要政府出面，要求赔偿损失。政府招来派出所的警察驱赶村民，说过几天来处理。村民不肯走，大家闹着一定要当面给个说法。结果派出所的人开始用警棍打人，强行驱赶村民，村民哭喊。年轻一点的村民奋起表示不公，都遭到毒打狠踢。老人滚在地上闹，派出所的人不敢打老人，于是老人们往前吵闹、哭喊。僵持了一段时间，政府后来承诺，会马上处理，让村民先回去。村民才渐渐平息下来，陆陆续续回到村子。

可是过了一段时间，还是不见有当官的人来过问，老人又奋起召集村民去村子不远处的陆良化工厂，自己当面跟化工厂讨说法。在化工厂大门，村民骂的骂、吵的吵，要求赔偿损失。工厂没人给答复，村民就一起拿起锄头要挖大门口的马路，要让车子过不去，让工厂不能生产！结果工厂的人叫来保安打人、踢人。村民打不过，自然是一场空，没有得到工厂任何回复，反遭暴打。

"这几年有没有再去告化工厂呢？"

"这两年都没有了，怕挨打，告了也没用啊。后来有开车的人来地里买了半袋玉米说是要化验。我肯定有毒，但你看看现在，还是一个屁也没有。"

"网上报道说，工厂每年给了村子15万，村子大家平分吗？"

"有个屁，一个子都没有，根本就没有给我们什么！"

户主常阿姨家经营桉树叶收购，家庭经济收入可观。由于家的地在村子后面，所以自家

图片由自然之友葛枫律师提供 　　　　　　　　　　　铬渣堆放场与农田仅一墙之隔

的玉米可以食用，不过水都用矿泉水，从井里汲出来的水只用来洗衣服、洗米煮饭。

"化工厂给我们村民赔偿了吗，说是有十几万每年。"

"工厂说是说有赔偿，我们家啥都没有。要赔啊，我看都被干部拿走了，或者当官的亲戚。"

关于赔款事宜，后来问村里原来的主任。主任撑直了腰，语气正式地说："赔了，每家每户都分到了。"

年轻的村里人：污染影响不大

我们又来到兴隆小学稍作休息，遇到小学食堂做饭的阿姨。在一番交流之后，我们问：

"阿姨，学校这边的水有没有问题啊，可是，据说这边污染严重是吧？"

"没事，可以喝的，我们做饭炒菜就是用这个水。"

"学生也用这个水吗？"

"是啊，洗澡洗衣服，他们有时直接喝自来水。"

"村里不是大部分家庭都用矿泉水，说这水不能喝？"

"没事的，那些有钱人才喝矿泉水。"

在小学工作了17年的曾老师告诉我们，兴隆小学就是和平科技捐助的，我们现在站的地面就是由铬渣铺起来的，学生每天都在路面上玩耍。

曾老师坦诚说，这几年，工厂排放的废气确实不臭了，"要是在前年，一大清早就是臭气扑鼻，树叶上灰蒙蒙的一层灰，可以看到工厂排出浓黑的废气，根本不可能像现在一样早起晨练，所以有了村民闹事这回事。""这几年化工厂抓环保严了，所以污染没有报道的那么严重，要不你看，公路旁边都是新建的房子。"

我们穿过村里小巷的时候，遇见一个背着孩子的年轻女子。直接说明来意后，她断然说没有污染这回事，"大家都很健康，如果有，只有那些老一辈才知道。"

巷子里的一位正在烤火的阿姨同样告诉我们："没有啥影响，自来水和稻谷都没问题，这事没有那么严重。"

采访中的常阿姨就告诉我们，明天她们家就要搬到新房子那边去，可以直接饮用村庄后面的水了。常阿姨说，现在村庄的日子过得稳定了，即使有两三户人家确实受了损失，也组织不起来闹。哪怕闹了，也没人搭理，反而让别人笑话，遭人闲话。"真正的污染是看不见的，采访也问不出来的。"

拜访结束之时，我们告别黄奶奶。走到小巷的时候，黄奶奶走到小巷中间目送我们。我回头，给她照了一张相；走过了一段路后，我再回头，远远看到奶奶还是在那个位置没有移动；走到大道的时候，我第三次回头，奶奶依旧在原来的地方，小小的身影，几乎不被人看到，而我们已经转弯，离去……

或许，黄奶奶已经有几个月没有说话，或许，今天她的话比她平时一年的话说得还多。

我们是老人的一个梦，奶奶希望我们能把她的事报告到报纸上，政府因此会补助。

而人来的来，走的走，留下的，又是一地的老鼠和老人的叹息。

返程的路上，公交车再次经过陆良科技。在清洁华丽的工厂办公楼后面，肮脏可怕的不只是后方的化工基地，还有村民的一知半解与病者的无奈。村子里的呼声日渐沉默，年轻在外的新一代对过去的伤痛无知，没有话语权，也没有安全意识。或许听说过，也只是听听，只要不发生于自己身上，平时在外地打工，管他呢。

曲靖杨棋营村后山倾倒点

这里解释一下什么是六价铬。六价铬为吞入性毒物／吸入性极毒物，皮肤接触可能导致敏感；更可能造成遗传性基因缺陷，吸入可能致癌，对环境有持久危险性。六价铬是很容易被人体吸收的，它可通过消化、呼吸道、皮肤及黏膜侵入人体。

环保组织代村民提起诉讼

村民们并不清楚，没有"直接利害关系"的环保组织针对铬渣污染开始了艰难的诉讼之路。铬渣非法倾倒事件被媒体曝光之后，民间环保组织自然之友立即组建了律师团。2011年8月26日，律师团成员初次进入到现场进行调查取证（9月、10月各有一次）。9月20日，环保组织自然之友、重庆市绿色志愿者联合会就云南曲靖铬渣污染事件向曲靖市中级人民法院提起公益诉讼，要求被告赔偿因铬渣污染造成环境损失1 000万元人民币。诉状将云南省陆良化工实业有限公司、云南省陆良和平科技有限公司列为被告，将曲靖市环境保护局列为第三人。

环保组织在诉状中提出了六项诉讼请求：判令被告立即停止侵害，即停止对环境造成侵害的违法堆存铬渣的行为；判令被告立即消除危险，即采取切实有效的措施彻底消除其已倾倒和堆存铬渣对环境造成的污染危害；其采取的消除污染损害措施，应当委托第三方机构依法评估，向社会公开相关信息，并接受原告及第三人的监督；判令被告赔偿损失，即赔偿因铬渣污染造成的环境损失（暂定为人民币1 000万元，具体金额以司法鉴定评估报告为准）；该赔偿款应付至第三人专门设立的铬渣污染环境生态恢复专项公益金账户，在原告等环境保护组织、法院和第三人的共同监管下，用于治理和恢复被告所损害的生态环境；判令被告承担原告因本案诉讼和执行而发生的合理费用，包括差旅费、调查取证费、评估鉴定费、聘请专家费等费用（暂定为人民币50 000元，以实际发生额为准）；判令被告承担本案全部诉讼费用；判令两被告对原告的全部诉讼请求承担连带责任。

环保组织在诉状中写道：

根据《环境影响评价法》，被告理应按照陆良县环保部门的要求，对于生产过程中产生的铬渣全部用于铬粉生产，做到"无废渣外排"。但是，在南盘江边，原告发现被告不仅外排废渣，而且已经堆存近15万吨的铬渣。更为严重的是，在该铬渣堆放场下游几十米的南盘江边，有一个泵房，该泵房从该段南盘江抽水灌溉铬渣堆放场周边的农田，灌溉的作物包括水稻和玉米。很显然，被告对南盘江的污染已经扩大到附近的农田和农民。经珠江委调查组取样分析，在黄泥堡水库、南盘江下桥闸上下游等敏感点水体检出六价铬污染，被告铬堆渣场范围内，六价铬检出超标。被告非法堆放铬渣与处置铬渣的行为对周边环境造成了严重危害，目前上述危害事实已经得到了当地政府确认。

据专家分析，针对被告给环境造成的污染危害和生态损害，恢复和修复的过程将是漫长而艰巨的。针对被告的环境污染违法行为，原告曲靖市环境保护局作为环境保护行政部门，积极有效地依据环境保护法律赋予的职权对其进行了应有的行政查处。在民事责任方面，原告愿意通过提起本起环境公益诉讼，将被告应承担的环境污染损失及生态恢复费用，包括受铬渣污染的农田以及珠江源流域生态恢复费用（损失）支付至原告曲靖市环保局设立的铬渣污染环境生态恢复专项公益金专门账户，共同建立环保公益资金制度，在原告和法院的共同监管下，专款专用于被告铬渣污染的治理和南盘江及周边生态的环境保护。

但这场诉讼在一开始就不受当地待见，公益律师调查团曾希望得到官方的积极响应和配合。结果曲靖环保局袁姓副局长表示"不需要配合"，曲靖市环保局自己能搞定，另外袁也表示不能提供前期的任何材料。而在云南调查的曲靖铬渣污染事件公益律师团成员甚至遭到涉案企业和平化工厂保安的围抢，相机、录音笔等物品被抢夺。

等到10月19日，本来不抱立案希望的环保组织自然之友收到云南曲靖中级人民法院送来的立案书。这起案件由此成为了首例由"草根组织"提起公益诉讼并获立案的案件。此时，自然之友经过法院建议，出于取证等方面考虑，将当地环保局拉来作为原告。而曲靖环保局表示，他们作为原告是被环保组织拉过去的，"没办法，把我们也拉过来当成原告了。"曲靖环保局乔姓科长认为环保组织此前没有进行过公益诉讼，没有经验。他认为，不打官司也可以，但起诉到法院"出发点是好的，但反过来是给政府添乱"。

2012年5月24日至26日，法院开庭进行庭前证据交换。环保组织提供了88份材料希望证明事实：第一，证明被告铬渣违法堆放和环境违规行为，造成环境严重污染的事实。材料包括2007～2011年环境监察现场记录表、生产项目环评报告、土壤与水稻样本检测报告。第二，证明被告非法转移、倾倒铬渣致使环境严重污染的事实。材料包括陆良县环保局行政处罚文件、"6·12"铬渣非法倾倒污染环境突发事件调查处理报告、云南省环境现场检查笔录等。第三，证明两被告混同经营、共同侵权的事实，本案两被告应当对原告的诉讼请求承担连带无限责任。材料包括环保局监察记录、两被告工商档案、被告总经理自认。

2012年6月至2012年12月，久拖未决的诉讼，经过多次沟通与谈判，终于在12月下旬达成了调解协议签订文本，但就在2013年1月30日，约定调解书签订时间，被告方无故缺席。2013年4月18日，被告正式向法院表示，拒绝签署调解书，彻底推翻了此前与原告签署的框架性调解协议。

【点评】

原告自然之友在总结诉讼为什么久拖不决时，曾提到四个最主要的因素，包括：

（1）2012年环保部铬渣治理的环保风暴，扭转了格局，被告变被动为主动；

（2）公众关注的转移；

（3）缺乏有资质的环境损害司法鉴定机构；

（4）高昂的鉴定费用。

而在诉讼期间面临的最大困难是，没有当地环保组织的支持和持续监督。虽然面临种种困难，但截至完稿前，负责此案的葛枫律师（此前是曾祥斌、杨洋律师负责）表示："仍未放弃希望。"在2013年6月，她陪同环保部环境规划院环境风险与损害鉴定评估研究中心、中国环境科学学会环境损害鉴定评估中心专家现场踏勘；同年11月，陪同中国环境科学学会环境损害鉴定评估中心、SGS-通标标准技术服务有限公司专家进行环境质量调查，现在等待检测结果和环境质量调查报告。

虽然如此，这起草根民间环保组织提起的环境公益诉讼第一案已经带来了诸多思考，它无疑是公众（民间公益代表）通过司法途径对环境公益损害进行救济的一次有效尝试。

现在兴隆村两边的新房建起来了，同时建起来的，还有村民对于安全权利的冷漠，对于非我之外的他人的冷漠。中国，还有多少个沉默的村庄，无奈着……

公交车颠簸着驶过工厂区域，我们，像其他曾经来过的记者一样，来了，走了，然后回到自己原来的生活。而这里的村民呢？那些受害的居民呢？他们颠簸的路将怎样结束？这样的道路会不会结束？

有趣的是，靠近化工厂的第一家店铺，店名是：出售棺木。

新农村的号召下，兴隆村旧貌换新颜。一代一代，过往的伤痛很快就会忘记，直至一片空白，毫无踪影。

真正的毒害，平民百姓哪里看得到；即使看明白了，谁来主张？这仍旧是一个疑问。

把嘉兴环保局告上法庭

■ 邵文杰

"种树的老人"是他的微博名。偶然间看到他的微博，第一反应会让你觉得他是一个污染受害者，是一个需要帮助的人。

但见到他，听他讲话，又全然不是这么回事。他根本不是老人，而是一个充满智慧和阅历的中年人。他种树很有经验，和环保局斗争似乎也很有经验。他的真名叫张红。

扑朔迷离的剧情

张红是个生意人，很精明。2008年，他和几位朋友合伙在嘉兴市海盐县跨海大桥开发区承包了几块土地种植苗木，共计260亩。种植的苗木主要有合欢、大叶女贞、香樟、黄山栾树、广玉兰、桂花、黄杨、榉树等。张红在苗圃地里搭建了100平方米的管理用房，雇用了7名专业技术人员进行苗圃管理。

张红算了一笔账，每亩每年投入的管理费、人工费，农药、肥料等共计1 500元，260亩一年就是40万元。随着树木的长大，苗圃每年每亩可增值7 000到10 000元。未来只要精心管理，苗木的价值会越来越高。

2块苗圃地，由于工人的精心照顾，树木十分健康。张红平时最喜欢干的事情就是拿着卷尺，一棵树一棵树地丈量树的胸径。树木每年长了多粗，他都了然于心。

2010年发生的一件事让张红颇为恼火。原来，在苗圃的旁边，一家名叫三江化工厂的企业投产后，紧邻厂区的苗圃经常出现不明原因的树木落叶，偶尔还发现树木非正常死亡事件，年底共计发现死树200多棵。2011年4月，张红邀请海盐县林业局植保专家实地查看，专家在查看现场和查阅相关资料后，发现落叶原因并不是树木病虫害导致，有可能是旁边的化

死亡的树木堆积一地

工厂排放污染气体导致。2011年7月，张红又在苗圃里清除死树300多棵。2011年8月，树木落叶现象更加明显，死亡情况也加重，损失巨大。

2011年8月5日，张红向嘉兴港区环保局举报三江化工有限公司排废气导致树木死亡。在环保局的反馈中，张红才得知，三江化工在生产环氧乙烷的过程中会有乙烯等气体排放。乙烯是一种植物激素，会促进植物的花、果、叶衰老和脱落，也会抑制植物生长。苗圃受害严重的区域是中间段的三江化工发生器外侧（下风口）往西，特别明显。

在举报过程中，张红还得知三江化工厂的某发生装置于2011年8月3日因受雷击起火，导致乙烯、环氧乙烷等危险化学品泄漏。但是嘉兴市安监局认为这是一起自然灾害事故。张红认为，这次泄漏事故使得自己的苗圃遭受严重损失。

2011年9月5日，张红向嘉兴市12345市长热线举报三江化工厂排放乙烯等毒气，致使树木死亡，要求查处。嘉兴市环保局未在规定的12个工作日内回复市长公开电话，在两个月之后的11月1日才回复。

嘉兴市港区环境保护局称，环保局9月8日去了现场实地查看，落叶现象属实，但由于苗圃基地周围工厂众多，周边环境较为复杂，无法确定苗木死亡和落叶现象的具体原因。环保局在回复文件中建议张红联系专家，继续研究死亡原因。9月28日，嘉兴环保局又到现场查看，结果依旧是树木死亡原因不明，并继续建议张红联系专家鉴定，之后再协商。环保局还认为张红所投诉的主体是嘉兴港区的三江化工，主管环保部门是海盐县环保局，应该向海盐县环保局投诉。

充满波折的取证之路

张红对嘉兴环保局的答复颇为不满，不光是因为拖延时间，重点是居然只字不提污染。

2011年11月3日，他接到嘉兴市安全生产监督管理总局《关于三江化工厂化学反应器遭雷击发生大火，造成相邻苗圃落叶和死亡事件的相关答复》。答复详细描述了8月3日，三江化工厂某装置受雷击干扰而停产的经过。经调查，事故释放的气体中，乙烯占15%。嘉兴安监管理局定性这是一起由自然灾害引起的尾气燃烧事故，不属于安全生产事故。对于苗圃的损失，不属于安监局所属的职务范围。

张红不服答复，向省环保厅监察室举报嘉兴环保局不作为。2012年1月，张红接到嘉兴环保局纪检组的答复。

嘉兴市环境保护纪检组走访了嘉兴港区环保局、海盐经济开发区，并对前期处理情况进行认真核实分析。调查认为，8月3日的气体泄漏因装置受雷击干扰，为了保护系统正常，泄压阀门自动打开，从自动打开到人工关闭，前后不过5分钟。事故发生后，三江化工厂委托相关组织对空气作了检测。经检测，所有厂界监测点废气浓度都符合达标排放要求，其中大部分监测点浓度远远低于国家排放标准，所以此次事故未对环境造成影响。

答复提到，2011年9月21日，嘉兴环保局工作人员去苗圃现场查看，未发现苗木死亡，只发现部分树叶见黄。张红觉得这与现实严重不符，树木死亡和掉叶子很明显。11月16日，嘉兴环保局纪检组和环境监察支队人员再次来到现场进行核实调查。调查结果是，未发现大量苗木死亡的事实，长势较差的苗圃主要位于中间低洼地带，而企业围墙树木长势正常。另据气象资料显示，8月3日，雷击事件着火地点离地面约40米高，距离苗圃水平距离130米，当天风力二级，风向东南偏南，风速2.3m/s，苗木场位于事故点的西侧，而树木死亡点在西南侧，并非起火泄漏点的下风向。嘉兴环保局认为，苗木死亡不一定是三江化工厂的原因，具体结果以权威部门出具的鉴定结论为准。

苗木受"毒"怒上庭

2012年3月8日，张红将嘉兴环保局告上法庭，请求法院判令被告依法立即履行法定职责，即对去年"8·3"事故产生的环境影响作出深入全面的调查，对相关责任单位、负责人作出处理，按规定向上级人民政府上报事故材料。

2012年5月15日，本案在嘉兴南湖法院审理。

张红所在的海盐花旗园林建设公司称，2011年8月3日，嘉兴港区三江化工有限公司下属子公司嘉兴永明石化公司一期环氧乙烷压缩机C-320由于受到雷击起火，排放混合化学气体，主要成分为乙烯、氮气、二氧化碳和环氧乙烷组成的化学气体，周边环境不同程度受到影响，是一起严重的危险化学品爆炸泄露事故。

张红公司的苗圃位于三江化工西侧，事故发生后树木生长异常，其中位于三江化工发生器西侧北200米风向带树木生长严重不良，树木叶片脱落严重，部分树木发生死亡，尤其是合欢树种萌发的新叶大量脱落。原告曾邀请相关部门技术人员实地调查，认为该情况不是病虫害和管理上的因素引起的损害。

事故发生后，张红曾多次以电话、来人来访、信函等方式要求相关部门，包括被告嘉兴市环境保护局、嘉兴市安全生产监督管理局、嘉兴港区开发建设管理委员会、嘉兴港区环境保护局等部门调查、处理，并按规定对三江化工作出处罚，对原告因空气污染造成的影响、损失作出相应的环境报告及污染损失报告。但时至今日，嘉兴市环保局推三推四，在受害单位原告举报和反映后，仍不积极作出处理，完全是渎职行为。

在法庭上，张红的代理人陈述了以下事实。

原告于2008年冬至2009年春，分别在海盐县经济开发区B12路东西两侧，租赁土地建立苗圃培育树木，面积共260亩。

但是从2010年开始，苗圃内经常出现不明原因的树木落青叶，伴树木非正常死亡。

2011年4月下旬，海盐县农经局相关技术人员应原告邀请前来实地调查后，认为该情况不是病虫害和管理上的因素引起的损害。

"8·3"事故发生后，原告认定苗圃树木死亡，是三江化工排毒导致。由此开始了一系列的举报、上访、取证等行为。

8月6日，嘉兴港区环保局调查后告知："三江化工的产品为环氧乙烷，原料为乙烯。"乙烯是一种植物激素，会促进植物的花、果、叶衰老和脱落，也会抑制植物的生长。而苗圃受害严重的区域，是中间段的三江化工发生器外侧下风口往西，特别明显，并向周边慢慢扩散。

9月24日，应原告申请，海盐县农业行政执法大队组织专业技术人员，对苗圃进行调查。调查报告显示："导致树木非正常落叶的原因，初步断定为乙烯类气体造成。"原告称，浙江省林业厅专家也来过现场，肯定了海盐当地的调查结论。

11月1日，嘉兴港区环保局调查后给出信访回复："由于苗木种植区位于港区化工区和海盐经济开发区交界及企业集聚区，因所处的生长环境和地理环境比较复杂，我局无法确定苗木死亡和落叶的主要原因。"

11月3日，嘉兴市安监局给出举报答复："雷击起火事件系自然灾害引发的尾气燃烧事件，不属于生产安全事故。"

11月25日，原告向浙江省环保厅监察室举报嘉兴港区环保局行政不作为。

2012年月1月4日，中共嘉兴市纪委驻市环保局纪检组调查后答复："你们公司在工业园区内，尤其在港区化工企业围墙外与海盐开发区规划绿地内种植苗木实有不妥之处。鉴于两区化工企业工业废气成分复杂，极易引起跨界污染纠纷，建议你们终止与海盐经济开发区的承包合同，或选择其他合适的地块种植苗木。"

1月13日，原告曾以相同的案由，对嘉兴市安监局提起行政诉讼。南湖法院于3月12日开庭审理。4月6日，法院一审判决认为："'8·3'事件并非生产安全事故，而是由自然原因引发的自然灾害事件，嘉兴市安监局已履行了法定职责。"故驳回原告的诉讼请求。

原告称，其经向国家安监总局举报后，省安监局危化处前来调查，明确表示这是一起自然灾害引起的生产安全事故，导致了危险化学品泄漏。故原告不服法院一审判决，又于5月2日向嘉兴市中级法院提起上诉，此案目前还在受理中。

庭审中，被告嘉兴市环保局辩称，首先被告主体不适格。2002年4月30日，平湖市环保局已将嘉兴港区环保工作全权委托给嘉兴港区环保局。而嘉兴市环保局将设立港区分局，与嘉兴港区环保局并存，目前未正式对外运作。

其次，嘉兴港区环保局不存在不履行法定职责的情形。"8·3"事发当日，嘉兴港区管委会未启动港区应急救援预案，也没有当事人报告和投诉的情形，嘉兴港区环保局在没有调查处理启动程序的情形下，无法进行调查处理。2011年8月5日，嘉兴港区环保局接原告的信访反映后，依法进行调查并给予答复。

最后，嘉兴市环保局对原告的信访反映进行了调查核实，并给予答复。因此，被告请求法院驳回原告诉请。

据此，双方争议的焦点为，被告的主体是否适格，被告是否存在不履行法定职责的情形。对此，双方进行了激烈的辩论。原告几度情绪激动，对被告连番进行质问。

原告认为，被告对于港区化工跨界污染责无旁贷，因而存在严重的失职行为。据此，原

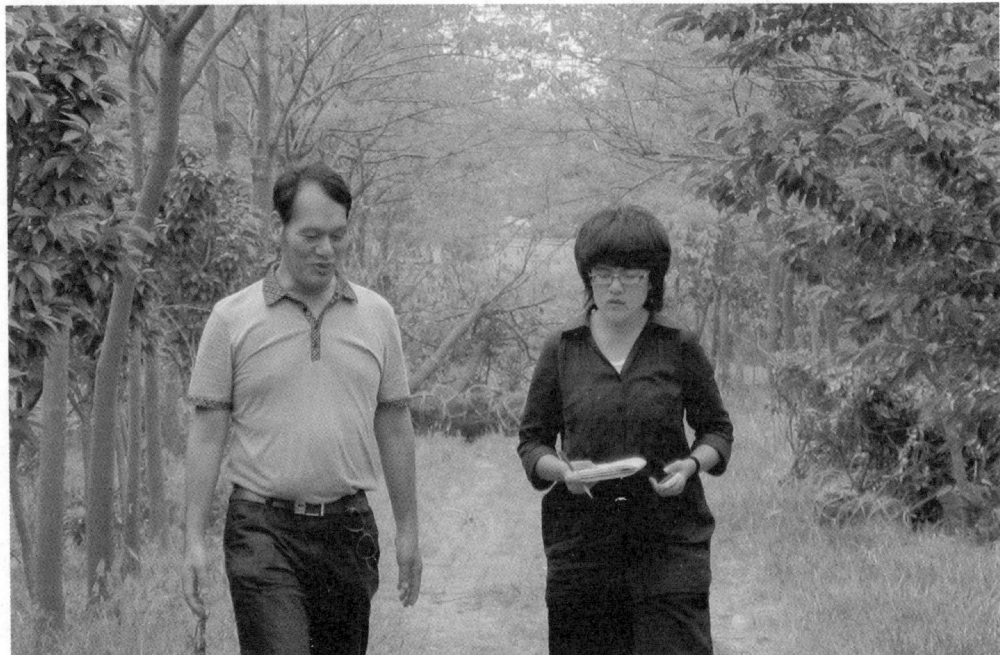

苗圃主人张红给志愿者讲述抗争过程

告认为被告提出的答辩意见是"推卸责任，荒唐可笑，令人失望"，因而"深表遗憾"。

法庭当庭不对此案对出判决，将择日宣判。

但据种树的老人讲，最终宣判还是驳回起诉。民告官，这似乎是注定的结果。

企业受到惩罚

事实上，在张红举报的过程中，三江化工就有与张红所在的公司达成赔偿协议的意思，但张红不想让事情这么平息下去，所以他一直紧追政府部门，他要讨一个说法。为什么环保局要保护污染企业，而不保护种树的人？环保局到底是污染保护局还是环境保护局？

2012年12月，浙江省环保厅协同嘉兴环保局，对三江化工下达行政处罚，理由是其违反了相关法规。

2012年9月20日，浙江省环保厅会同嘉兴市环保局对三江化工进行现场检查发现，三江化工年产22万吨环氧乙烷及10万吨表面活性剂项目环境影响评价文件，于2010年2月由省厅审批同意。2011年5月17日，嘉兴市环保局"嘉环建试〔2011〕4号"同意三江二期年产6万吨环氧乙烷项目为期三个月的试生产，原因是三江公司生产负荷尚未达到竣工验收标准。2011年9月13日，嘉兴市环保局"嘉环建试〔2011〕7号"同意三江化工试生产延期，但试生产不得超过一年。该项目至今未通过建设项目竣工环境保护验收。环保现场检查时，项目正在生产。

《建设项目竣工环境保护验收管理办法》规定，建设项目试生产的期限最长不超过1年。依据《关于企业试生产期间违法行为行政处罚意见的复函》（环函〔2007〕112号），三江公司二期年产6万吨环氧乙烷项目于2011年5月投入试生产至今，应当认定为已经正式投入生产。

浙江环保厅认为，三江上述行为违反了《建设项目环境保护管理条例》第20条第1款"建设项目竣工后，建设单位应当向审批该建设项目环境影响报告书、环境影响报告表或者环境影响登记表的环境保护行政主管部门申请该建设项目需要配套建设的环境保护设施竣工验收"及第23条"建设项目需要配套建设的环境保护设施经验收合格，该建设项目方可正式投入生产或者使用"的规定，已构成违法。

浙江环保厅责令三江化工二期6万吨环氧乙烷项目停止生产，直至验收合格。

对于三江化工二期年产6万吨环氧乙烷项目未经建设项目竣工环境保护验收擅自正式投入生产的行为，做出如下行政处罚：

罚款人民币9万元。限三江化工接到处罚决定书之日起15日内将罚款缴至省财政厅。

张红认为，他种树遭受损失，与三江化工的违法生产不无关系。

他一边与企业谈判赔偿损失的事情，一边继续起诉环保局。但除环保局没有按照规定时间内给出信息公开申请的行政诉讼获胜诉外，其余起诉均被驳回。

现在，张红基本谈妥了与三江化工的赔偿协议。

看他的微博，更多的是与环境保护相关的咨询，更多的是帮助其他污染受害者，很少见到打官司、举报期间义愤填膺的内容了，他一直以一个公民的行动推动着环保的进步。

【点评】

如果种树的老人遇到污染，不去抗争，可能会有两个结果：一是白白遭受损失，二是获得一定的补偿，再也不能种树了。但是他选择了第三条路，也可能是最艰难的一条。他没有将矛头对准企业，而是对准了政府。

　　维权手段上，他使用了目前能采取到的所有手段：微博传播、举报、上访。事实上他取得了不错的效果。政府的答复透露了更多的信息，也成为了环保局不作为的证据。对企业的行政处罚也恰恰证明了环保局的失职。他的行动最大的效益似乎不是获得金钱的补偿，而是促使环保局执法能力的提升。环境保护不是环保局一家的事情，需要每一个人身体力行参与实践。

　　张红在维权的一开始，目标就很清晰，他在上海寻找了相关律师为其指引方向，减少了很多不必要的精力浪费。

　　因为自己遭受了环境损失，而开始关注环保，进而关注公共事务，这是张红的一大转变。从某种意义上说，经受了这样的不幸之后，人生反而更宽广起来，相信以后，张红能更从容地面对和参与环境保护。

洞庭湖上风波恶

■ 潘庆安 蒋忆

李劲松（中）出狱后和"洞庭守护者"团队在一起

江豚是《世界自然保护联盟》红色名录濒危物种，为了保护江豚在洞庭湖的栖息地，2012年，岳阳市江豚保护协会（以下简称"江豚协会"）成立，数十名志愿者抛家舍业，当起了"江豚奶爸"，李劲松就是其中一员。

2014年3月21日，正当洞庭湖上江豚生态环境逐步改观之时，"江豚奶爸"李劲松突然被岳阳公安拘捕，爆出"敲诈勒索"的丑闻。而在丑闻背后，则是生计堪忧的江豚奶爸们陷于生存困境与组织内斗的现实图景。

一方"感谢费"，一方"敲诈勒索"

2014年3月，岳阳县公安局接到渔民何黄林报案，称自己被岳阳江豚保护志愿者李劲松敲诈1万元。

3月21日夜，李劲松在巡湖结束登岸后被警方拘捕。直到第二天，江豚协会的同伴去看守所看他，李还认为此事不大。江豚协会一位志愿者回忆道："李劲松当时说，是对方主动提出送钱，又不是逼他们要钱，不会有什么事的。"

甚至在与妻子通话时，李劲松还在认为"过几天就出来了"，并不让妻子从外地赶回。

李劲松妻子在忐忑中度过了两天，感到事情并没有丈夫说的那么简单，于是在25日将2岁的儿子托给一同打工的妹妹照料，只身回到岳阳，与提供法律援助的律师周晓明一同探视了李劲松。

令人奇怪的是，案情却发生在五个多月前！在2013年10月14日凌晨，江豚保护志愿者们接到举报电话后，立马摸黑下湖，驾驶铁皮船察看疯狂的电捕鱼。当时由时任江豚协会副会长的何大明带队，一船4人，其他成员是彭大沙、颜伏兰以及李劲松。凌晨4点左右，铁皮船驶至洞庭湖君山壕坝水域，发现了渔民何黄林的电网捕鱼渔船及船舱里上千斤非法捕捞的鱼。何大明立即将此情况拍照取证，随后打电话给城陵矶渔政站站长举报，但连续3次电话都没能拨通。

"当时船上两男两女，他们过来哭求我放他们一马，我没同意。"何大明回忆道，按照相关规定，非法捕捞量超过500公斤，渔船就要被渔政部门罚没，相关人员也要被拘留。面对此种状况，渔船上的两名妇女开始情绪失控，一度要跳湖寻短见。而这渔船上正有一人于20天前因被发现非法捕捞而跳湖，虽然人活下来了，但闹出一次风波，大家非常谨慎。"我也不敢再刺激她们，怕真闹出人命，于是留李劲松在船上，我们另外3个去追别的电鱼渔船，然后路上再给渔政打电话。"何大明回忆道。

其后，何黄林四人开始向李劲松求情，李电话请示何大明能否放何黄林一马，何大明答应了。

岳阳县公安局的侦办记录显示，事过之后，何黄林通过鱼贩舒相成找何大明求情。当天中午，舒相成安排宴请何大明、李劲松等四人，何大明未到场。饭后何黄林提出花钱"了结"此事，李劲松提出要1万元，何黄林希望减2 000元，并请舒相成讲情。李劲松称自己不能做主，要舒相成打电话给何大明，何在电话里同意了。第二天，何黄林与李劲松在听涛阁茶楼见面，李此时坚持仍要1万元，何黄林最终给了李劲松1万元现金。

然而，在看守所里，李劲松对辩护律师周晓明称，其实在第一天的饭桌上，他提到自己用于保护江豚的车辆维修大约需要1万元后，对方知道环保志愿者工作如此艰难，便主动联系他送钱过来。而这一表述，与岳阳县公安局讲述的案情并不相符。

除此以外，岳阳县公安侦办的结果还包括这笔钱的去向。办案民警透露，由于收钱全程只有何黄林与李劲松两人，在拘捕李劲松时公安人员还不知此案是否涉及他人。李劲松在被拘留的第一周里，也一直坚称1万元全部是自己收了并用于维修车辆，称何大明对此不知情。但在3月28号对李的讯问中，李劲松口供突然改变，交代自己拿到钱后，私留了2 000元，将其余8 000元交给了何大明，何大明从中又拿出2 000元返还给李劲松。

得知何大明涉案后，公安人员前去抓捕却扑了个空。早在李劲松被拘捕后的第3天，何大明便悄悄离开了岳阳。

因缘成为护豚士，生存状况堪忧虑

李劲松今年42岁，2011年曾在岳阳市经营茶楼，此前也曾在酒店上班，后来茶楼生意差，李卖掉茶楼，以开黑车为生。他在2012年与何大明结识，何大明回忆，当时江豚协会正在组织活动，他们找李劲松是要租他的车。

"开始跟他（李劲松）谈妥来回接送总共300元。路上他问我们是做什么的，我说是做江豚保护的，于是就着江豚的话题聊了一路。"何大明回忆，当晚李劲松将何大明一行送回后提出不要车费了，但希望能一起下湖去看江豚。（李自己声称没有说过不要车费，而是何说第二天还有活动需要用车，就一起结算。几天后，李劲松跟着何大明下湖，一整天的巡湖结束后，李劲松说自己也想成为志愿者保护江豚。何大明说，几天后用车费抵账给李劲松办协会会员，以往都是交350元一个人，就这样李劲松成了江豚协会的一员。）

相比于平均只拥有小学到初中文化程度的渔民志愿者来说，读过中专的李劲松算是这个群体的知识分子。"我们保护江豚只知道跟着何大明，但李劲松有自己的办法，何大明对于江豚的知识来源于常年打鱼的生活中，李劲松却能把这种知识系统地弄到纸面上。"一位志愿者描述。

李劲松

朋友眼里的李劲松是个非常"闷"的人，唯独谈到江豚时，别人反而一句都插不上嘴。

而无论对于团队还是朋友们，李劲松的个人生活都是一个谜。"他从来都不怎么说自己的过去，我们有时候出于关心而问他，他总是表现得很烦闷。"何大明说，自己作为团队中与李劲松关系好的人，也仅知道他曾离过一次婚，前妻带走了十几岁的孩子。

至于李劲松的过去，连他现任妻子都"不太清楚"。李也从不与妻子讲协会和保护江豚工作里的事。"他（李劲松）从来不说自己去干什么了，有时候大夜里接到电话就出门，我问他去干什么，他只告诉我说有事，再怎么追问，都是那一句'有事'。"李劲松的妻子感到很委屈，当他成为江豚奶爸后，他们家庭就开始变得"一团糟"。

"我对他是很失望，他说我不理解他，可他什么都不跟我说让我怎么理解他？"谈及李劲松，妻子泪流满面，一肚子委屈，"无论怎么说我也不支持他搞这个，他连自己都养活不了，对这个家没有做过半点贡献。"

李劲松连人带车加入江豚协会后，就断了一切生活来源，他的生活靠协会"兄弟"们关照勉强维持。何大明与另外7名团队成员决定，但凡团队里的人进账任何一项收入，都必须有李劲松的份。可现实是，每人都有自己的家，家里也都在反对他们的事业，他们给李的资助每年大约1万元，用何大明的话说，这点钱也就只能让李劲松"不至于饿死"。

李劲松的朋友透露，李劲松以前是开茶楼的小老板，后来他将茶楼卖掉时曾得20万元，结婚花掉大约一半，剩下一半都花进保护江豚的事业里了，2014年开始，李劲松不时四处借钱，并不顺利，而这些李从不跟家人说。

2012年初，李的妻子为他生下一个儿子，40岁"老来得子"的李劲松却经常表现得让家人难以接受。儿子满月要打疫苗，李妻要他开车带母子去医院，当时江豚协会正有工作，李拒绝了，妻子只得抱着儿子在寒风中拦"的士"。李劲松曾苦笑着跟朋友讲，自己有时候下湖三四天不回家，回去以后儿子哭着往妻子怀里躲，以为家里来了陌生人。

面对窘迫的家庭生计，李劲松的妻子不得已，抱着当时才1岁的儿子外出打工，自此李索性吃住都在船上，连家也不回。

徐何合力创协会，洞庭生态转乾坤

2012年1月，徐亚平、彭祥林、何大明一起创办江豚协会。

身为江豚协会副会长的何大明，出生在洞庭湖渔民世家。何大明读书不多，你问他有没有读过书，他会笑着对你说"我只上了8个月的学，连一年级都没有读完"。

身为渔民的何大明，一直是洞庭湖环境的细致观察者。2003年6月8日，何大明在自家承包的水域里发现了一对搁浅的江豚母子。何大明立即打电话给渔政部门说明此事，但渔政推脱工作繁忙，没有答应来现场。渔政告诉何大明，要他照看好这对江豚，不要弄死就行。

何大明用心守护这对母子一直到10月份。很多时间，他都陪伴着这对母子，没法言谈，就用眼神交流，他发现江豚充满灵性。这对江豚看上去十分不舍何大明，不断鸣叫并绕着船游了三圈才恋恋不舍地离去。那一刻，何大明才知道，江豚原来跟人一样懂得感情，他发誓要用实际行动去守护江豚。

四个月和江豚相处的经历，让何大明深深爱上了这些精灵。这个曾经是洞庭湖上疯狂的渔民，开始反省自己，这样捕鱼的方式是不是不对？在自己当渔民的30年的打鱼生涯中，原来一百多种鱼的洞庭湖，如今只有二十多种鱼类！过度捕捞、污水直排、疯狂采砂等使洞庭湖环境日益恶化，而江豚数量在急剧下降！作为渔民的何大明从自己行动开始保护江豚，放弃了电打鱼，不过还是用迷魂阵和矮围来维持生存。2004年开始，一有时间，他开始劝导渔民不要使用电捕鱼等可能伤害到江豚的捕鱼方式，并开始观察洞庭湖的江豚生活水域状况。

2011年，他还写了一份200字的"劝导书"在渔民间发放。何大明志愿保护江豚的故事渐渐传遍岳阳及更多地方。

何大明开始很少捕鱼，转产到岸上，尝试做些养殖工作，并收鱼卖鱼等，维持生计，日子其实很清贫。多年的巡护工作，何大明敏锐感觉到自己一个人的力量根本无法守护偌大的洞庭湖。要想让这项工作持续有效进行下去，需要一个团队共同去做。他决定拉起一支队伍。

何大明开始说服其他渔民，让渔民和他一起参加志愿巡护。功夫不负有心人，还真有渔民愿意跟着他干。渔民吴付林就是早期的巡护队员之一。就这样，一支由30名渔民组成的基础巡逻队成形了。

何大明与他的队员们，将自己手中的渔具全部变卖，只剩下三艘渔船供巡逻之用，一起凑了18.5万元，自发成立"渔业保护协会"，开始在湖上巡逻，在保护江豚的同时，仔细了解江豚的生存状况。

2011年4月，这个志愿团队就制作了巡逻队旗帜，宣告"民间江豚保护巡逻队"正式成立。随后《洞庭之声》报道了这支民间巡护队的故事，曾在当地引起不少反响。

在这之后，何大明便一直准备注册成立协会的事情，并想好了协会名字"岳阳市渔业资源保护协会"。他们顺利找到了岳阳市科学技术协会作为挂靠单位，向当地民政局的申请也获得批准。注册的一切事宜都在稳步推进。

有一天，"世界自然基金会"（WWF）长沙办公室工作人员韦宝玉到洞庭湖考察，听渔民说起何大明为保护江豚做了不少工作，便辗转找到何大明。得知何大明正在准备注册"岳阳市渔业资源保护协会"，韦宝玉建议协会改名为"岳阳市江豚保护协会"，这样更有针对性。何大明接受了这个建议。

当年9月，时任《湖南日报》岳阳记者站站长的徐亚平，看到巡逻队故事后，专程找到何大明。徐亚平称，愿意运用自己的社会资源协助协会注册。而当时，何大明的协会注册已经快完成了。徐亚平跟随巡逻队出了几次湖，大体了解到巡逻队的工作方法，并提出了一些建议。徐亚平还为协会注册事情跑了很多部门，但都没有单位愿意挂靠。后来，何大明告诉徐亚平，岳阳科协已经同意当业务主管部门。徐亚平表示，他会努力为协会运作募集资源。

10月份，徐亚平找到何大明提出建议，称自己想成为协会会长，并允诺给何大明等30名最初的志愿者很多"诱人"的条件。大概是，由徐亚平运作协会，凭借他的社会资源，协会的巡护经费、人力成本应当很容易解决，更有利于江豚的保护。

何大明找协会其他人一起商量，大多数人都反对徐亚平当会长。随后，徐亚平亲自和队员协商，说了种种自己成为会长可以为协会带来的好处。虽然大家都顾忌徐亚平的干部身份，但看到他确实"能折腾"、有身份，为了协会，也就基本同意了。

岳阳市江豚保护协会在2012年1月8日正式注册了下来。徐亚平任会长，何大明任副会长，而多年关注湖区环境和鸟类的发烧友彭祥林任副会长。三人共同护豚，应该是黄金组合了。

协会成立后，他们陆续发表了《中国长江江豚保护宣言》，确立3大攻坚目标，他们13位志愿者签定"生死状"，涉险迎战渔霸，阻击非法捕捞，强力推进水上巡逻、宣讲、江豚保护区建设、渔民上岸等16项工作。

他们开局相当顺利，势如破竹，成效显著。2012年洞庭湖"禁渔"期间，徐亚平凭借自己《湖南日报》记者的身份，可以写"内参"的特殊优势，促使岳阳市政府实行了全面打击非法捕捞的"风雷行动"。仅2012年，岳阳市江豚保护协会协助渔政部门打掉电捕鱼船64条非法捕捞船，协助水上公安拘留100多人，取缔了数量众多的迷魂阵，洞庭湖保护形势略为好转。

八百里洞庭，广义面积达一万平方公里，行政上被分割为东西南三个部分。作为洞庭湖边长大的徐亚平，心事浩茫连广域，从来就没把它们分开。他说，协会要在东西南洞庭独立布点，自行开展保护工作。很快，向西60公里，推动建立江豚保护区，向南70公里，建立南洞庭生态修复基地。两只手臂，覆盖4 000平方公里，这就是徐亚平的野心！

徐亚平会长想尽一切办法组织资金、社会力量、公共和政府资源关注和参与江豚和生态保护。湖南和全国所有关注江豚的媒体、机构、团队或个人来岳阳，他都茶饭接待，尽量满足考察要求，有时候亲自陪同下湖。不断地向学校、机关、企业、社团宣传江豚，引导他们来保护。组织江豚晚会，排"江豚之恋"的音乐剧，成功引导省长、市长等各级领导下湖考察，利用采访便利说服全国人大代表和央媒参与宣传保护。

他凭着强硬的作风和近乎疯狂的工作，把洞庭湖的江豚、鱼类、鸟类、排污、挖沙、偷猎等各种问题展示在世人面前，造成了空前影响。正是会长徐亚平强势发力，使得江豚协会影响巨大，受到社会尤其是岳阳公众的巨大关注。

随着社会影响的不断加大，各种荣誉也纷至沓来。2012年底，徐亚平高票当选岳阳市第七届人大代表。与此同时，他个人还成功入选2012年度中国十大责任公民。徐亚平的原则是，只要有利于宣传江豚，宣传洞庭湖的生态危机，尽量把每个奖都拿到。"就算一个报纸只有几十万读者，至少也可以让这些人知道江豚，比我们志愿者上街发传单效果好得多。"

而此时的何大明，全身心投入到协会工作当中，他不懂得协会运作，只懂得扎实做事，基本是会长徐亚平要他干什么，他就全力去干什么。

协会的巡逻船就是何大明自己的渔船。何大明曾在这条船上观察江豚、日夜巡护。近十年来，在这船上，何大明写下了几麻袋巡湖日记和对江豚的细微观察。凭借对江豚的足够了解，他总是能出色地完成巡逻任务。

2012年3月底，洞庭湖爆发大面积的江豚死亡事件。何大明立即一一去现场观察，回家后，他绘制了一张江豚死亡地图，还附带有可能的原因分析。

依据前后一个月的考察数据，何大明花了一个月时间，精心绘制了一张江豚分布图。图上标记了有关江豚的点点滴滴。他骄傲地说，这是一张神奇的图纸，拿着图纸就一定能找到江豚。江豚地图共标记了97头江豚，上面还形象地绘制了江豚捕鱼的画面，甚至还标记了雌雄，十分可爱。但在何大明看来，江豚保护可一点也不可爱，保护就像打仗，充满了未知的风险。

徐何性格总不合，分道扬镳是必然

2013年9月，何大明做出又一个重要决定，离开江豚协会，成立自己的团队保护江豚。

徐亚平与何人明，都是个性独特的人。因为个人经历、性格、兴趣和办事风格的不同，同事之间也会产生很多问题，矛盾一积累，合作关系和合作模式就会受到挑战。

根据分工，徐亚平运作机构，寻找社会资源，何大明分管巡湖。但何大明一直觉得巡逻队和会长是脱节的。这体现在每次巡逻上，都是队员自己垫钱加油，购买食物。协会允诺事后会报销，但每次报销的时候协会都是以资金不足为由延期报销，一拖再拖，巡逻队员实际上很少拿到过协会的报销款。

报销款没有拿到，人身安全也成为问题。队员都是有家庭的人，现在参与志愿保护，经常是夜间巡逻，没有收入事小，但人身安全根本无法保障。巡逻队的船只是渔船，年久失修，无法满足巡逻基本要求。会长徐亚平推脱协会资金不足，也未购买新的船只；队员大力阻击非法捕捞，虽说取得一定成绩，但也得罪了大批渔霸，他们随时有可能对巡逻队员进行报复。

2012年3月的某一天，那正是巡逻任务最密集的时候。徐亚平找到何大明，讨论如果队员发生意外的对策。何大明认为，江豚协会是民间组织，一旦队员出意外，政府肯定不会赔偿，他建议协会为队员购买合适的保险。徐亚平答应了。

但几天之后，徐亚平表示买保险暂时还不行，这涉及多个人，资金协会又比较短缺，一时难以落实。徐亚平提出了"生死状"的想法，何大明坚决不同意。但徐亚平还是让协会秘书长徐典波起草了"生死状"。

何大明只好拿着"生死状"去向巡逻队员解释。有些队员不是很赞成，何大明无奈解释说，我们协助渔政部门打击非法捕捞，为了防范有人对我们打击报复，这个生死状是没有办法的办法，出了事大家一起承担。最后的最后，包含何大明、徐亚平在内的13名巡逻队员签了这份"生死状"。

巡逻队员一直对此事有所顾虑，他们认为签署生死状只是让徐亚平减轻了压力，他们的风险不光没有减轻，反而增大。后来，巡逻队员多次提出要撤销这个生死状，但徐亚平未曾答应。

发展虽然不顺，但何大明可以忍受。曾为了让巡逻队员增加收入，何大明不惜将餐馆交给队员打理，并用营业收入来支撑巡逻的日常开销。

何大明不能忍受的是，徐亚平的为人。他怀疑徐亚平曾多次包庇、纵容巡逻队员"违规"，为了保护江豚，几乎不择手段。协会的账目由徐亚平一人掌管，其余人毫不知晓，纵然知道协会每年都有数目不小的社会、政府捐赠资金，但没有人知道这些钱去了哪里。何大明无法理解为何协会连巡逻队垫付的油钱都不能报销，无法理解为何不购买一只安全的船只。太多的不理解和无法忍受，让何大明最终决定离开江豚协会。而在他离开之前，副会长彭祥林也早已单飞了。

另开门户服务队，洞庭湖上守护者

在所有的巡逻队员里面，何大明总是念念不忘李劲松的名字，他一直叨叨说，劲松是他的生死兄弟，对巡逻队贡献最大。

经常和巡逻队在一起，李劲松也成了半个巡逻队员，他不开车的时候就是巡逻队员，还经常担任队员的厨师。

2013年7月份，何大明和李劲松巡逻结束上岸。在车上，李劲松对何大明说，最近徐亚平的侄子徐莫飞（徐亚平的司机）老是对我说："不要我跟你何大明一起巡湖了。但我为什么要坚持一起巡湖？"

那一晚，李劲松对何大明说出心底的担忧。

"这两年来开车接你送你，是在保护你。我不是为了徐亚平，是你做的事情，我们都看在眼里，是你感动了我。这几年，协会配合渔政搞掉了很多非法捕鱼船，徐亚平也通过写内参搞掉了不少官员。但是徐亚平有身份，没人敢动他。而如果有人要报复你，那就很危险。所以我接送你回家是这个目的。"

李劲松的话深深感动了何大明，他反倒觉得更加对不住李劲松了。

但是李劲松的这番话，更坚定了何大明保护江豚的信心。何大明告诉李劲松，他已经看出来了，跟着徐亚平做不了什么事，他日后的行为自有人评论。他向李劲松透露了要成立自己协会的想法。李劲松很赞成，表示很愿意加入。

很快，何、李二人开始筹备"豚鸟保护协会"。之所以起这样的名字，一是因为何大明和李劲松是东洞庭湖国家级自然保护的区的优秀协管员，二是这个名字清晰地说明了他们将要做的事情。

协会筹备的进展很快，在准备注册阶段，好心人提醒何大明，"豚鸟保护协会"这个名字不太好，因为在岳阳，这等于是冲撞了徐亚平，好心人建议另起一个名字，但还是可以做保护江豚和鸟的事情。这位好心人还建议可以将名字改为"岳阳市洞庭湖水上废弃物清洁志愿服务队"，何大明和李劲松觉得很有道理，欣然接受这个建议和名字。

2013年9月份，"岳阳市洞庭湖水上废弃物清洁志愿服务队"正式成立，依然是民政注册。为了更好地服务洞庭湖保护，他们甚至还拿到了海事部门颁发的"经营证"。当时的核心队员有5人。他们每人拿出东拼西凑的5万元，凑够了25万。花23万买了一艘可以吃住的船只。当时李劲松手头没钱，只凑了1万元。

自"服务队"成立起，队长何大明就有比较明确的工作计划。业务大致包括：江豚监测、候鸟保护、反盗猎、清理湖面与来往船舶的垃圾和"废油"。

这些业务在外界看来全都吃力不讨好，包括颇受外界质疑可以赚钱的"收废油"，虽然废油可以卖钱，但打捞成本远远高于受益。

何大明列出了2014年团队的工作计划，涉及六个方面：保护鸟类和江豚的环保宣传，对破坏生态者的劝导；定期打捞生活垃圾，自己出钱购买垃圾桶分发给船舶，回收垃圾送到环卫站；免费替船舶清仓和处理废油；加强团队管理；严格财务制度；严格服务队各项规章制度。

但协会没有钱，要完成这些目标十分困难。

湖南著名公益人士刘帅，2014年年初在岳阳考察的时候，碰到何大明团队，了解到其困境后，决心号召社会志愿者帮扶这支队伍。

当时恰好有一支民间志愿者团队因"江豚生态假期活动"聚集在一起。于是，这支临时凑在一起的志愿者便策划发起了为巡逻队募捐春节期间的巡逻经费的公益行动。很快，

15 000余元的善款送到了巡逻队的手中。

事实上，何大明的志愿服务队，除了民间环保志愿者募捐的15 000多的巡逻经费外，清洁队没有任何社会捐助和来自基金会的资助，所有的花销都是队员自掏腰包。

值得说的是，清洁队的队员几乎都是东洞庭湖国家级自然保护区的优秀协管员。这些队员常年参与环保实践，懂得救护江豚和鸟类，又具备丰富的水上生活经验，可是说都是"洞庭湖环保专家"。

何大明估计，这么多年为了保护江豚，他个人为此支付了几十万。但他一点也不后悔，他一定会和他的生死兄弟连将江豚保护进行到底。

鉴于服务队的名字太长，有人又建议可以改成"岳阳市洞庭湖生态守护队"（简称洞庭守护者），既把协会的工作内容涵盖其中，又简单好记。何大明想想也是，便又重新注册了一个协会，注册事宜正在办理中。

竞争关系终惹官司，江豚志士难逃牢狱灾

何大明成立了"服务队"的新组织，但他本人继续担任江豚协会副会长职务。由于两支队伍都在洞庭湖从事环保工作，由此产生的竞争让关系恶化。近年来，湖南环保志愿者多次为"服务队"募款，资源逐渐转向这支新生的环保队伍。

也正是由于这种相互的竞争关系，3月6日，江豚协会召开大会，罢免何大明副会长职务并开除会籍。在3月8日发布的开除何大明会籍的决定中，指其"违法乱纪"行为有：多次擅自接受媒体记者采访，破坏协会和巡逻队员名誉，打着协会旗号为其个人募捐，对巡逻队员和渔民敲诈勒索等。

有人怀疑，在3月22日，李劲松被警方以涉嫌"敲诈勒索"拘留在岳阳县公安局。也许是徐亚平"构陷"出来的：为何举报材料在案发4个月后才上交呢？

很快，一支宣称跟踪调查了两年江豚协会的队伍，以"@徐亚平专案组"的名义开始发布关于徐亚平的调查报告。调查报告声称，徐亚平在评选"责任中国"人物和第七届岳阳市人大代表时，存在严重的违规拉票行为；春节期间，徐亚平不慎摔伤，借机收取红包，只为自己牟私利；纵容巡逻队员违规收缴渔民违法捕鱼工具等一系列的报道。

该报告的连载把徐亚平会长推到风口浪尖，引起了多家媒体的介入，其中不乏凤凰卫视和央视的重量级报道。媒体的调查，爆出江豚协会存在财务状况使用的巨大违规嫌疑。

与此同时，一些旁观民间环保志愿者认为，无论李劲松是否真的敲诈勒索，对于曾经做过许多的环保工作来说，也有必要提供人道救助。此事得到了全国各地环保志愿者团队的支持。

在案发后的第三天，湖南环保志愿者便邀请公益律师周晓明介入，了解案情真相。同时，还成立民间独立调查团，调查江豚协会7人。几个小时的面谈，并没有得到更多的消息。反而是徐亚平坚定不移地控诉李劲松。徐亚平表态，坚决对协会内人员的不法行为举报，对簿公堂。

渔民何黄林举报，是在江豚协会的人两次到家里"逼迫"，才无奈上交的。

以下是陈云（何大明的妻子）与举报人何黄林电话内容：

何：不是这回事你晓得不咯，我现在没得空搞这个事，我也不参与他们搞这个事，也不参与，这不是我要搞这个事，不是我要搞李劲松，是他们协会的人要搞。

陈：我不晓得也不扯到协会的事，我是李劲松的朋友，是李劲松的一个玩得好的女朋友。我就把1万块钱给的你，我不扯协会的事……

种种迹象似乎表明：徐亚平针对的是何大明，而李劲松参与的接受"感谢费"一事，正是被徐亚平利用，借此打倒何大明的清洁服务团队。

然而，在徐亚平的好友、资深环保人士周自然看来，却不是这么回事。周自然说，早在何大明出事前，徐亚平就已经接到很多有关何大明违法乱纪的举报了，但徐一直寄希望于何大明改过自新，所以就一直押着没有举报，直到最后忍无可忍，才最终揭开了此事。

江豚保护协会秘书长徐典波也证实说，徐亚平曾多次找何大明聊天，劝说其知错，但何每次都敷衍过去，过后仍旧该干什么干什么。"他拿着协会的徽标，去外面骗那些渔民，说只要交350块钱就会成为协会会员，然后就会有好处。"除此外，他还在禁渔期偷打螺蛳，破坏洞庭湖生态。

一名自称与何大明有20年交情的渔民胡伏林，也证实了徐典波的说法。"你可以随便到湖上去问，任何一个渔民都知道何大明那些敲诈勒索的事情。"

所以才有了徐亚平举报何大明的材料，以"民愤极大"为由，驱动协会中的渔民到相关部门举报，制造何大明、李劲松的团队，在保护江豚的过程中欺压渔民的假象，涉案金额居然达100万元左右。但可惜这个举报材料全是编造，缺乏证据力，因此，当地公安无法立案。

而举报李劲松的"收取渔民感谢费 8 000 元"的案件，由于协会的成员事先对当事渔民进行胁迫，案件勉强成立。一周后，岳阳县公安局将何大明列为"网上追逃案犯"，全国通缉。

4 月 19 日，独立调查团继续召开法律援助研讨会，探讨如何援助李劲松。环保志愿者"山鹰加销"说道："环保组织之间的迫害，涉及湖南环保圈的名誉！"这场讨论会招募到湖南本地陈俊男公益律师，又为援助行动增加了一份力量！

但这并不意味着案件形势有所好转。因为在李劲松多次修改后的证词中，收钱是受何大明指示的，何大明迟迟不归案，案子就一直在拖，牢中的李劲松更是饱受煎熬。

早在 2014 年年初，志愿者为服务队募捐一艘快艇，就在快艇要完成的时候，李劲松案让游艇公司犹豫许久，快艇迟迟不到位，团队人心更是涣散不安。而何大明潜逃在外，服务队的工作几乎无法开展。团队一度陷入崩溃的边缘。

根据岳阳市民政局工作人员透露，原来准备发放何大明新注册机构"洞庭守护者"的证件，正是由于徐亚平到民政局举报，使得证件一直滞留在民政局手上。对于这个新生团队来说，无疑是雪上加霜！个别队员差点就因此离开服务队，在服务队的主心骨刘波的安慰下，才勉强留下。

6 月 9 日，岳阳警方迫于压力，把李劲松移交检察院，由检察院提起诉讼。但是移交检察院之后这个案子就是完全坐实了，而且取保应该就更加难了。根据周律师的分析，阅读案卷之后，他发现缺乏明显有力的证据来说明李就是犯罪，即便犯罪也只是一个收钱的"工具"，是从犯，不是主犯。而且整个案件的证据就是几方口供，没有物证。李劲松的前后口供不一样，也存在疑点。所以，周律师判断，这个案子后期可能会被打回公安局。这么一分析，目前公安局这种做法确实是很聪明。本来在这时间点上，也差不多要移交检察院，同时案子越来越受关注，多方媒体介入了解调查，警方为了逃避自己的责任，也是钻空子，把案子往检察院移交就可以什么事不管了。

7 月 17 日，在"主犯"没有"归案"的情况下，本案就在岳阳县人民法院开庭审理。此事民间独立调查团又组织起#带着微博去旁听#行动，旁听了整个审判过程。偌大的庭审现场冷冷清清，200 多人的座位只稀稀拉拉坐了二十几人。江豚协会一方也派来了两名代表旁听，不过多数的志愿者都与他们分坐开，集体坐在法庭的左侧，只留下对方孤零零的几个人坐在右侧。

庭审持续了一小时左右，以下是来自李劲松辩护律师的辩词：

尊敬的法官及检察官，我的当事人李劲松是一名环保志愿者。两年来，他放弃原来从事的职业，投身于环保事业当中，虽然经济极为困顿，但始终未尝放弃公益，由此足见其情怀和精神。公益组织介于国家与市场之间，从事的都是国家和市场不能或不愿做的事情，可用的资源极为缺乏，资金便是他们最大的问题，何大明刚成立的环保组织更为如此。在这样糟糕的情况下，我的当事人接受了何黄林送给的10 000元钱，却被指控为"敲诈勒索"，而他所做的不过一位环保志愿者的例行工作而已，并没有使用任何的"威胁"手段，法律如有良心，当宣告他无罪。

控辩双方并未如外界想象出现激烈争论场面，双方几乎是各自读完自己手上的材料，整个庭审就结束了。庭审结束后，李劲松被法警带离法庭时，还不停向妻子和朋友挥手表示感谢，而志愿者也喊话给他打气，让他"挺住"。而关于案件的审理，法院并未当庭宣判。

当天，恰好募捐的快艇到位，志愿者在庭审结束后马上赶到码头，一艘帅气轻盈的快艇展现在大家的面前。船边喷有"洞庭守护者"，几位守护者威风凛凛，信心满满。队员陈浩说："以前周边的渔民都说我们搞不了，现在何大明、李劲松都涉嫌敲诈，更是让他们嘲讽。现在看到有这么多志愿者来帮助我们，心里特别的感动。"

7月30日，依据被害人何黄林的陈述，以及舒相成、刘永和、颜伏兰等人的证言，岳阳县人民法院做出判决。判决书送到李劲松手上，上面写着：

依照《中华人民共和国刑法》第二百七十条、第二十五条第一款、第二十七条规定，判决如下：

被告人李劲松犯敲诈勒索罪，判处拘役五个月，并处罚金人民币五千元（刑期从判决执行之日起算起，判决执行以前先行羁押的，羁押一日折抵刑期一日，即自2014年3月21日起至2014年8月20日止，罚金限在本判决发生法律效力后十日内缴纳）。

【点评】

震惊全国环保圈的事件看来告一段落，虽然何大明不知道自己接下来会有何种命运，还将逃亡多久，但他有一点可以肯定的是，自己不会离开江豚保护事业。

徐亚平与何大明，矛盾恩怨这么久，不论最后谁赢谁输，最终受损的都是公益事业，是那些濒临灭绝的江豚。

2014年11月5日，何大明被捕入狱。2015年3月22日，法庭以证据不足等理由，无罪释放了何大明。

环保志愿者敲诈勒索"迷"局

■ 鞠秀玲

2013年底，浙江金华市两位环保人士董政、成孟因涉嫌向冀发集团"敲诈勒索"被刑拘。

2013年11月17日，董政、成孟等四名自称环保志愿者以不曝光冀发集团污染问题，要求冀发集团通过金钱交易解决。12月以为企业正面宣传的名义索要10万元现金，当即被集团负责人报案，后被东阳公安局刑事拘留。

2014年6月6日，浙江省东阳市法院开庭审理了董政、成孟敲诈勒索案。董政、成孟一出庭，就申诉说在看守所时，遭遇警察多次暴打，供词皆为刑讯逼供的产物。董政、成孟的辩护律师当场要求"非法证据保存"。于是法官宣布休庭。截至2014年9月，此案仍未开庭。

"冀发"与董政

单提到"东阳"这个地名，它作为浙江金华的一个县级市，名声并不显赫。而中国最为重要的影视基地，横店影视城则位于该市。除此之外，东阳是浙江医药工业大市，位居全省第三，工业附加值自2006年始每年都占比三成以上。

这里传统工业、新兴工业云集。工业生产模式与内蒙古、甘肃等经济欠发达地区有着天壤之别。而以重工业为主的区域性集团中，冀发集团作为浙江本土企业，旗下有多家子公司，主要生产斜切割机、电木铣、台锯等多种类型、规格及型号的电动工具，产品主要销售到德国、韩国、日本、美国等多个地家和地区。

它在电子商务方面取到了骄人的成绩。2014年总销售额预计可达10个亿，网络销售额占比7%~8%，网络销售总额预计可突破7 500万元。

集团法人王可法自2008年就被推选为东阳市政协常委委员、东阳市企业家协会副会长、

2012年"清源行动"水环境保护志愿者合影

东阳市商会副会长。其子王冀曾获得2012年度东阳市经济建设杰出人物。该集团则被评为2012年度市级巨人企业之一。

冀发集团始终保持着它一贯的正面形象，为当地创造财富，提供上千个就业岗位，直至因为环保问题而撞到枪口上。

不，它自始至终都没有因为环保问题造成真正的损失，在一边倒赞颂它的电子商务取得佳绩同时，它应对着来自各方环保组织声讨的压力，2013年10月环保部门检查时发现冀发集团新增的厨具项目存在未批先建、环保管理不达标等问题。环保局对该企业下达了行政处罚通知书，处以20万元罚款。但企业对此提出申诉，认为处罚过于严厉。虽然2013年12月17日，企业办理了相关的环评审批手续，可对该处罚至今没有履行。

在此之前，董政已经是浙江环保志愿者中不得不提的人物。

他从2008年接触环保，2009年因向浙江电视台《新闻007》反映衢州某企业排污问题为人所知。故事发生在衢江区大洲镇某村，他驱车偶然来到这里，注意到几十亩的水田无法种植水稻，农田土质偏红，便停下和居民交谈。居民陈述说当地某企业将污水排入农田，如今村民吃水都要从几公里外的地方运送回来。

这件引起了在律师事务所常年工作的他的关注。回到住所，他取了pH试纸，对田里流淌的水进行简单的色卡比对测试。测试显示：田里的水pH值竟然在3以下，有的地方甚至达到1，属于强酸性。而对该村的一口井中的井水测试，其竟然也显示为1到2。

冀发集团附近排污情况

冀发集团附近污水情况

举报后他带领电视台记者再次对水质进行测量。节目播出第二天，污染企业即停工整顿。自此，他开始重点关注设立在衢江及乌溪江周边的企业。也因为长期的实践，比较容易找到隐蔽的排污口，并且不断完善自己的装备：录音笔、暗访录像笔、pH试纸、手电筒，甚至在车内配有长筒雨靴和蚊香。

在举报的企业中，不乏纳税大户，他也随即遭遇更多坎坷。

2011年他正式辞职，全身心投入到环保工作中，自发在当地组建了一支由律师、医生、化工厂工人、出租车司机和售货员组成的团队——衢州绿色环保志愿者团队。团队会员定期开展野外企业排污口、偷排口调查，蹲点守候检测排污口工业废水等活动。同时，还不定期地对衢江上游江山港、乌溪江、常山港进行水环境巡查保护等环保工作。

2012年1月，浙江省环保厅联合绿眼睛环境组织和阿里巴巴集团发起了"清源行动"水源保护项目，通过政府、企业和民间组织三方联手，共同保护浙江八大水系。董政在衢州的环保行动引起了"清源行动"发起者阿里巴巴相关负责人的关注和肯定。

而浙江省永康市的成孟与董政产生交集也是源于此。他在参加"清源行动"后经常抽出时间对永康境内的环境进行观察，并且直接向市长递"诉状"，促使堆在风景区道路上无人治理的垃圾及时进行了清运。

2012年8月，常山化工园区顺达化工污水处理厂董政等环保志愿者在调查中发现，该园区外总排口有酸性废水外排。市环境监察支队工作人员会同董政一起到园区进行了检查，初步调查为园区的污水处理厂已无能力处理废水达标排放，市支队对常山县经济开发区顺达化工污水处理厂进行了立案处理。根据《中华人民共和国水污染防治法》第73条的规定，市环保局对该园区的污水处理厂下达了行政处罚决定书，责令常山县经济开发区顺达化工污水处理厂改正环境违法行为。一是及时恢复处理设施的正常使用，确保出水符合常山县污水处理厂的纳管标准；二是在跨江输送管道修复之前，用槽罐车将处理后的废水运到常山县城市污水处理厂处理，不得直排常山港，并予以罚款。目前常山县政府已拨款250万对化工园区进行整改。

2012年底，因为其贡献突出，董政得到北京SEE环保基金会创绿家资金赞助。2013年6月，他受邀成为"金华市环保局环境义务监督员"，配合地方职能部门进行环保违法查处工作。

类似的例子在他和他的团队工作中不断出现。截至2013年10月，董政和他的团队发现和解决环境问题250多个，投诉举报直排、偷排、污染环境企业100余次。

2013年11月17日下午，董政、成孟两人及两位当地志愿者，来到位于东阳市的冀发集团门外，发现该企业有排污现象以后，向环保部门拨打举报电话。东阳市环保局随即赶来取走水样。行事匆匆的警务人员招致冀发集团董事长赶来，他与环保志愿者进行直接交涉。

18日上午，四名志愿者再次来到冀发集团门外进行查污，中午，王可法邀请他们在企业食堂进餐。

12月16日上午，董政、成孟二人再次来到冀发集团，总裁王冀（王可法之子）予以接待，随即二人被民警带走，并以涉嫌敲诈勒索罪被刑拘。

2014年初，董政、成孟二人被检察院批准逮捕。

冀发雇用地痞殴打志愿者

2014年1月13日傍晚5点37分，一名网友发微博称：在东阳做水污染调研，但伙伴们被东阳一家企业的人打了，双方还进了当地派出所。这名微博网友名叫徐磐石，是绍兴市朝露环保公益服务中心主任、绍兴公益网常务理事。前两天他们从网上了解到，位于39省道东阳南马镇的东阳冀发集团偷排污水情况严重，即召集环保志愿者协会6个伙伴，一起奔赴东阳，在冀发集团外围查寻排污问题。

暗管的放置位置并不隐蔽，油脂物质默无声息地排入农田，从暗管排出的水黄绿浑浊，但还属于清澈的范围。表面漂浮着一层浅棕黄色的油脂，流进田地的污水呈黑黄色，明显刺激气味。他们顺着污染源管子的走向，通过长焦镜头探视，发现同样的管道延伸至企业内部，污水无间断流出。徐磐石等人拍了照片，刚刚拨通当地环保部门举报电话，尚未来得及取水样，企业主很快赶到。与两个月前董政、成孟等人的经历同出一辙。

一名环保志愿者徐先生，是绍兴市朝露环保公益服务中心主任，接获当地村民举报的

董政户外巡查企业排污口

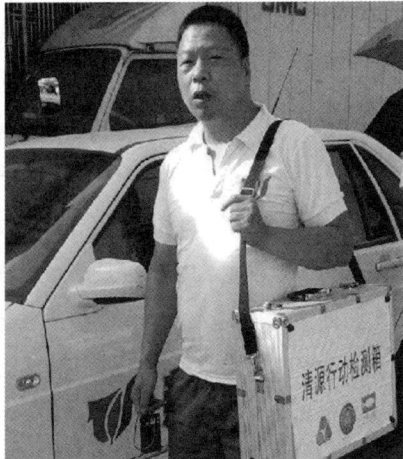

成孟

他，即刻带同五名理事，连同一名来自宁波的环保志愿者，一行六人，前赴东阳市南马镇实地调查。他们到达江南工业园内的冀发集团，走到排污渠口，将企业偷排污水的证据拍下，然后打电话向市环保局举报。不久，他们还未等到局方人员到场，已遭企业派出来的20多名保安殴打，两人被打伤。

"当时企业主开了辆路虎车过来，下来后，就要打其中一名女志愿者。我们上前劝阻，后来企业主就打电话叫了人来打我们。第一次遇到这种情况，光天化日之下，排污企业竟这般嚣张！"徐磬石说。

扭打时间只持续了一两分钟，两名志愿者被打伤，一名眼角下方有点点血迹，一名胸口被猛击几下，持久阵痛。现场围观人员众多，环保局工作人员及警务人员都很快赶到。当天发现的三个排污点，环保局分四个时段取水样，翌日检测结果显示排放达标。

而急速赶到的媒体给这次小型的争斗加剧了压力。王可法将这件事与之前董政的事件牵扯在一起。当日志愿者先被带到警察局，"被和解"之后，王可法向志愿者出示了几条他与董政互发的短信，王冀则向志愿者播放了一段录音，录音内容恰是2013年12月16日董政、成孟在冀发集团与王冀的对话。这段录音至今尚未公开。

东阳市环保局称几处排放口多是居民生活污水。执法人员肯定管道是由企业埋出，但污水不能确定排放源。

王可法紧抓"油脂"这一特点，强调自己工厂出于经济利益因素绝不可能把油倒出，可能极一小部分是由机械维修泄露，大部分是由附近酒店和居民排放。

天色暗下来，人群散去。执法人员晚上又在另一处排污口取水样，防止企业夜间偷排现象的发生。

14日早六点，监测人员拿出了五份水样的全部检测数据，数据显示这些水样的pH值、石油类值等指标均符合《废水综合排放标准》。按照《废水综合排放标准》，只要水质的pH为6到9，石油类在5mg/L以下，可以直接向外排放，冀发集团的废水均符合一级标准。

而据自由亚洲电台记者冯日遥报道称：浙江省东阳市一机械加工厂疑长期偷排污水，村民多次向环保局举报无结果。接报亲身前赴当地调查的六名环保志愿者遭企业20多名保安殴打，两人被打伤。志愿者被公安以涉打架和敲诈为由带走扣留10小时后获释。

继两场风波后，2014年6月16日，"董政案"在浙江省东阳市法院开庭十天后，冀发集团再曝污染问题。当地村民夜守污染点对峙。据村民介绍，冀发集团排出的污水污染了周边的庄稼和地下水，反映到当地环保局至今没有处理。知情人透露，王可法之子王冀雇用地痞殴打村民，当地村委会仍继续坚守。

6月19日，东阳冀发集团公司门口，当地居民抗议冀发集团非法排污，门口摆满了300个装满冀发集团排出污水的绿色塑料盆。

事情最后无疾而终，新的线索指向冀发集团厂区附近设有的南马派出所警务室。相关人士称王可法每年给南马派出所百万资金，而作为回报，南马派出所向冀发保证，只要是冀发的事情，南马派出所会在10分钟之内赶到现场。

近日有网友举报东阳冀发集团废水污染问题，东阳市新闻网向东阳市环保局了解相关情况，市环保局答复：近两年，冀发公司外排废水超标问题，已受环保部门处罚，现企业正在对原排污管道进行整改。

至今，浙江的董政、成孟两个环保志愿者因涉嫌敲诈勒索罪被批捕已过去大半年，在第一次开庭时，据董政和成孟称他们曾被暴打多次。今天，关心"董成案"的环保人士更是通过董政的家人得知董政之所以承认敲诈，是因为当地派出所承诺：只要董政承认敲诈，马上就可以申请取保候审。

【点评】

2015年8月15日，董政、成孟被释放出狱。二人均获刑一年八个月。罚款6000元。

企业确实给社会发展带来很大帮助，我们尊重他们的贡献，但他们必须注意到工业的排放。在中国，80%的能源是由企业消耗的，所以企业就有很大的责任，作为环境问题的制造者，有责任去解决。

在中国，民告官并不是件容易事。如果某个企业污染了你家旁边的河流，你可以把那家企业告上法庭，但却没法把政府也作为被告。

这和欧洲的情况恰恰相反：虽然起诉企业和起诉政府都并非难事，但环保非政府组织采取法律行动的能力却有很大欠缺。法庭一直以来被视为烦琐的官僚机构，而为数不多的在非政府组织里工作的律师也都专攻组织内部事务，而不是把时间花在打官司上。

盯住大企业是非常必要的，它们是规则制定者。其他的中小企业，很多是供应链条的一个组成部分。如果大企业向良性方向发展，最终会给中小企业的变化创造空间。

政府的信息公开非常重要，是解决许多环境问题的先决条件。

打官司真的就像打仗一样。想要取得胜利就必须做好打持久战的准备，大案有时可能持续好几年。如果你发起诉讼并最终胜诉，下一次你要跟政府或者企业交涉的时候，他们就会认真对待，那样或许你就不需要再起诉了。这使你在谈判中具有更大的公信力。采取法律手段的最终价值在于加速合规进程，因为你已经树立了威信，他们（企业或政府）知道如果你起诉他们，他们很可能会败诉。

只有公众监督才能避免监测数据造假

■ 冯永锋

那些盲目相信"政府监管"的人傻了眼，尽管环保部副部长翟青在国务院新闻发布会上向全国人民承诺环境监测数据不可能造假，但全国各地仍旧纷纷传来数据造假的"利好消息"。那些相信安装了在线监测仪就可以保证监测数据真实的"技术控"，同样也傻了眼，他们发现，再好的技术手段也敌不过蔑视环保的企业主和官员们的造假能力。

如今的中国，每一个人都是"环境难民"。而这个感觉，在过去是很难体会到的，如今，监测数据的逐步透明，才开始让国人心知肚明。虽然国人从1972年官厅水库污染之后，每一天都在向成为环境难民方向堕落，但成功的"环境数据造假"，一直让很多人蒙在鼓里。人们一直相信，自己呼吸的空气没有问题，自己喝的水没有问题，自己吃的蔬菜没有问题。

北京从1998年就开始力推"蓝天计划"，某种程度上说，那时候的政府部门，心里就已经很清楚，北京的空气一直很糟糕。但有意思的是，北京的蓝天每一年都在生长。如果不是2011年的公众呼声，让北京的这一雄伟计划崩盘，可能在今天，北京已经成功实现"全年都是蓝天"了。

那时候的造假，监测部门是说不上话的，真正的幕后指使者是政府有关部门的有关领导。曾经有一个在北京环保部门工作的人说，当年北京为了争得奥运会主办权，在环境本底调查时，在监测点位上就已经动足了歪脑筋，几乎把所有的监测子站，都设立在公园里或者郊野的山顶上。可即使这样，监测出来的数据也仍旧危险得惊人。于是，北京市主管监测的干部们，毫不隐讳地对监测专家、监测干部说："你修改一下数据不就完了吗，这么简单的事，有什么可犯难的。"

　　大概在2005年之后，由于互联网浪潮的烘托，几乎每一个省都开始耗巨资建设"环境信息数据平台"。国家最高环保部门当然也做了一个收集全国环境信息的平台。这样，环保局的官员们坐在办公室里，就可知道全国各个断面、监测点的排放信息。当然，他们相信自己是有这数据特权的，这样的数据，公众没有权利知晓。

　　当时负责这些平台建设的环保局干部们，信誓旦旦地要让人们相信，国家控制的排污企业、各省控制的排污企业，无论是涉水的，还是涉空气的，其排放的端口上，都安装了在线监测仪。这些在线监测仪，数据是同步直通环保部门的，企业不可能修改，只能眼睁睁地看着排放数据被环保部门的人掌握。

　　在那时，一些环保组织就呼吁，政府掌握的这些数据，应当同时开放到公众网络上，让大家随时可以查看，而不是信息只输送到环保局的某间办公室里，就戛然而止了。因为不让公众知情，必然就一定有想要隐藏的秘密。而一旦政府自己成天存心想要隐瞒数据，却想要企业不隐瞒，就缺乏了基本的执政底气。在这个世界上，只有政府率先不造假，才可能理直气壮地要求企业不造假。

　　2011年的秋天，一场连续多日的雾霾让公众彻底觉醒，大家通过"我为祖国测空气"等独立民间检测的方式，倒逼政府全面开放空气质量信息数据。最后，党和政府真的顺应了民心，从2013年1月1日开始，全中国74个城市，每天都诚实地公示其监测到的6个环境空气质量指标。中国的环境监测，算是迈出了惊险的一步，蹒跚着要"走出数据造假时代"。

　　政府负责监测的空气数据是开始逐步诚实了，但政府负责监测的水、重金属、土壤，仍旧是"国家机密"，仍旧有可能公然造假。只要这些环境监测数据还存在成为"国家机密"的一天，企业的环境监测数据，就必然仍旧可能存在造假。因为前面已经说了，一个不肯把真实环境监测数据坦白地告诉公众的政府，也没有多大权力要求企业如实公示他们的排放信息，更没有多大权力阻止企业恶意向环境排放污染。也就更没有多大能力保护全国上下长城内外"污染受害者"们、环境难民们的基本权益。

　　一个地方的环境监测数据，大体有三种类型。一是区域环境质量，像北京政府，当然要负责监测北京的各个环境质量。这一般得由当地的政府部门下属的环境监测站来负责完成，理论上说，所有的实时数据，都要如实地上交给公众。二是企业的环境监测信息，各企业要如实地把自己在排放口监测到的排放数据，如实地传送给政府，如实地上交给公众。三是公众自己监测的数据，当今时代是科技大普及的时代，各种监测仪器都全面便携式和傻瓜化，便携式水质检测仪、便携式空气检测仪、便携式重金属检测仪、便携式噪音检测仪、便携式辐射检测仪，处处可见，人人能用。公众随时可以拿出"检测法宝"，对想要了解的环境点位的环境质量，信手测上一测，然后和政府、企业监测出来的数据，比上那么一比。

何况，即使没有检测仪的帮忙，公众拿鼻子闻、眼睛看、耳朵听、身体感受、心思揣摩，也都可以知道当地的环境质量如何。因为环境质量无时无刻不在影响着人的身心。当一个人身心遭受环境污染的摧残的时候，政府和企业还妄想说"当地质量合格"，唯一的办法是持续而顽固地造假。

因此，要想保证企业和政府监测的数据不造假，唯一的办法是"环境信息公众化"。大体的办法有四个。一是政府监测的区域环境数据、企业自测的排放数据，彻底而全面地开放，坦白从宽，抗拒从严，随时都通报到公开媒体里，让每一个"不懂科学的无知公众"都可以迅速查看和评价。二是鼓励环保组织、环保志愿者开展各种类型的环境自测活动，并将这些环境自测的数据，与政府、企业监测的数据，进行擂台大比武，较量个清晰明白，分析个底朝天。三是鼓励公众随时对身边有疑问的环境质量，进行举报、质疑、排查，因为，即使所有的企业排放都合格，整个区域的环境质量也可能存在着风险。四是全面开展环境质量与公众健康关系的研究，让环境监测数据的变化，与公众身心健康的变化进行有效对比，看什么样的环境质量下，公众才可能生活得最幸福，什么样的环境质量下，公众就会成为环境难民。

有意思的是，中国当今正在出现一个比数据造假更加新潮的现象，就是排放着污染物的企业，干脆连名字都不要了，关上大门，使劲生产，使劲排放。根本不把政府监管和公众监督放在眼里。在这时候，就必须强力推进一个"环境信息大开放"的措施，政府必须出台政策，不仅仅率先垂范地随时开放其监测的站点和平台供公众、环保组织监督和参观，也强令要求任何一家企业主动打开大门，欢迎所有的公众和环保组织随时进去参观和考察。这样，才可能在公众的帮助下，迅速找到环境问题，迅速进行优化和整改。

如何打破"污水处理骗局"

■ 冯永锋

2013年，山西运城一个环保志愿者，跑到北京的环保组织来举报。他说，他发现，自2008以来，国务院开始推行的"农村环境整治"项目，在很多地方都落了空。像他所在的山西临猗县，还是农村环境整治的"试点县"。农村环境整治的重点，就是要在村庄里修建污水处理厂。

可有意思的是，他去查看了几乎所有的示范工程，要么根本没有建基本的设施，要么就是建好了设施却没铺设管网，要么就是建好了设施铺设了管网却没有污水进入。更有意思的是，家家户户的污水本来在自家院子内外，借着阳光雨露，说消解了也就消解了。而有些村庄把污水管网铺好之后，把原本分散解决的污染，统一排放到了某家的麦地或者池塘里，结果远远地闻过去，就是一片恶臭。

污水处理厂，本来是给城市人配备的。笔者关注环境保护这么多年，感觉农村与城市的最大差异，就是生态含量的区别。农村的人均生态含量是大的，城市的人均生态含量是小的；农村的污染物消纳能力是高的，城市的污染物消纳能力是低的；农村的污染物是应当自由发生、自然解决的，而城市的污染物，是必须统一收集、定向输送、专门治理的。

按照这个朴素的理解，看待山西农村环境整治中的污水处理厂骗局，大体就可以得出两个结论。一个结论是，农村也许不该上所谓的工程化污染治理措施，而应当充分利用土壤、坡地、林地、沟渠、农地来随机净化。在农村搞工程治理，本身就违背了污染物消纳的基本规律。另一个结论是，如果缺乏公众监督，无论是城市还是农村，所有的工程都可能成为假冒伪劣的工程。

中国的污水处理厂建设，说起来走过了将近三十年。在这三十年里，我们听得最多的新闻，就是"污水处理工程晒太阳"，就是"污水处理厂反而成了污染源"，就是"污水处理厂无法收集城市的所有污水"。

这种现象在全中国每一个地方都是存在的。就拿北京来说，至今也仍旧有30万吨左右的生活污水直接排放到河道里。而污水处理厂所"生产"出来的污泥，更是趁黑夜倾倒在一些绿化带的林地、路边的坑塘中。如果你到一个城市听环保局汇报，他会告诉你"本地污水处理能力达到80%"。可是他不会告诉你，这"污水处理能力"中，有一半可能是根本没有管网把污水接进来的。如果你到这个城市的河道边走一走就会发现，真正的污水，都毫不犹豫地排放到了城市的沟沟渠渠中。

于是在当今中国形成了一个特别奇特的现象，就是城市的"内河"肮脏无比。我走过的所有城市，没有一个城市的内河是干净的。上海、杭州、苏州是如此，广州、深圳、福州、厦门是如此，成都、武汉、长沙是如此，西安、兰州、西宁也是如此。大城市是如此，中小城市更是如此。

按照道理来说，城镇污水是很容易治理的，只要工程到位、管网到位、技术得当，人口规模稍微大点的城市，都可以把其90%以上的污水处理到"国家一级A"标准，也就是出水口的水质，化学需氧量（COD）能到30左右。这样，排放到河道里，与自然的水一混合，也接近地表水四类水的标准，不至于再形成太大的污染。

而且，水一旦治理好之后，"下游"应用起来，也可以比较充分和自如，不至于"住在江边没水喝"。20世纪80年代以来，淮河流域持久的污染，让这条河流两岸的地下水至今不能饮用，导致两岸的村庄形成了"癌症村"。而如今同样离奇的是，在钱塘江的入海口，安放着一个"天堂般的城市"，这个城市叫杭州，居然也开始叫嚷着没水可饮用，因为钱塘江也日益被污染了。于是打起了向千岛湖调水的主意。其实，所有的城市都犯了一个共同的错误，就是不肯好好治理污水。

这些城市之所以不肯好好治理污水，说大了是不重视生态文明，说小了就是低估了不治理的后果就是让全中国所有人都成为环境难民。这些城市之所以不肯好好治理污水，真正的原因就是信息不公开，让污水信息的真正掌握者，可以为所欲为下去。

破解这些城市污水治理"犹豫症"的办法也简单，就是像要求空气信息公开一样，要求所有的城市如实公开当地所有河道、所有涉水企业的"水环境信息"。就是要求政府把所有监测所得的环境信息、企业监测所得的水环境信息，如实地向公众汇报。就是要求政府和企业，随时接受公众的监督、质询。就是要求在的《环境保护法》中加入一条"人人有权公益诉讼"的条款，让用污水残害这个国家生态的个人、企业和政府，永远可能受到起诉和追查，为其行为付出惨重的代价。

否则，中国的污水治理骗局，仍旧将延续下去，无论公众的眼睛是多么的雪亮，无论中国的民间环保组织、环保志愿者是多么的积极和踊跃。

垃圾管理不能"迷信技术"

■ 冯永锋

　　使出浑身之力来"力挺垃圾焚烧"的专家们，一遇到公众的"抗焚辩论"就恼羞成怒。他们觉得"无知的公众"怎么有资格和他们讨论技术问题。他们抛出来的最常见的一句话就是某某垃圾焚烧厂技术先进、设备一流，因此，绝对不可能有任何的环境风险。因此，公众所有的担忧都是不必要的、无意义的；因此，公众起来试图辩扯辩扯，就是想要颠覆政府，就是受了"境外敌对势力"的蛊惑。

　　即使我不是心理学家，我也有能力分析这些挺焚专家的阴暗心理。从骨子里，他们是孱弱的，因为过去几十年，受"科学技术是第一生产力"这概念的控制，大家本能地相信科技能解决一切焚烧问题，然后本能地相信一些火热的问题没得到解决，是因为科技不发达导致。

　　而"科技不发达"，是国人对自己国家的基本认识。中国的科技不发达，西方某些国家的科技比中国发达，所以西方某些国家比中国先进。因为西方某些国家无论从科技还是技术还是方法还是设备都比中国要先进，因此，把西方某些国家的科技论文翻译到中国，把他们的技术设备整套购买到中国来，中国就一夜之间"超英赶美"，与人家同等先进，也就与人家有同等的能力解决裸露在政府面前的巨大垃圾难题。

　　瑞士的设备，德国的设备，日本的设备，法国的设备，就这样一套又一套地团购到中国来，向公众狐假虎威地左拿腔右拿调。这些政府型企业耗巨资购买设备的能力确实是"世界第一流，全球最先进"，但这些政府和企业解决社会问题的能力却极其的低弱和无能。

　　因为，这些政府和企业都忽略了两点。第一点是，在人人都成为环境难民的今天，公众已经绝对不再允许政府和企业把环境困难转移到自己身上。第二点是，垃圾问题不仅仅是技术问题，也不是设备问题，而是"综合社会问题"。打个比方，以技术和设备解决一个社会问题，就好像买了一台电脑，就以为它能写出世界一流的诗歌一样。

有人觉得垃圾很冤枉，比垃圾焚烧困难和危险的环境问题多得是，为什么公众偏偏揪住垃圾不放？有人觉得垃圾焚烧厂很冤枉，随意乱堆垃圾、露天垃圾焚烧、简易垃圾填埋，其实都在制造严重的垃圾环境风险，为什么大家对这些不敏感、不在意，却偏偏只对垃圾焚烧厂大声说"不"？

如此这般地觉得"冤枉"的人，就是因为忽略了我说的"第一点"。过去，公众其实是对各种垃圾处理方式存在疑虑的，但过去的公众，缺乏出来表达的机会。一个持续被剥夺了权益的群体，表达其真实意愿是需要一些技术手段和经济手段和社会感觉来辅佐的。1980年以来的中国公众，各种权利意识都在缓慢地生长，经济权、教育权、自由迁徙权、自由言说权，比过去都有所提升。这时候，在网络技术、汽车技术、超市技术、商业小区技术的协助下，公众们发现，再不对自己的基本环境权益作出表达，那么，受伤的、作死的，必然是自己。政府和企业仍将像过去那样，习惯性地把环境风险，一股脑儿全倾倒在普通公众身上。

可惜，时代不同了，垃圾还是过去的垃圾，公众已经不是过去的公众。可惜，时代不同了，焚烧还是过去的焚烧，公众已经不是过去的公众。

因此，在这时候，挺焚专家们津津乐道的技术，在公众听来，就有着"无限风光在险峰"的可笑和可耻。

第一个可笑是，垃圾如果不分类利用，只是转化了形态，根本没有"消失"。垃圾焚烧只是把垃圾从固态转化为了气态，而且在氧气、氮气等的"助燃"下，整个物质的体量比原来增加了成千上万倍。技术专家所说的"减量"，不知道理由何在？如果一个技术专家，连基本的"物质不灭"的物理学常识都不懂，怎么让人相信他们不是在故意地逃避事实和隐瞒真相？

第二个可笑是，其实没有人在意二噁英，人们在意的是所有的污染物排放。垃圾焚烧后，产生成千上万种物质，当前为人类所认知到的，不过才几十种，而且开始有意识地控制其环境风险的，不过才几种。公众举例出来说的二噁英、汞、多环芳烃，不过只是"旗舰物种"。公众不会笨到只纠缠于二噁英的毒性不放，公众只是很清楚，如果毒性最大、传播最容易的"焚烧内容物"都得不到关心，说其他尚未明确风险的那些内容物，哪个政府官员和哪个企业官员会操闲心来和你认真较劲？

第三个可笑是，当技术专家、技术官僚们纷纷列举日本、德国、瑞典、丹麦、英国的

"垃圾焚烧"技术多先进的时候，他们忘记了，他们无法举出在中国成功运营的有效证据。可实际上，自20世纪80年代深圳第一座垃圾焚烧厂投运以来，在中国，已经陆续投运了150多座垃圾焚烧厂。迄今为止，没有几座垃圾焚烧厂真正通过降低环境风险来实现成功运营。很多垃圾焚烧厂躲在角落里装"无人区"，只是过去多年没有公众对它们产生感知。由于过去几乎所有的垃圾焚烧厂都采用欺骗公众的方式来进行环境影响评价和隐秘运营，因此，它们的环境风险几乎没有人进行关心和监控。当前，极少数的垃圾焚烧厂受到了公众"尊宠"对待，恰恰要感谢公众的焦虑，否则，它们也与其他的小伙伴一样，堕落到欺骗公众、忽略环境风险的地狱里万劫不复。

第四个可笑是，中国，像深圳龙岗、武汉锅顶山、无锡锡东、上海江桥、安徽淮北这样的"环境灾难"频发的垃圾焚烧厂，要么当年的环境影响评价没有过关，要么环保验收手续没得到通过，要么公众参与全面造假，要么运营维护的过程中极其简易和粗陋。而这些同样先进一流的"垃圾焚烧厂"，代表着中国当前垃圾焚烧业的普遍而真实的水平，代表着中国垃圾焚烧业对周边公众的真实态度。如果我们的"挺焚专家"对这些已经存在的环境风险都弃置不顾，却好意思觍着脸说国际上技术多先进、设备多一流，必然让人觉得，这些人已经到了连基本的良知都完全被利益湮没的地步。

第五个可笑是，技术专家也和官僚政客一样，动不动强迫公众要"少数人服从多数人"，动不动大谈"邻避运动"和"厕所理论"。是的，人们都需要上厕所，人们都会扔垃圾，但并不等于人们允许厕所和垃圾处理设施"修建在我家后院"。人们只是凭着一些基本的社会经验，综合中国过去的所有真实经历，证明，厕所和垃圾的环境风险是不可控的、无人管理的，因此，凭什么要我们少数人承受这样的环境灾难？政府和企业需要做的不是说服公众允许厕所和垃圾场修建在其小区边。政府和企业需要先做好两件事：一是精心地到先进国家，学习其"管理手段"上的先进性，然后再通过技术等手段来实现之。二是率先把这些处理设施，修建在自己的办公室、住宅小区边；在此基础上，不停地让每一座"环保公益设施"，运营得都没有一丝一毫的环境风险，这样，公众才可能不会担心和忧惧。

综合以上的五个"可笑之点"，我们要说的是，如果政府和企业把垃圾处理当成简单的技术问题，也没有什么大不了。你说技术能解决，那就去解决了之后来向我们证明。你不能拿过去的不成功，来证明未来的成功；你也不能再拿未来的"技术先进"，来忽悠我，让我相信你们过去的所有落后也都即将"同步先进"，相信你们过去的愚蠢即将同步聪明，相信你们过去的"暴力专制"即将转化为"理性对话"。

多少年来，我们引进了无数的"国际先进"，但很少转化为真实的"社会先进"。再先进的技术，沦落到愚昧和专制的政府和企业手上，都会对公众造成新一轮的灾难。我们的公众已经承受了太多的"发展的代价"，我们的公众已经替污染型政府和污染型企业消纳了太多的环境风险，我们不可能无穷尽地这样被政府和企业欺骗和压迫下去。

其实，技术先进如果匹配以其他相关的"先进"，环境风险是有可能降低的。透明、坦诚、公开和预先的风险排查，最为重要。比如，对已经存在的环境灾难的真实承认，对已经遭受了环境灾难的环境难民的大力救济；对"正在规划中的项目"，与公众诚恳地协调，一轮不成协商十轮，十轮不成协商一万轮；对即将上马的项目与周边公众诚实地对话，多谈风险，少扯先进，多谈不必要，少扯"非上不可"，这样才可能赢得公众真正的理解和支持，也才可能从公众中汲取运营的智慧。对于正在运营的项目，认真地剖析其每一个环节产生的未知环境风险和已知环境风险的可能，能解决的马上解决，不能解决的诚实地告知公众，乞求公众来共同想办法。

如果这样的"先进管理心理"都不具备，却妄谈先进，只能贻笑于公众。如果因为购买了几台"国际先进焚烧仪"就觉得自己天下第一，无所不能，狂妄到无法和公众进行平和对话的程度，那么，这样的企业，这样的政府，可以休矣。

因此，当他们开始出现一些想要对话的共同行动的时候，这表明他们已经到了"实在没有对话路径"的节点。他们是在持续失望的情况下又一次鼓足勇气重新点燃一次希望。在这时候，政府和企业要做的，就是拿出你们的"先进"和良心，一起和公众好好对话。只要你们愿意，相信公众可以和你们奉陪到底。你们想对话多少轮，就对话多少轮。让对话、开放、坦诚、透明来给你们创造"国际先进"的可能，而不要指望技术和设备。

其实，各地"无知公众"的博弈力量已经很强大和清晰了。这十来年，正是"无知公众"的一次又一次以死相拼，才让垃圾焚烧企业提升了技术能力，才让政府部门提升了技术管理能力，才让技术专家们提升了技术见识。正是他们推动了中国垃圾焚烧行业走向健康和纯正。正是他们让中国的垃圾管理者们，重新审视自己原先盲目制定的那些政策和规划，究竟有哪几条，符合真正的中国现实，堵塞得了中国真正的现实垃圾管理漏洞。

真诚持续的对话，是唯一出路

■ 冯永锋

杭州市政府这一次真的急了，他们连夜推出了"垃圾焚烧三十六问"。是不是比照古代的"三十六计"，不得而知。但细读下来，这样的"问答体"对话方式，做对了一半，另外一半仍旧有待完善和弥补，尤其在诚意方面，急切需要提升。要想获得公众的理解，不仅仅要在内容上要继续添油加盐，更要在态度和心理上改变"教训公众"的心理。因为自古以来，把公众当傻瓜，把公众当受教育对象，把公众当成"只许听话不许问话"的"散乱的沙石"，都是政府官员最容易犯的错误。而这样的错误如果继续犯下去，那么，再多的问答也无法消除社会冲突。

"三十六问"的最后一条，提到了"邻避主义"。这个词汇我研究过那么三五年，我们用得更多的是"邻避运动"。邻避运动的产生，有诸多原因。这里只仔细分析两段，以作为本文的引语。

你要建在我家后院的垃圾场、厕所、变电站、PX项目等，建设者很难或者不敢证明自己完全没有问题。恰恰相反，有太多的案例证明这些"建设项目"，要么造成过严重的环境伤害事故，要么有可能有潜在的环境风险。厕所如果环卫部门将它管理得"像花园那般诱人"，估计没有人反对；垃圾焚烧厂如果在中国哪怕有一座成功地证明自己没有造成任何的环境风险，公众也可以"理解上那么一回"。但可惜，不是公众不理解，而是真实的教训太惨痛。可惜，不是公众不支持，而是公众一旦支持，风险和灾难就必将转移到自己身上。

你要建在我家后院的垃圾场、厕所、变电站、PX项目等，我都有可能支持。但你总得在建设前和我商量一下。我住的土地虽然不是我的，我只是在中国"暂住那么几十年"，但我关心一下我家的窗户会不会飘进臭气，我了解一下你高高在上的烟囱究竟会不会迫害我的呼吸，这样的权利总是有的吧？可惜，自古以来，从来没有人尊重我的权利，从来没有人照顾我被剥夺知情权的感受，从来没有人觉得欺骗我、对我隐瞒真相，有什么不好。现在好了：我从小道消息那不小心知道了，然后上门想和你商量一下，然后，怪事就发生了，过去是说我不肯"舍小家为大家"；现在，你就说我犯了邻避主义，"想把责任风险推给别人，自己享用建设项目的成果"。我想，这样的话，充分透露出某些人的无知，充分表达出了某些人的无耻。

话说将近二十年间，我国发生了不少起"邻避运动"的事件。这事件大体分为三大类型。一是"事先预防型"。就是像杭州的垃圾焚烧厂，尚未建设或者即将建设，公众跳出来，要和建设者协商协商，对话对话。二是"事后追责型"。像武汉锅顶山的垃圾焚烧厂，2009年就已经建成开烧，但至今没有拿到环保验收的批复，当年的环评报告也充满了虚假和欺骗；更可怕的是，这垃圾焚烧厂严重污染了周边公众五六年，给公众制造了大量的健康灾难，于是公众奋起击之，想要赶走这个垃圾焚烧厂。三是公益保护型。一些公众，会为了与自己无关的湿地、森林、土地、河流的"天然生态系统健康"，为了环境正义、土地正义、河流正义，而奋起，要替它们代言，要保护它们不受开发者的随意侵犯。比如大连正在违规填海造地，而北京等地的环保组织正在组织力量，要向大连市政府讨说法，争取能够替斑海豹、白尾海雕等物种，讨要到一片相对安全的栖息地。

2006年以来，因为垃圾焚烧厂，因为PX项目，因为"核设施"，因为冶炼项目，因为造纸厂的排海工程，因为火电站，因为水电站，因为变电站和高压线，中国各地发生了多起剧烈的公众博弈事件。这样的"邻避运动"，给了不少建设项目的主导者，无论是政府还是企业，带来了巨大的冲击。有些政府部门有些动摇了，他们想要更真诚的对话，他们知道这个项目不对话，下个项目必然更加艰难。项目在这一步不对话，下一步会出现不可预料的风险。有些政府部门则更加坚定了，他们相信只有镇压才是保证发展的最好办法，他们相信"未环评先施工"，把项目建成即成事实，生米熬成稀饭，钢铁造成汽车，煤炭化工成塑料袋，这样公众就无话可说，无法可想，无计可施，接受的要接受，不接受的也得接受。

"强行施工"是诸多政府和企业逃避对话，进入"撒谎频道"的比较通用的方式。有一些最常用的狡辩办法，是"三通一平"不算项目施工，是平整土地不算项目启动，是移除本地居民不算项目启动，是屯聚好"项目建设指挥部"不算施工，是把大量的建筑工人布防到位不算施工，是把项目的主体框架都浇筑完毕了，仍旧不算施工。这一切，都算"施工前的准备"。可公众就纳闷了，这个项目上马不上马，都还没得到决策的，此前你不是说"不得到公众的理解和支持，坚持不开工"吗？怎么这些活儿，就都在月白风清的时候，全都恬不知耻地"竣事"了呢？你不是说相关手续不完成，坚决不开工吗，怎么手续的程序列车尚未开动，你的仪器仪表都已经快安装完了呢？这样的态度，究竟是想继续欺骗公众，还是"对话的诚意表达"呢？

继续迷信"教训公众"则是诸多政府和企业逃避对话，钻入"撒谎频道"的第二种通用方式。应当说，纵观这二十来年的"对话"，没有几起是真正诚实的。因为在对话的机制设计上，仍旧是"我来说，你来听"。因为"我聪明，你愚蠢"，因为"我在支持发展，而你享用着发展的成果却阻碍着发展的通道"。因为如果你不来好好听，我即将上演的就是"大刑侍候"。连蒙带骗，连言语恐吓带现实欺压，于是，公众表面上是在"对话"，其实是在接受欺凌。而对话的发起者表面上是要安排对话，其实是在满怀厌倦地"走形式"。于是，几乎每一次邻避运动出现，都可以发现大量单向叙述的报纸科普、电视攻心、传单游说等"对话内容"。举个2013年的例子。2013年6月，昆明市政府决定向公众开放"炼油项目"的环境影响评价报告。可是这份报告放在安宁的一家偏僻的公园里的一座不知名的小楼上。门口坐满了警察，室内坐满了"暗保"。公众一登记身份证，马上就被输入电脑，去追查身份是不是可疑，来源是不是可靠。于是，表面上开放的门，其实比以前闭得更紧。于是，表面上是在"对话"，其实是在堵塞。可以肯定地说，长久养成的"上台的人讲话，下台的人听话"的格局，已经让很多政府官员，丧失了与公众对话的基本能力。如果这些官员不再趁着公众发起的邻避事件，练习与公众对话的基本才艺，很可能将一再丧失奋起直追的机会。

"隔空喊话"是诸多政府和企业逃避对话，蹿入"撒谎频道"的第三种通用方式。有时候，有些政府官员是勇敢的，他们会钻入群众的集聚之处想和公众商量，他们会站在某辆车顶上拿高音喇叭向公众发表很可能就会失约的承诺。于是，难免遭受一两次公众的羞辱和困扰。于是，这些尝试动作就把政府官员们吓坏了，他们再也不敢与公众真实地坐在同一对话室里一而再再而三地对话。广州萝岗也试图建设"世界第一大"的垃圾焚烧厂，政府官员也尝试组织一次"公众对话"，结果，在他们邀请来自以为是的"多名顶级专家"的时候，公众也试图邀请几位他们相信的"顶级专家"到场，结果，官员们吓坏了，取消了对话的机会，一次对话的可能就此消失。

以上三种时常让公众"彻底失望"的"不对话，只撒谎"的常规方式，确实消耗着这个时代的执政公信力。要想改变这个局势，其实简单，就是"真诚而持续地对话"。这对话至少有三个前提。一是政府不能再带头违法。事实一再证明，恰恰是政府明里暗里地持续违法，让对话的良机一再错过，甚至永不再来。二是一旦发生一些是由政府率先违法导致的公众冲突事件，对公众应当持以宽容的态度，不要自己违法"既往不究，大事化了"，公众情绪稍微激动，就视为"国家公敌，全国通缉"。三是对话必须有多方邀请的"顶级专家"，必须允许"无知公众"、社会组织等大量参与。真正的好项目经得起历史的考验，更经得起社会的辩论，如果一个毫无问题的发展好项目，都经不起公众的质疑，如何可能取得真正的社会共识？

当前公众的所有邻避运动，都是为了保证更好的发展。公众已经不再需要带血的发展，也不再需要欺骗式的发展，更不再需要暴力专制下的发展，公众需要的是人与自然的和谐，需要的是人对人之间的充分尊重，需要的是每个人能够自由表达的社会多样性。因此，在这样的时候，无论是政府和企业，要学会真诚对话，估计必须做到以下数点。

一是保持对话的持续性。对话不可能一次成功，像垃圾焚烧厂这样的公众敏感项目，不对话上几十轮上百场，估计很难服众，也很难让建设方树立自己的信心。对话的过程，是获取理解和信任的过程，更是从公众中汲取"发展智慧""运营规则"的过程。建设项目的主导者应当珍惜这难得的"与公众过招就是与真正的高手过招的机遇"。

二是对话必须多元，必须尝试由不同的利益相关方来主导。政府可以邀请顶级专家来对话，公众也可以邀请政府官员过来对话。你今天当主场，明天就应当做客人。不可能说任何对话都应当是政府或者建设的企业来当主人。所有公众都是这片土地的主人，他们对某个问题有疑虑，完全可以自己做主，去邀请他们认为可能有用的专家来进行对话。轮番做主，自由辩论，真正的好项目自然就会浮出水面。

三是所有的对话过程必须鼓励"现场直播"和全媒体传播。传播是疏通社会能量的最好方式。任何一个好项目，害怕传播，逃避传播，只能让人相信这个项目有鬼。如果一个好项目，只许建设项目主导方传播，不许质疑方、反对方传播，那么更只能证明，这个"好项目"害怕遭遇公众的检查。其实，如果一个项目是的确大好，一个建设项目的主导者是真诚的自信的，恰恰应当多传播"反对的声音"，多传播"不可行性报告"。如果不让各种声音得到充分的表达，建设项目的各种环境风险和社会风险不得到预先足够的估算和挖掘，这个项目即使强行上马了，开工运营的那一天，就是祸患引爆之日。

四是要深谙"事先预防胜于事后治疗"的基本道理。我们与其把困难拖到上马之后去放大和连续，我们与其假装看不到环境风险和社会风险，我们与其继续期盼把风险推卸给公众去承受，不如事先对风险进行充分的预防和评估，然后设计好防范风险的诸多措施，及早启动相应的预防体系。如果连这样的"与其治病，不如防病"的道理都不懂，那么，再聪明伟大正确的发展主导者，都不可能珍惜公众冒着炮火传递过来的"博弈诚意"。因为，公众是最好的"社会风险预防器"。千百年来，公众由于持续遭受政府和企业转移来的困难，对任何项目有可能带来什么样的风险，早已经极其的敏感和精确。而公众已经诊断出来必然要发生的灾难风险，来对政府和企业进行宣讲和预告的时候，企业和政府却仍旧不知珍惜，当成仇敌和挑衅，那公众只能说，"不作死，不会死"了。

五是支持"博弈公众"成立各类型的"社会组织"，以便让对话有更好的可持续性，让对话充满社会生机。当然，即使公众一直是持续无序和混乱的，对话也必须持续举行。这世界没有什么知识不容易掌握，这世界没有几个人会无理取闹。只要公众得到基本的尊重，大家都会珍惜这样的机会，在最短的时间内建立起"与顶级专家"对话的才能。在这时候，如果公众自发地形成了各个类型的"智囊团""民间智库"，恰恰应当得到极大的尊重和信任。

在中国实现伟大复兴的时代，每一个公众都会极其稀罕这难得的和平发展之机，没有几个人会在这个时候，去做一些违法乱纪之事。事实证明，绝大多数的违法乱纪之举，都是被过度欺骗和过度欺压导致，真正的启动源恰恰不是公众，而是污染型企业和污染型政府。

垃圾焚烧技术，在欧美日本等"发达国家"，确实走过了那么一两百年，技术说起来也"相当成熟"。但人家成熟的不仅仅是技术，更成熟的是与公众对话，更成熟的是与公众平等沟通，更成熟的是透明和坦诚。光靠技术解决不了公众的信任危机，光靠技术无法建立起1 000多座垃圾焚烧厂。

何况，欧美成熟的技术，引入中国后，由于政府和企业自身缺乏诚信，缺乏诚实对话的能力，也变得"完全不可信赖"。中国的垃圾焚烧，从20世纪80年代的深圳开始，就引入了"国际先进技术"，但事到如今，仍旧"极不成熟"。没有一家像样的拿得出手的企业，敢说自己真正解决了社区的关系友好问题，解决了环境风险的诚实公开问题，解决了与公众公开持续对话的问题。因此，新建的、规划的垃圾焚烧厂，恰恰要在这方面去勇敢地探索，否则，这个国家将被垃圾焚烧厂搅得永无宁日。

千万莫说"渔民不懂法"

■ 冯永锋

2014年5月初，岳阳市江豚保护协会会长、《湖南日报》岳阳记者站站长徐亚平先生又着实火了一把。有媒体报道说，岳阳市江豚保护协会有成员涉嫌"敲诈勒索"，于是徐亚平先生赶紧出来说，涉嫌的人都是渔民出身，不懂法，所以，这样的人，本来就不该参与到民间的环境保护中。

另外有一些高大上的公益专家也纷纷出来说，公益组织需要加强自律。言下之意，以后渔民、农民这样那样的"天生贱民"，都不允许加入伟光正的环保公益之列。

听完这些衣冠楚楚的高歌猛调，我心里又是一阵酸楚，差一点从座位上摔到悬崖下。我在想一个问题：我们这样的社会，究竟要的是一个守法的人，还是要的是一个懂法的人？我们这个社会，究竟是要一个畏惧法律的人，还是要一个玩弄践踏法律的人？

确实，法律多半是由文字组成的。它们一字字一行行列在书上，没有机会上学的农民、渔民们，自然得不到机会阅读这些法律条文。即使偶尔有人献爱心，捐赠"乡村图书馆"时塞进了几本农民伯伯普法读物，自幼没机会上过几天学的人们，手捧着这些目空一切的法律，估计也未必能读懂。

确实，法律是由行政执法、军事执法、司法执法等部门"组成和表达"的。这些部门从古至今，都摆出一副替穷苦人民做着什么"辛苦服务"的样子，都摆出一副天下最懂法的样子。可实际上，在当今中国，伪造法律意志、钻营法律空子、肆意调戏法律的，往往是这样既有知识又有权力的人们。

像农民，像渔民，在中国都是各种权利被剥夺得最彻底的人们。洞庭湖上的渔民，2006年之前，连身份证都没有，遑论其他的"国家公益服务"。而中国的农民，由于持续被剥夺选举权、土地权和发展权，以至于庞大的中国，几乎没有给中国的农民、渔民留存像样谋生之地。他们所在之地，一定是资源被掠夺净尽之所；他们所在之地，一定是弱者在互相抢食。洞庭湖的守护者何大明心里很清楚，他知道保护江豚迫在眉睫，但他更知道，洞庭湖上那些忙于非法电捕鱼、非法捕捞、非法织迷魂阵、非法采河砂的人，其实也是迫不得已。如果给这些人更多的发展出路，他们也不想去做这些走投无路之事。何大明心里更清楚，这些农民、渔民从这些非法的劳作中，所得甚少，风险最高。而那些转手倒卖、全盘收购这些"非法劳作所得"的"知法懂法之士"，才是这些"违法犯罪"的真正受益者。他们得到了巨额的利益，不需要遭受半点的风寒，更不用担忧有半点"法律风险"。

确实，自幼被剥夺了受教育权的渔民和农民们，于法律的条文懂得太少。但在中国，他们却是最守法的良民。他们走在街上都怕伤了别人的衣袖，他们进入衙门都不敢直视官员大爷们的眼睛，他们想申请个信息公开都会被随时喝斥，他们想要去举报企业环境污染都会被押送回村，他们看到了警察就下意识地担心自己被抓走，他们见到了高贵的办公大楼就像见到了大神。

陕西榆林的农民，仅仅想要阻止一家煤矿企业随意开采自家村子底下的资源，居然在大过年时，被警察以"破坏了工棚里的一条床腿"为由，抓进去关上半个月，无处诉说。浙江杭州的一对农民夫妇，七十多岁了，因为持续举报村书记和村主任开的造纸厂污染杭州的水源地，时常被当地警察无缘由地抓进去关上十天半个月，甚至被摊上破坏财物的罪名，被各级各色"法律拥有者"关上一年。黑龙江齐齐哈尔的农民，十多年来一直向上级反映他们的村庄遭受了世界五百强企业的污染，而政府视而不见，环保局视而不见，法院视而不见，"世界五百强"也视而不见。

岳阳楼下，洞庭湖上，一个叫何大明的渔民，从2003年就开始自发地保护江豚。他没有上过几天学，但却最了解江豚的秘密，最用心地保护着这个濒危物种。而今天，他很可能被"有文化，擅法律"的各类人士，诬陷迫害，推入深渊，被法律的金刚绳牢牢捆死。

每每看到他的遭遇，我就忍不住想，这世界，究竟要的是什么样的人？这世界究竟在由什么样的人控制？

是的，我们的世界不乏有文化的人。但这个世界，最擅长玩弄法律、破坏法律的人，恰恰是这些精通法律、谙熟法律的人。这些人，一眼就能看到法律有什么漏洞，因此，可以随便进行驾驭和钻营，为自己谋得无限的利益。这些人，一眼就看到法律有什么机会，可以用来诬陷、迫害、打击自己心中的对手。当他们通过层层设计，把一个个无辜的或者微有瑕疵的人送入大牢的时候，我们一定会从这些人的眼睛里看到"残酷的正义"。

而在这时候，我们恰恰看到，那些不懂法的渔民、农民们，正是由于"太不懂法"，甚至不知道利用法律来正当防卫，来保障自己一点点可怜的人权。他们会一次又一次地被吓倒，被欺骗，被侮辱，被伤害，最终，一次又一次地沦为知法懂法者的阶下囚。

这时候，我们恰恰看到，即使不懂法的农民、渔民，偶尔触犯了一下神圣的法律，他们所带来的社会冲击，也多半极小。徐亚平举报的李劲松"敲诈勒索案"，涉案金额为8 000元。目前形势扑朔迷离，真相究竟如何，还有待揭开。即使刑事犯罪事实成立，这样的"违法犯罪"额度，估计连徐亚平自己一顿饭钱都不够。

而我从徐亚平先生轻蔑而得意的语调里，看出了另外一个可怕的事实。多少年了，我一直想把这个事实说出来。

这就是，在中国，即使在民间公益界、草根环保界，也存在着至少两大派别。

一个，叫庙堂高贵派。

一个，叫野地杂草派。

庙堂，或者说官殿，这里面坐着的人，当然也有权力谈环保、做公益，用"诗意地栖居"的语言，忧心忡忡地讨论着"这个国家的过去现在和未来"。虽然他们讨论的一切，都可能只是窗户外雾霾中虚妄的假象。

这种人，做起公益，做起环保，工作极辛苦，效果极明显。要钻营文献，要研习法律，要调取数据，要写文章，要做演讲，要发微博，要"管项目"。这类人，能够轻轻地依靠一条微博就叫停一家污染企业。这类人，能够发布一份报告，就吓得各地政府紧急上门公关。这类人，每天都是媒体追逐的对象。这类人，可以在三天之内就成为全社会瞩目的公益明星、环保大腕。这类人，一看到某国家级政策出台，就下意识地以为是自己"倡导的成果"。这类人，一到会议上就以为自己发表的讲话影响着整个国家的政治生态。这类人，每天不是在会议上，就是在去往会议的路上。这类人，不是在中国教训他们的同胞，就是在美国"影响"那里的同胞。

这类人是非常受欢迎的，因为他们能彻底地满足这个社会的"公益虚荣心"。因为，中国这六十多年来，把所有的资源都调取到了城市里。自然而然地，城市就必须成为诞生庙堂高贵派、培养庙堂高贵派的地方。这类人最喜欢说的词汇就是其他人"没素质"，说其他人不懂法，没文化，不守法，不讲规则，不洁净，不卫生，不讲究，不文雅。反正有利于抨击他人抬高自己的词汇，这类人用得最多。

他们甜言蜜语地诉说着苦难，却对真正的苦难视而不见，触而无感，遇而不动，根本不想去解决真正的苦难。或者说，社会苦难、环境灾难，其实让他们害怕，促使他们逃亡。

所以我更喜欢或者说赞佩的，是野地杂草派。我如果做不成这样的人，我就要当他们的协助者。

青海湖边的南加是这样的人，四川茂县九顶山的余家华是这样的人，湖北神农架的黄运国是这样的人，河南桐柏山的李鹏是这样的人，湖南洞庭湖上的何大明也是这样的人。他们没怎么上学，但心地善良，思想纯净。他们被人迫害了经常不知道还击，他们遇上了受害者总是充满同情和尽力参与挽救。他们从小就没有练就非常流畅的叙述能力，他们缺乏本来就没有输送给他们的"言说通道"。

他们一辈子做的似乎都是小事，不足挂齿，难成大器。南加每天想的是如何去青海湖边的沙地里查看普氏原羚有没有被万恶的网围栏挂伤。余家华每天想的是如何到山上去拆除那些万恶的猎人们布下的钢丝套子。黄运国焦虑地看着神农架一步步走向商业大开发。李鹏愤怒地拦阻着桐柏山上那些明目张胆的偷树贼。而何大明，和他的渔民兄弟们一起，献下自己的渔船，花费着自己的积蓄，每一天都在洞庭湖上巡查，希望用自己微薄的力量，能够给江豚打通一小条持续生存的空间。

这样的人当然进入不了"环保贵族"们的法眼。这样的人不会做政策倡导，因为他们见了官员都吓得像见了鬼神。这样的人也不会撰写大块文章，因为他们连自己的名字可能都经常写错。这样的人更不可能找到大企业大专家来"赞助"，因为他们不觉得做一点公益之事需要如此大费周章。这样的人偶尔会想到去成立一家"草根组织"，但成立之后他们绝对想不到向哪家基金会申请资助，想到了也难以入得了基金会的资助法眼。因为他们要么不会写项目书，要么把发票抬头弄错，要么忘记了写随时的进度报告，要么把财务账本弄得一团糟。

但这样的人才是中国环境保护的真正希望所在。或者说是中国真正的脊梁骨所在。没有这些人，庙堂高贵派会在一夜之间丧失谈话的资本和文章的内容。没有这样的人，庙堂高贵派们会觉得没有一件涉及实务之事能够着手推进。没有这样的人，庙堂高贵派会迅速异化为空洞的演说者和乏味的陈词滥调追逐者。没有这样的人，中国环境的真正问题得不到彰显，中国环境的真正解决方案也没有人挖掘和证实。

这个国家，绝大部分人是不懂法的。这个国家，绝大部分人都生活在野地杂草间。那些以为懂法就能够解决公益问题的人们，恰恰可能是中国法律最大的叛逆者。就像那些成天嚷嚷着制定规则的人，总是希望规则约束的是别人，放开的是自己。

在中国，没有人有权利成为环保贵族。虽然很多人，经常出现这样那样的幻觉。这样的幻觉出现得越频繁，这样的幻觉越时常融入到此人的生命轨迹中，越诚实地证明此人的卑劣与无耻。

政府应向公众支付"情绪失控补偿金"

■ 冯永锋

　　中国的普通公众，尤其是关注环境保护的公众，最近特别容易犯罪。我搜集整理了一下所犯之罪的缘由和后果，大体是有三种。一种叫"寻衅滋事罪"，一种叫"扰乱公共秩序"，一种叫"敲诈勒索"。

　　有时候还会碰上另外一种，叫"非法经营罪"。但这类案例目前为止我只碰到一起，就是2012年著名公民记者"@海南刘福堂非法经营案"。中电投要在乐东县投资的一家火电厂，导致当地居民奋起博弈，公众激情高昂，政府镇压也极血腥。这场"邻避运动"事件由于消息受到严密封锁，只有刘老先生用微博作了持续记录，并将其结集印制流传。于是当地政府就郁闷了，要求刘老先生删微博不成，就逼迫新浪对其封了账号。然后想出了一个办法，说刘老先生印刷此书所购买使用的书号是香港的，没有报海南当地新闻出版局批准，印刷出来之后又到处赠送，有时候甚至还想向人家要钱，于是，涉嫌构成"非法经营罪"。此案被媒体曝光后，国内舆论哗然。大家普遍认为，是少数人借用司法能量，在蓄意构陷海南环保卫士。好在当地司法力量认真听取了民意，刘老先生在被关押了半年之后，以"判处有期徒刑三年缓期四年执行"的变通方式，重获自由之身。

　　"敲诈勒索"案是比较常用的方式。我知道的至少就有将近五起。将近十年前，著名的"太湖卫士"吴立红，就被这个罪名判处了三年半的徒刑。如今吴立红已经出狱，在各种监控的眼睛下艰难度日。估计没有人再想起他当年敲诈了谁，又勒索了多少。即使有人想要翻案，估计已经永无可能。甚至有些人想去做些记录，寻找当年的真正案痕，其实也已经相当困难。此案发生时，国内公众救援和围观也不是特别的积极主动，因此，吴立红只能承受自己一切作为的必然后果。

　　2012年的9月份，湖北钟祥两位农民，在党的十八大胜利召开之前，被钟祥公安局抓捕入狱。这两位农民生活在一家叫"大生化工"的企业旁边。企业生产之后，导致他们所在的村庄所养的猪都纷纷病死，杨树也成批枯亡，各类农作物大量减产。企业投产之前，本来承诺要把村民搬迁到至少六百米之外的地方，但企业都投产多年了，搬迁也未完成。于是企业愿意为污染环境所造成的后果支付一点代价，向村民作了一些赔偿。赔偿尚未完全到位，"敲诈勒索"已经全面发生。当地公安局把农民拘捕到案后，赶紧授意大生化工到公安局报案喊冤，然后以这授意报案的立案书，作为捕捉农民的理由。好在两位农民各自的妻子都很拼命，到处寻找律师帮助。2013年的春节，他们找到了武汉的公益律师曾祥斌先生，曾祥斌律师为此组建了"环境公益律师团"，帮助农民辩护。据说开庭之日，辩护律师曾祥斌、张丹杰在法庭上慷慨陈词，条理明析而激情四射，当地律师界为之轰动，视为钟祥法律史上的名辩。当日的法院因此也被当成了开明的法院，因为没有开明的法院，不可能有开明的审理。一次开庭二次开庭之后，钟祥市委书记马朝晖终于听从了民意和司法的真正力量，默许两位农民"释放出狱"。2013年8月23日，法院以证据不足为由，把案件退回给了检察院，检察院要求公安局"补充侦查"。公安局以"取保候审"为由，让两位农民赶紧回家。据说这个极为烦琐的流程，在司法系统的三家单位间，一天就签发盖章完毕，也算中国法律史上难得的奇迹。纵使如此，两位农民也在看守所里，待了近十一个月。

　　2013年12月份，浙江的环保人士董政、成孟，到浙江东阳的一家叫"冀发集团"的公司讨论环境保护问题。该公司的董事长王可法据说拿出十万元，放在麻袋里，由其子王骥或者王骐递交给董政。董政、成孟尚未碰钱，或者刚刚碰钱，警察已经破门而入。自然，又是以涉嫌"敲诈勒索罪"，将其捕捉入狱。关押了半年之后，此案于2014年6月6日开庭审理。浙江的一些环保人士去旁听，"环境公益律师团"也赴东阳法院援助。结果，开庭之后，董政在法庭上明确宣布，他在拘留期间，被当地警察至少暴揍了五次。他的所有口供，都是刑讯逼供导致。于是，董政的律师马上要求"非法证据保全"，案件延期审理。法庭准许了这个要求。而按照当地环保人士调研到的成果，王可法家族之所以如此设局，也是当地政府的刻意授意。而当地政府之所以如此刻意授意安排，据说又是因为董政、成孟曾经让当地的一些企业在环保面前丧失了应有的光辉。

　　就在董政、成孟案开庭的那天，6月6日，著名环保学者"@环保董良杰"在当天深夜从北京第一看守所释放出狱。北京检察院释放他的理由是"犯罪情节轻微"，因此，关押将近10个月后，"惩戒目的已经达到"，释放出狱。2013年9月11日，当北京的网警，到江苏的苏州工业园区，把正在研究"微鼻净水除砷技术"的董良杰抓获并押送到北京时，他们给出的抓捕理由是董良杰"涉嫌寻衅滋事"。为了让这个罪名能够成立，此前十多天，最高人民法院和最高人民检察院发布了一个司法解释，在网络上用微博发出一些信息，被转发到500条以上，或者被点击超过5 000次，就可构成"寻衅滋事罪"，而且犯罪情节严重。在这个司法解释的鼓励下，2013年8月份起，一些网络上比较积极的人，成了"网络大谣"，成了"寻衅滋事"的罪犯或者嫌犯。董良杰的被抓捕是个标志或者说是个"收尾"，此后没有更多的人被抓捕，虽然一些人听到了要抓捕他们的风声，吓得远渡重洋或者落荒而逃或者装出得了各种疑难病症。

2014年5月底，天津七里海湿地的八位农民，又因为围堵政府大门，"扰乱公共秩序"，被当地政法委要求公安局批捕。此案的原因其实也简单，就是当地政府把湿地承包给了一些企业开发，当地农民不乐意，于是找政府讨说法。政府于是就生气了，说，好吧，明天来谈。第二天农民一去，统统被抓捕了起来。

江西吉安井冈山开发区，2014年后"喜事频传"，经过他们党委政府班子的努力，台湾地区台联公司与长宜公司联合创办的"威力能源公司"，落户井冈山开发区。当地估计太急于帮助这个企业发展了，因此，在环境影响评价程序都未开启的情况下，企业已经建成投产。井冈山开发区管委会的人，还成天帮助这家企业打包票，说这家企业绝对没有任何污染。自小生长在吉安，毕业于井冈山大学，2009年后到上海一家私立教育机构工作的人，叫刘世洋。他看到企业和政府如此疯狂地置环保相关法律于不顾，于是就在微博上质疑起来。2014年5月22日晚上11点45分，他所住的旅馆突然传来敲门声，说是"前台查房"。开门后发现三个彪形大汉，进门后不出证件也不说话，就开始到处搜查。最后，又以"妨碍执行职务"的理由，将刘世洋捕捉入狱，行政拘留了十天。要不是全国环保志愿者齐声呼吁，估计又可能在治安拘留之后，又找到"寻衅滋事"等理由，变更为"刑事拘留"，然后再送上法庭审判。即使最后获得无罪之身或者缓期执行，也在里面关上了一年半载，以保证"惩戒的目的已经达到"。

洞庭湖上，岳阳楼边，天真的民间环保人士李劲松就是这样以为的。2014年3月21日，他吃过晚饭，与一位刚刚加入"洞庭守护者"的志愿者一起散步，突然来了七八位警察，把他包围了。要他到岳阳县公安局经济侦查大队去说说情况。李劲松去了，第二天给家里打电话来，说最多过三天就可出来，让家里放心。可一百天都快过去了，他还是没有出来。家人和律师至少申请了五次取保候审，都没有被批准。现在，案情逐步明朗。2013年10月份，李劲松在洞庭湖上巡护时，发现有渔民在非法电捕鱼。于是打电话向当地渔政举报。当地渔政估计是半夜了，不知为何没有出动，因此，渔民何黄林就没有受到渔政的处罚。几天之后，何黄林托人请李劲松吃饭，说他们湖北的渔民在湖南的水面上打鱼，有诸多不便，大家看到"洞庭守护者"志愿者保护洞庭湖，保护江豚，因此，几个人一起凑了10 000元，愿意支持李劲松所在的环保团队。李劲松想到这些钱都是用于修车、买轮胎等民间环保事业，也就收了下来。2014年3月份，岳阳市江豚保护协会会长"@江豚徐亚平"得知此事，带上几个兄弟，赶到何黄林的家中，要求他到公安局举报李劲松。一次去了不成，第二次又去。去时干脆带上了岳阳县的警察。于是，李劲松就由此犯上了"敲诈勒索罪"，等候法院的公正判决。

以上写下那么多的案例，其实是想说明我的一个观察。在中国发生的绝大部分环保案件，都是公众被迫抗议在后，政府或者企业违法在先。且不说这些环保人士或者说维权公众，是不是被蓄意栽赃构陷，即使这些公众因为在政府和企业违法的情况下，找不到其他的出路，而被迫采取了一些越界出格的措施，政府和企业也应当适度宽容。如果政府和企业对自己的违法行为视而不见，对公众的一举一动视为水火，稍有"不理智举动"，马上布下天罗地网，兴兵动警，捕捉、拘留、审判、处罚，这样表面上的法律正义，其实暗含着极大的法律不公，这表面上的合理合法，其实暗含着极严重的违法违纪。

在更多的时候，政府和企业甚至更应当主动认错。因为中国的环境灾难，主要都是由于政府和企业违法乱纪导致。如果政府和企业一直都在遵守环境的相关法律，中国的环境不至于恶化至此，中国的公众也不必如此用力地去维护自己的环境权益，甚至付出生命的代价，或者折损生命的尊严。

如果我们的政府是一个愿意主动认错的政府，我们的企业是一个愿意主动认错的企业，那么，至少要同时承认两重错误。一是由于过去的决策不当和运营不当，从而导致某个区域出现了严重的环境灾难，并愿意为此承担相应的惩罚。二是要承认由于这些错误的决策和运营，从而导致引发了一些社会风险，让公众在权益维护无着落的情况下，出现了情绪失控的状态。政府不仅仅不应当由此而祭出法律的大棒来恐吓或者说责罚人民，恰恰要承担由于自身的过失而导致的"公众过失"。公众由于政府和企业错误而出现的一点点情绪波动，不仅仅不应当承受法律的惩处，恰恰要得到政府和企业的"情绪失控补偿金"。这样的社会，才可能是一个公平正义的社会。

这时候，我们才发现，中国当前出现的那么多环保冤案，内中隐含着多么巨大的不公平，隐含着多么巨大的社会风险。如果政府一再地不愿意承认错误，或者说拿一个巨大的错误去试图掩盖前一个错误，那么，社会将在政府和企业的持续诱发下，出现强大的地震或者山体滑坡。在这时候，如果"九级社会海啸"由此发生，我们一点都不要惊奇。

监管者失职是如何炼成的

■ 冯永锋

早在2011年，一个环保志愿者就骑着自行车，在北京向环保组织举报。他说，他在顺着黄河从源头往入海口考察时，在宁夏的中卫和内蒙古阿拉善左旗一带，发现腾格里沙漠中有一个巨大的污水池。他希望环保组织能够介入，给当地的牧民一点帮助。

后来，环保组织真的介入了，他们呼吁内蒙古阿拉善盟环保局关注这个案例，他们建议对腾格里化工园区进行停产整顿，他们要求对受害的牧民和受害的生态环境进行治理。

中国著名的支持民间环保组织的第一个基金会"北京市企业家环保基金会"，也就是SEE基金会，在2013年，还组织了一些关注阿拉善环境保护的企业家，到了内蒙古阿拉善盟，和当地的环保部门对话。据说对话的效果很好，当地的环保部门表示马上对这个化工园区进行整改，要求所有的企业污水都进行治理后，再排放到园的污水处理厂进行治理后，再排放到沙漠或者黄河中。大家可要知道，这些企业的生产用水，都是通过打深井从沙漠底下抽取的。

这边消耗着当地珍贵的深层地下水，那边把污水直接排放到沙漠里"蒸发下渗处理"。一度也引发了国家环保部的注意。国家环保部在2014年初发布的优秀成绩单中，还把内蒙古环保厅对腾格里化工园区的监督整改，作为重大辉煌的成就，进行了全国通报。

有意思的是，时至今日，那些化工企业的污水还在直接排放到沙漠中，当地牧民的权益没得到任何的维护。任何关注此事的环保组织、环保志愿者，都一度受到了牵连。他们只是关注污染，但他们被戴上了"破坏社会秩序"的高帽。

阿拉善盟、阿拉善左旗、腾格里工业园区管委会，据说一度也承认自己存在监管失职。但如果我们从这个园区最早的历史开始梳理，我们会发现，"监管失职"其实是从园区启动开始，就已经存在了，未来，甚至有可能永久存在下去。即使2015年1月1日，新《环保法》开始实施，这个园区和这个园区的化工企业，仍旧可能得到当地相关部门和相关人士的全力庇护。

所有人都知道，企业或者说工业园区在当今中国是污染源贡献的主体。而它们之所以能够从谋取土地的时候开始，到因为污染过重而关门大吉之前，一步步，一天天，其实都是得到了当地政府监管部门的鼓励的默许。换句话说，中国所有的污染型企业，都是"污染型政府"创建和纵容的。如果政府在环保方面能够廉洁从事，在环保监管时能够有所作为，中国的环境保护，不至于沦落到今天全国所有人都成为环境难民的程度。

而监管部门或者说政府部门，庇护与纵容污染企业、工业园区持续环境违法，路径其实也相当简单。这里简单地梳理一下，大家就可很清楚地进行判定。

监管部门对污染进行，进行全程护航庇护的第一步，就是"未批先建"。几天前，参加环境保护部的一个重金属污染防治部门联席会，甘肃省副省长郝远说，甘肃现在正在清理"未批先建"的一些污染企业，发现清理起来非常艰难。有些企业，手续根本都没齐全，环评报告都尚未得到批复，而生产经营就已经红红火火了。当时，环保部副部长翟青说，这样的情况不能再持续，企业能够"未批先建"，或者说"未环评先上马"，原因都是得到了政府的鼓励和默许。

第二步，就是对污染企业进行"重点保护"。早在二十年前，环保记者们就发现，中国有很多企业，门口都树立着一些威严显赫的牌子，上面写着"纳税大户，公安局重点保护"之类的字眼。有了这些护法神符的庇护，不要说环保志愿者，就是环保局，想要进去查看一下污染排放的情况，都不可能。如果媒体对这样的企业进行了曝光，那么受到查处的一定不是这家重污染企业，而是报道了事实真相的媒体和编辑、记者。

第三步，就是对污染企业的监测数据进行全方位造假。环保部门如果受到了相关领导或者部门的授意，他们可能在十年二十年的时间内，都不对这家企业进行"环保竣工验收"。然后，给企业安装的监测数据，所得到的信息，也都深深地藏在环保部门的数据库房里，不让领导和公众们知道。对外公示的，永远是这家企业排放数据合格的信息。

第四步，就是对企业污染造成的公众苦难、环境伤害不闻不问。任何企业在中国的大地上造成污染，周边的生态环境一定是第一感受者，周边的公众一定是第二感受者。近十年来，环境污染事件引发的公众冲突事件，已经成为中国社会矛盾的主要事件。但这些事件几乎得不到全社会的感知，但所有的污染受害者、环境难民几乎都无法通过正常的渠道维护自身的尊严和权益。原因，就在于他们的受难状态，得不到基本的证实和承认。于是，环境灾难的受害者，就成了环境灾难的承受者甚至是"解决者"，他们用自己的身体和生命，替企业和政府，担当了所有的污染责任。他们的身体消亡之日，是中国的环境灾难加剧之时。因为，自然界虽然不会说话，但它们会勇敢地把自己承受到的苦难，默默地返还给人类。于是，整个中国的大地、河流和空气，都成了环境污染的直接消受者，而生活在中国土地上，喝着中国水，呼吸着中国空气的人，都成为环境难民。

第五步第六步第七步第八步其实都有存在。在这里就不一一诉说。在我看来，只有污染型的政府才可能造就了污染型的企业，只有污染型的政府才可能造成了所有的公众都成为了环境难民，只有污染型的政府才会让"环境公民"的举报无疾而终，让"环境难民"的权益得不到基本的证实与维护。

要解决这些问题其实也非常简单。不外乎三个办法。一是强化对环境监管者的监督和举报，让环境监管者承担起其失职、渎职行为的必然后果。二是强化对企业环境信息的全方位公开。任何企业只要如实地开放他们的环境污染信息，那么加强治理、达标排放的决心才可能下定——兰州市委书记虞海燕，谈兰州的空气污染治理经验时，说过："民营企业怕罚款，国有企业怕曝光"；他还说，国有企业的领导，怕"拘留"，只要环境违法行为得到证实，企业的负责人被公安机关拘留上那么几天，好多污染治理设施就会马上建设、马上运营。三是鼓励公众举报和环保组织的监督、起诉。新《环保法》即将实施，任何公民都可在政府之外，对环境违法企业展开举报、起诉、公益诉讼等手段，保护生态环境的基本权益。想象一下，如果腾格里工业园区的监管者，因为环境监管失职而受到惩处，腾格里工业园区的企业，因为污水治理不诚实达标而得到公众的监督和举报，如果腾格里工业园区周边的公众以及路过这些地块的人们，随时可把自己眼睛看到、鼻子闻到的环境污染信息，曝光到公众媒体上，相信，这个工业园区的环境监管失职行为，就可能受到及时的制止。

几年来，甚至十多年来，腾格里工业园区把污水直接排放到沙漠里的行径，在当地"环境监管者"的保护下，已经畅通进行了很长时间。今天，也许是我们下决心，斩断污染，中止庇护的最佳时段。如果当地的"环境监管失职"行为仍旧得不到应有的处罚，那么，公众和环保组织，就完全可以针对这个园区，开展大量的"环境权益保护谁"行动。到那时，谁才是真正的环境监管者，就会泾渭分明地显现出来。

填海建机场，请和鸟商量

■ 冯永锋

看新闻，发现最近大连似乎在和三亚争夺谁是中国第一个真正的"海上机场"。从进度上说，大连似乎领了先。从卫星图片上看，他们已经快把向大海索要的土地都填平了，而三亚还只是在规划和报批的阶段。

其实大连也没有真正的领先。细数起来，香港机场、浦东机场、厦门机场，都曾经在很久很久以前玩过"填海游戏"。只是他们辩解说，自己不是在填海，只是在"填滨海地带"。或者说，他们填的不全是大海，只是部分是大海，部分是大陆，部分是大海和大陆之间的过渡带。

但所有的这些项目，似乎都没有真正地和公众商量过。政府各主管部门间的审批程序，由于其流程对公众极度保密，因此，几乎也只是走走过场，上一个主管单位把章盖了，下一个主管单位一定也顺势把章盖了。可能过去政府部门要盖章的地方多，几十个上百个，但其实都是流水作业，你方盖罢我登场，大家一起玩审批游戏。所谓在审批，在这些盖章的人看来，就是一个章连着另一个章的连续剧而已。需要的章盖美满了，审批手续就算完成了，申报单位就理直气壮了。

审批过程当然也会组织"专家评审"。但专家们可能比大红印章还听话，让在哪签字就在哪签字，让表达怎么支持就怎么支持，让哪个专家参加就哪个专家参加，让其帮政府保密帮企业保密他们就赤胆忠心地帮助政府和企业这样的主子们保密到永远。因此，无论是政府主管部门审批，还是专家评议，在中国，经常沦落为一场又一场的程序游戏与贿赂游戏。

中国盛行两种文化。

一种文化叫贿赂文化。只要我对你的单位或者你主管的领域有所求饶，那么我就拿出一点资金来贿赂你，通过打开你的小窗而堂而皇之地通过你所主管的关卡。中国过去的资源控制集团习惯于处处设卡，本质上就是在拿资源换经济。行贿者其实比受贿者，是更为精明的投资行家。他知道在你身体上花出的"门票血本"，能够在巨大的资源列车上分得无数节好处，随时可以拿经济换资源。

另一种文化叫敲诈文化。一旦发现你比我弱小，你比我气场低，你比我更急需，你在别领域是大腕但在这领域是菜鸟，你在本乡本土轻车熟路但在我的地盘初来乍到，那么，不敲诈你、欺骗你、抢劫你、玩弄你，那么我就显示不出我的能力和水平。

敲诈文化与贿赂文化相得益彰、互相辉映。在中国，于是，一些进入新领域的人，或者想在新领域有所图谋的人，如果不想受骗，那么就一定要行贿。

说这个是为了引申到接下来要走的程序。最近一些法律和政策确实是比以前严格了。比如说，2003年开始正式使用的"环评法"，确实是有规定，新的建设项目，要想获得各种橡皮图章的戳盖，要想获得专家组诸成员的签名，必须率先编制完成"环境影响评价报告"。但有意思的是，当环保志愿者向环境保护部、国家海洋局、辽宁海洋渔业厅、辽宁环保厅、大连环保局等部门申请大连海上机场的环评报告时，却发现，这些部门都声称自己没有审批过这个项目。

如果不是环保志愿者的申请通路错了，找错了门，要错了信息，那么，我们就可以故作惊诧地发现，也许大连的海上机场项目，至今仍旧是一个未批先填、未批先建的项目。三亚海上新机场的建设规划，现在也在信誓旦旦地说"处于筹划和申报阶段"，正在向国家海洋局报批。

但是，中国的环评报告至今或许有不少都涉嫌造假。而涉海项目的环评报告甚至此前都没有进入过公众的眼帘，没有几个人向海洋主管部门和建设单位索要过环评报告，海洋主管部门和建设单位也不把公众的基本知情权放在眼里。在这样的形势下，涉海项目的环评，又成了弱势中的弱势、虚假中的虚假、伪造中的伪造，成为靠贿赂和敲诈完全可运营稳妥的一门"技术活"。想像一下，当一个有着宏伟雄心的企业，与一个有着宏伟发展蓝图的地方政府，一起幻想出一个超一流的发展计划的时候，他们发出的贿赂和敲诈的攻势火力将有多么的猛烈，他们的糖衣炮弹将有多么的密集？

在这样的形势下，国家海洋局会经得起当地政府配合机场股东们的"联合劝募"吗？涉海项目必需的环境影响评价报告，国家海洋局会走什么样的程序让公众充分地参与起来，与公众充分交流讨论，与公众充分对话和博弈呢？

最为要命的是，目前中国所有的填海工程，都没有与依靠这些"滨海地带""潮间带""泥质滩涂"浅海湿地的各种生命体商量过。在人类的眼睛里,大家只看到其他的人类——虽然未必尊重其他人类的意愿,但至少会假装考虑一下——而依靠这些沿海滩涂维生的鸟类、贝类、沙虫、螃蟹们,它们的意愿如何得到尊重?它们的心声如何得到表达?它们的呼喊有哪本"环评报告"能够进行充分的展示?它们无声的请愿又有哪个建设项目会为其动容和放弃?

中国一些本土的环保组织,最近刚刚发布了"黄潮海潮间带几近消失"的调查报告。他们痛心地发现,在中国,整个的渤海湾,所有的泥质滩涂,所有的潮间带,几乎都已经被机场、港口、工业园区、旅游景区、海参养殖区、对虾养殖区所填平。也就是说,如果你是一只鸟,你要从俄罗斯往赤道方向飞,你沿着中国的海岸线,你可能永远找不到降落觅食休息的地方。也就是说,如果你是一只鸟,你所经过的中国,将就是你的死无葬身之地。你将在天空中因为过度饥饿而掉落水面,然后,被挖泥机卷走,被吹沙机扬起,成为填平大海的"一粒小沙子"。

按照科学家的研究发现,中国的东部海岸线,是全球鸟类的八大迁徙通道之一。每年春天,有亿万计的鸟类从南向北飞,边"加油吃饭"、歇息、嬉戏、成长、结群,边慢慢地靠近自己的繁殖场,青春期的家乡,在那里求偶、结婚、孵化、育雏,在那里生儿育女、相夫教子。等到秋风起,白露为霜时,带着自己的一家子,慢慢地向南方迁徙。这时候,它们一定要路过中国的东部,一定要依靠中国东部海岸线的那些"泥质滩涂"维生续命。因为只有这样的滩涂、湿地、潮间带,才可能找到最丰富最可口最有营养的食物,帮助它们挑战和迎接数千公里的长途跋涉,顺利返回过冬的家乡。

但整个中国东部沿海,上至鸭绿江口,下至海南三亚,都在疯狂地填海造地。几乎可以肯定地说,中国90%的泥质滩涂,已经被各种填海工程彻底填平抹去,压在沉淀淀的水泥块下,悄无声息。

想象一下,当一只鸟经过这样的海岸,它们发现十个饭店有九个已经倒闭的时候,它们的心会作何感想?它们该如何面对十个人挤在一个位置上吃饭的困境和尴尬?

因此,善良而纯洁的人们,善良而纯洁的"经济发展英雄"们,请你们在填海造地、填海建机场之前,和鸟类商量商量。你不需要学会鸟语,你也不需要随它们飞翔,你只需要到你所想要填平的地方,看一看那些滩涂上,有多少生灵在忙碌着延续自己的生命,你就会明白,你的事业,不仅仅维系在你身上,也维系在它们身上。你把这块土地占有了,填平了,抢劫了,对他们来说,就是等候迎接家园彻底丧失、栖息地永久毁灭、种群数量迅速下降的命运。

有很多凶险已经到达。勺嘴鹬全球不足200只，黑脸琵鹭全球不足2 000只，就连我们引以为傲的丹顶鹤，全球数量也在3 000以下。当所有的填海工程实施者，都期望把发展的机会留给自己，把保护的机会留给别人的时候，我们就惊奇地发现，中国的所有海岸边，大家不约而同地做一件事，就是在没有经得一只鸟同意的情况下，在一夜之间，把所有的滩涂都"移山填海"，争夺完毕。于是，对鸟类来说，饥饿和干渴同时来临，十只鸟只能剩下一只鸟，一只鸟只能留下半只鸟，半只鸟只能留下万分之一的骨肉。

鸟类不会说话，但公众、环保组织可以替它们代言。据我所知，中国至少有几十家环保组织，可以替这些"涉海鸟类"代言，可以替它们主张权益，表达情感，参与听证。

因此，无论哪一个建设项目，只填深海的或者只填"潮间带"的，无论是大连还是三亚，都请暂时放下你急匆匆的手续，减慢你飞速的步伐，坐在海岸边，和所有路过这里的、你认识的或者不认识的鸟，绵声细语地商量一下：这个海，到底该不该填？到底该不该我来填？古有精卫填海，今有海填精卫。不要让悲剧，在一个国家，同时在每一个点上都上演。至少，给鸟留一点点喜剧的空间。否则，它们真的要通通变为"愤怒的小鸟"。

雾霾治理需要公众参与

■ 冯永锋

  雾霾治理现在几乎成了环境保护的代名词。几乎可以肯定地说，未来几年，空气污染治理是中国环境保护的头等大事。与此相匹配的水污染治理、重金属污染治理、城市生活垃圾减量、生态保护等措施，由于受空气污染治理的带动，也同样有可能上升到一个新的水平。

  最迅速变化的当然是环保方面的法律将日趋严厉。一个国家保护环境的水平，往往体现在其法律意志上。2013年6月份，最高人民检察院和最高人民法院，出台了关于"污染环境罪""环境监管失职罪"的司法解释。这个解释切实地保障了造成重大环境损失的施害者们、监管者们，将"很容易"受到法律的严惩。

  而同样在2013年启动的《环境保护法》修改，在全国人大常委会审议了三次之后仍旧未公布，相信一定是因为在严惩施害者方面的法条，会有诸多重大的调整。

  有人建议应当把《大气污染防治法》修订提上日程。这个法律是2000年9月份开始实施的，说起来"应用"才十几年。但显然，这部法律已经跟不上时代的要求。比如这部法律的第62条居然这样说："对违反本法规定，造成大气污染事故的企业事业单位，由所在地县级以上地方人民政府环境保护行政主管部门根据所造成的危害后果处直接经济损失百分之五十以下罚款，但最高不超过五十万元。"既然过去的法律如此"松快"，那么，修订起来也简单，不外乎在严惩环境施害者、维护环境受害者权益、全面推进空气质量信息公开方面，能够有明确的强化，相信这部法律就能够深受公众的支持。比如，完全可以规定，"造成大气污染事故的企业事业单位，从排放污染物的那一天起，到排放污染行为终止之日，按日累计，每日处以10万元以上的罚款"。

  一些保护空气的法律意志已经体现在某些刚刚出台的"空气污染治理条例"上。2014年

3月1日，《北京市大气污染防治条例》正式实施。在管理手段方面，不仅加强了经济处罚等经济惩罚手段，还规定了公布违法行为、纳入企业信用信息系统等非经济惩罚手段。相信北京这样的做法，会得到很多其他地方的借鉴。

光有法律显然是不够的。一部法律实施得好不好，需要得到公众的大量支持。而一部法律在实施的过程中，能否得到公众的支持，需要这部法律能够明确地支持公众参与。比如大气污染防治方面的相关法律，一定要在鼓励公众参与方面，有诸多的开放空间。

公众参与雾霾治理的途径是很多的。第一条，就是当公众觉得自己是空气污染受害者时，他有迅速向有关部门举报的权利。同时，他所遭受的损害，在确定是由空气污染造成之后，有获得政府赔偿、肇事单位赔偿的可能。如果政府赔偿、肇事企业赔偿得不到支持，公众有权利到法院随时提起维权诉讼。

公众参与雾霾治理途径中的第二条，就是关注区域空气质量的民间环保组织、环保志愿者，有权利随时向法院提起公益诉讼，对当地政府在治理空气方面的效率进行质疑和监督，通过法律的引导，促进政府和企业加快空气污染的治理步伐。

公众参与雾霾治理途径的第三条，就是公众有权利随时查看当地区域的空气质量信息。这些信息包括当地政府开展监测的当地空气质量实际状况，也包括当地政府依照环境信息公开相关法律的要求，强迫企业如实公示企业空气污染物排放信息的实时数据。在给定的时间范围内，如果区域空气质量没有达到政府承诺治理的目标，公众有权利发起相关的诉讼。在给定的时间范围内，如果企业没有把空气污染物排放降低下来，公众同样有权利对这样的企业发起诉讼。

当然，公众也不仅仅是空气污染的受害者，也不仅仅是空气污染治理的监督者，公众也是空气污染治理的践行者。就以《北京市大气污染防治条例》为例，第38条规定："公民负有依法保护大气环境的义务，应当遵守大气污染防治法律法规，树立大气环境保护意识，自觉践行绿色生活方式，减少向大气排放污染物。"

而第39条规定："公民、法人和其他组织有权要求市和区、县人民政府及其环境保护等有关部门公开大气环境质量、突发大气环境事件，以及相关的行政许可、行政处罚、排污费的征收和使用、污染物排放限期治理情况等信息。"第62条更是明确地规定："任何单位和个人不得进行露天焚烧秸秆、树叶、枯草、垃圾、电子废物、油毡、橡胶、塑料、皮革等向大气排放污染物的行为。"

这些规定已经明确指出，公众要当监督者，更要当践行者，只有每个公民都成为雾霾减排的主要力量，中国的雾霾治理才有希望。

后 记

"公益诉讼"越多越好

■ 冯永锋

  《环境保护法》（修订案）终于迎来了"四审"，据说审理之后就要正式公布。有机缘的人拿到了这份草案的原版，看到上面关于环境公益诉讼的原告主体资格的规定，"比以前已经大大放宽"，据说条件已经变为"对污染环境、破坏生态、损害社会公共利益的行为，符合下列条件的社会组织可以向人民法院提起诉讼：（一）依法在设区的市级以上人民政府民政部门登记；（二）专门从事环境保护公益活动连续五年以上且信誉良好"。

  仔细看一下这个条款制订者的"心理历程"，我们的确感觉到一阵欣喜涌上心头。2012年，公益诉讼的条款一度被删除。2013年6月份的版本把环境公益诉讼的主体指定给了环保部的亲儿子"中华环保联合会"。2013年8月份的版本范围扩大了一些，指定给了"在国务院民政部门登记的、连续五年以上从事公益活动且信誉良好的"组织。所谓的国务院民政部门登记的环保组织，用咱老百姓通俗的话来说，就是"国家级环保组织"。按照中国过去创办"国家级民间组织"的条件，能创办这样社会组织的，只有两类人：一是退休或者即将退休的高官，二是退休或者即将退休的大企业主。普通百姓，是一点缘分也没有的。

  现在到了这个版本，我们发现满足第一个条件的组织可能还真不少，因为所谓"设区的市级以上民政部门登记"，暗中就明确了中国在"地级"以上城市登记的组织就可以有起诉权了。比如最近备受业界关注的"岳阳市江豚保护协会"，就是在岳阳市民政局登记的社会团体。岳阳市是个地级市，下面有"岳阳楼区"等三四个"区"，所以，它们只要愿意，随时可替江豚发起公益诉讼。

于是有人问了，如果在岳阳市的岳阳楼区民政局登记一个民间环保组织，无论是基金会、社会团体，还是民办非企业，它们只是属于"区级"，是不是也可以有环境公益诉讼权呢？按照这个法律的意旨，估计是不可以的。于是又有人问了，像北京的丰台区、昌平区，像上海市、天津市、重庆市的那些区级别高，在那些区的民政局登记的环境社会组织，它们是不是有权益呢？

北京、上海、天津、重庆这四个直辖市的地位确实有些不同。比如北京的一个镇长很可能是县级。而一个区长很可能是市级。那北京的一个区，其级别至少相当于一个如保定、邢台这样的"地级市"，甚至相当于如大连、深圳这样的"副省级市"。那么，如果法院死抠字眼，认为北京市丰台区民政局登记的环保公益组织，由于只是"区级"，没有公益诉讼权；还是良心发现、酌情考虑，认为直辖市的区也相当于一个"设区的市"，可以赋予环境公益诉讼的原告主体资质？

这么去掰扯的原因，其实是想辨析一个浅显易懂却容易被人忽视的道理：社会组织怎么会有级别？难道真的有传说中有中央级民间组织、省部级社会组织、地州级公益组织、乡镇级草根组织？

如果有的话，在这些社会组织里任职的人们，是不是也要享受相应的待遇啊？在中国过去的"民间组织""社会团体""公益机构"里，确实是有这样做的。比如某人担任中国红十字会的常务副会长，她或者他就真的在享受副部级以上的待遇。比如，河北省环保联合会的会长，就真的可能是退休的厅长占据着。比如：2014年4月22日成立的北京市环保志愿者协会的会长方力先生，就是北京市环保局的副局长，至少享受着正厅级的待遇。

但近二十年来，那些"穷困无知浅薄情绪化"的一些公众，也陆续发起和创立了不少社会组织。比如环保界著名的廖晓义女士在1996年创办了北京地球村。她的机构是在北京延庆的教育局里挂靠，然后到北京延庆的民政局登记的，那么她是不是也享受着正局级的待遇？比如现在风头甚健的公众环境研究中心主任马军，他的机构是挂靠在北京市朝阳区科委，然后到北京市朝阳区民政局登记授牌的，那么他是不是也要享受正局级的待遇？比如这两年的公益明星邓飞先生，连续发起了"免费午餐""让候鸟飞""中国水安全"等十多个公益项目，几乎都在国家级的公募基金会里挂靠为专项基金，那么他是不是也应当享受正部级的"公益待遇"？

细看环境公益诉讼的这个条款，里面暗藏着的就是"社会组织的等级思想"。社会组织本身追求的是社会公正，环境保护本身是要让人人都参与进来，而在我们的法条设计时，居然以"级别待遇"来封挡公众的热情，确实有违法律的基本精神，有违环境公益的基本哲理，有违生态保护的基本理念。

在当前中国，一些村庄，一些乡镇，一些县城，都有不少的环境公益组织在活跃。比如青海湖边的著名环保人士南加，为保护濒危物种普氏原羚殚精竭虑，他在申请注册的机构，可能就是一个"村级"。比如四川阿坝州茂县九顶山一个村庄里的"野生动植物之友协会"，就是在茂县民政局注册的。比如，同样是在洞庭湖上保护江豚的一支草根组织"湖南岳阳洞庭湖水上废弃物志愿清洁服务队"，可能在外人看来只是一家"渔民协会"，根本无法入公益诉讼的法眼。

在2013年6月份，一些环保组织针对环境公益诉讼发起过联署，并把联署信递交给了全国人大常委会。他们呼吁的核心宗旨就是"人人有权公益诉讼"。在"环保法修订案""四审"开张的今天，一些环保组织又发起联署。这一次，他们呼吁的宗旨变成了"公益组织没有级别，人人有权公益诉讼"。这一次的呼吁，强调"公益没有级别"，就是想拓宽环境公益诉讼的所有通道，让所有的公益组织，让所有的中国公民，都可以参与到环境保护中来。

环境保护本来就是公益事业。中国的环境过去之所以一直恶化，就是因为中国有太多的地方成了"公地"，河流、森林、草原、湿地、山脉、大海，都是如此。现在，甚至连阳光、雨水、空气、心灵，也都成了人们竞相糟蹋的"公共设施"。既然环境姓公，糟蹋起来容易，那么，维护环境公益时，就需要所有公众都能参与，就需要把维护公众权益设定为基准目标。既然姓公，公众参与的通路越多越好。只让城市的人有公益诉讼权，不让农村居民有公益诉讼权；只让地级以上的人有公益诉讼权，不让地级以下的人有公益诉讼权。这道理、这心态无论如何都说不过去。

环境保护的法律与其他法律相比，至少要有四点不同：一是要"按日计罚"，严惩污染施害者；二是要"举证责任倒置"，让污染施害者证明自己的排放没有对受害者产生影响，而不要让受害者证明施害者的排放对其产生了影响；三是要"环境公益诉讼"，让任何人、任何机构，在任何时间地点，可以通过任何法院，对发生在中国大地上的任何环境伤害案件提起公益诉讼；四是要强迫所有的政府如实公示其区域环境质量，所有的企业诚实地公示其污染排放量和排放所造成的影响。

如果一部法律在这四点上没有绝对的诚意，并在法律条文中真实呈现出来，那么，这部法律出来施行时就不会对中国的环境保护起到多大的作用。结果就是，中国的环境还将继续恶化下去，中国的公众都将成为"环境难民"，永远没有保护自己权益的希望，更没有替受难的自然界、灭绝的物种代言的希望。